长安少年正当时

东兴苟十三 著

浙江教育出版社·杭州

图书在版编目（ＣＩＰ）数据

长安少年正当时 / 东兴苟十三著. －－ 杭州：浙江教育出版社，2025. 6. ISBN 978-7-5722-9551-5

Ⅰ. I207.227.42；K825.6

中国国家版本馆 CIP 数据核字第 20251RN939 号

责任编辑 赵露丹　　　　　　**美术编辑** 韩　波
责任校对 马立改　　　　　　**责任印务** 时小娟
产品经理 张金蓉　　　　　　**特约编辑** 郑晓娟

长安少年正当时
CHANG' AN SHAONIAN ZHENG DANGSHI

东兴苟十三　著

出版发行　**浙江教育出版社**
　　　　　（杭州市拱墅区环城北路 177 号　电话：0571-88900883）
印　　刷　三河市嘉科万达彩色印刷有限公司
开　　本　880mm×1230mm　1/32
成品尺寸　145mm×210mm
印　　张　12.5
字　　数　360000
版　　次　2025 年 6 月第 1 版
印　　次　2025 年 6 月第 1 次印刷
标准书号　ISBN 978-7-5722-9551-5
定　　价　65.00 元

如发现印装质量问题，影响阅读，请联系 010-82069336。

序
大唐风起

　　没有任何一种文学形式能脱离时代背景，文学与历史是割裂不开的。但是，在很长一段时间里，我们的语文教育是将诗词和诗人以及历史背景割裂开来的。以至于许多年后，我们偶然了解到某一段诗词背后的故事，才恍然咀嚼到真味儿。于是，我们时常感叹，教育是有滞后性的，课本上没有一篇诗词是充数的，读时以为是束缚自己的粗粝麻绳，回望发现皆是熠熠生辉的丝绸缎带。

　　事实上，诗词是史书的另一面，它随着时代的风浪潮流起伏不定。这一点在唐诗中尤其明显——初唐诗的昂扬新风，盛唐诗的皇皇气象，中唐诗的奇诡雄绝，晚唐诗的绮丽乱离。唐诗穿针飞线，将大唐三百年的故事装帧成册，熠熠生辉。

　　唐诗的开端要从公元 626 年（武德九年）[1]7 月 2 日的那场玄武门政变说起。太白金星于白昼出现在天空正南方的午位，那是秦地之分野，精通天文历法的太史令傅奕，将这玄异天象呈报于唐高祖李渊，并解读为：

---

1. 武德：唐高祖年号，618 年至 626 年。

> 太白见秦分，秦王当有天下。
>
> ——《资治通鉴·唐纪七》

李渊将傅奕的密奏转交于李世民。这封密奏成了父子之间最后的试探，而李世民也得知了太子李建成和齐王李元吉准备在昆明池谋杀他的计划。

父子，兄弟，在权力的驱动和碾压之下，血肉之情残存得只剩无力的哀鸣。在玄武门，李世民张弓满弦，亲手射杀了长兄李建成，而尉迟恭则手刃了齐王李元吉。玄武门之变像一场血咒，后来李唐皇室至亲相杀、权力争斗屡见不鲜。十七年后，李世民也将面临长子李承乾与四子李泰的权力斗争，最后演变为太子李承乾的谋反。历史总是在画圈，一个轮回又一个轮回。

公元 626 年 9 月 4 日，唐高祖李渊禅位于李世民。李世民是为唐太宗，于次年改元"贞观"，自此开启了持续二十三年的贞观之治。大唐的盛世王朝之风照拂九州，一个东起朝鲜半岛，西至中亚咸海的帝国至此崛起。随之而起的，还有一个群星闪耀的诗国。

中国诗歌的起源要追溯到文字产生以前的远古时期，是在劳动和歌舞中衍生出来的。古籍中记载，神农时代出现的《蜡辞》就有"土反其宅，水归其壑，昆虫毋作，草木归其泽"这类的农事祭歌，是中国最早的诗歌萌芽。

《诗经》的出现，正式掀开了中国古代诗歌的扉页，其收录了西周到春秋中叶五百多年间的作品，共计 311 篇，所以也被称作"诗三百"。而《诗经》分为《风》《雅》《颂》三部分，其中《风》篇是《诗经》中的精华部分，囊括了黄河流域十五个地方的民歌，所以也被称为"十五国风"。比如，《周南》中的《关雎》《桃夭》，《魏风》中的《硕鼠》，《秦风》中的《蒹葭》和《无衣》，都是千古传唱的名作。

公元前 4 世纪，屈原借《诗经》之风，创造出了一种伟大的浪漫主义诗体《楚辞》。诗歌从《诗经》的三言、四言的形式突破到五言体、七言体。从此，诗歌以《诗经》的风、《楚辞》的骚为基础，圈定了诗国的疆域。

此后，又出现了两汉的乐府诗，汉末"三曹""建安七子"的诗，西晋的"太康诗风"，东晋陶渊明的田园诗，南朝谢灵运的山水诗，一直到集南北朝文学之大成者庾信的宫体诗。北周大定元年[1]，隋文帝杨坚即位，中国历经二百七十余年的南北分裂，至此河山重归一统。而承袭了隋朝的唐帝国，也将收获这千年无数文豪巨匠精心观照而成的硕果。

---

1. 大定为 581 年北周静帝的年号。

目录

第一章
初唐四杰：盛世的序曲

初唐诗坛始终困于齐梁诗风的浮艳雕琢，以及上官体的绮错婉媚，一味追求声辞之美。比如，上官仪《奉和秋日即目应制》中的"落叶飘蝉影，平流写雁行"，《入朝洛堤步月》中的"鹊飞山月曙，蝉噪野风秋"。写景固然传神，但是诗的题材依旧局限于宫廷文学应制咏物的范围之内，风骨不足，缺乏昂扬慷慨的豪情和浩然之气。然而，历史的潮流将被四个少年天才改变方向，他们就是初唐四杰——王勃、杨炯、卢照邻、骆宾王。"四杰"有着相似的命运：少年成名，官小而才大，名高而位卑，郁积着不甘居人之下的雄杰之气。

史料上对初唐四杰的记载匮乏，现当代也没有成体系的初唐四杰的个人传记，大多是一些模糊且难以考究的故事片段，所以我尝试以王勃的视角来复现"四杰"与那个时代。

公元650年（永徽元年）[1]，王勃出生在绛州龙门（今山西河津），古代属于河东地区。河东地区是华夏文明的发源地，包括秦晋大峡谷中黄河乾坤湾、壶口瀑布。古龙门以及鹳雀楼以东的丰饶土地，尧都平阳、

---

1. 永徽：唐高宗年号，650 年至 655 年。

舜都蒲坂、禹都安邑都在河东地区，这里也是最早的"中土之国"。

上古时代的神话故事女娲补天、神农尝百草、愚公移山、精卫填海，均发生于河东地区，这里更是为唐代诗坛孕育了王勃、王维、王之涣、柳宗元、卢纶等人。唐代非常重视门第出身，而王勃的家世是极好的。

上数三代，王勃的祖父王通乃是隋代大儒，是能入祀孔庙的存在。"六子全书"把他和荀子列在一起，启蒙读物《三字经》列其为诸子百家"五子"之一。五子都有谁？老子、庄子、荀子、扬雄，还有王通。王通的弟子门人中，有大唐战神李靖、房玄龄、魏征，王通堪称"隋唐孔子"。

王勃的三叔祖父王绩在初唐诗坛名声也不小，王绩在隋唐换代之际，曾经三仕三隐。他有儒家的济世之志，却又自知难以显达，最终转身入山林田园中，以琴酒诗歌独乐，并有诗自释："此日长昏饮，非关养性灵。眼看人尽醉，何忍独为醒。"

这种冷眼旁观世事的视角，创造出了与宫体诗全然不同的宁静淡泊，又不失朴实、素净的诗词境界。

王绩的代表作《野望》更是初唐五律典范：

> 东皋薄暮望，徙倚欲何依。
> 树树皆秋色，山山唯落晖。
> 牧人驱犊返，猎马带禽归。
> 相顾无相识，长歌怀采薇。

写的是山野秋景，但是景中有人，于是便有了情感。

《野望》好似从南朝诗风的靡靡之音中，流淌出的一声朴厚的弦音，扑面而来的诗词新气象，只有对南朝宋、齐、梁、陈，以及初唐上官体诗歌一路读下来的人才会深切地感受到。

王勃童年时，父亲王福畤时常带着他于汾阴脽拜谒后土祠。王福畤弦歌鼓琴，教授王勃吟诵汉武帝祭拜后土咏唱的《秋风辞》："秋风起兮白云飞，草木黄落兮雁南归。兰有秀兮菊有芳，携佳人兮不能忘……少壮几时兮奈老何。"黄河画屏藏青史，龙门诗浪煮春秋，"鲤鱼跃龙门"的民间故事，像汾河之水，无数次漫过童年王勃的心田。

公元656年，唐高宗改年号"永徽"为"显庆"[1]，武则天则是在一年前成功扳倒了王皇后和萧淑妃，捧起了皇后之冠。大多数人对武则天的上位是有曲解的，事实上武则天能母仪天下，源自唐高宗李治与长孙无忌、褚遂良等元老大臣的权力斗争。

唐高宗李治与武则天不仅是帝后夫妻，更是牢固的政治盟友。大唐国运的变动自然也影响着文坛，况且武则天本身也是一位集豪气与婉约于一体的女诗人，她的萧森气象、天地威仪，尽在字里行间。比如，《唐大飨拜洛乐章·致和》一诗，神驰造化，古风盎然："神功不测兮运阴阳，包藏万宇兮孕八荒。天符既出兮帝业昌，愿临明祀兮降祯祥。"

还有武则天的《早春夜宴》，写普天同庆的节日光景，气象之高，俯瞰而鹰视，蕴藉风流，才情不俗："九春开上节，千门敞夜扉。兰灯吐新焰，桂魄朗圆辉。"

也正是唐高宗李治和武则天二圣临朝执掌的天下，对诗词文章的重视，才能让初唐四杰登上历史舞台，一展才华。骆宾王七岁作《咏鹅》，名动江左。王勃九岁能作《指瑕》十卷，修正初唐大儒颜师古的《汉书注》。杨炯十一岁时，因"举神童"入弘文馆待制，成为预备公务员。卢照邻十八岁被邓王李元裕称赞"才比司马相如"，留在了邓王府做典签。

1. 显庆：唐高宗年号，656 年至 661 年。

公元 661 年（龙朔元年）[1]，十一岁的王勃抱着学医尽孝的想法，跑到长安求学于神医曹元。少年王勃以《黄帝八十一难经》为本，以《周易》为要，学习医药脉理。除了每日一番洒扫庭院，曹元问诊时，王勃便侍立一旁，隔三岔五便随夫子到长安西郊的太白山采药。

十几岁的年纪，迎着早春二月的晨风，少年生气勃烈，活力迸飞。野花捧露，山叶吟风，忽而少年操一嗓子童音吟唱："山中兰叶径，城外李桃园。岂知人事静？不觉鸟声喧。"当真是晨风、少年、诗情的美好画卷。

坐诊，行医，采药，誊抄药方，小小的药铺，芸芸众生相，少年王勃从另一个切面，体察、"触摸"到了百姓的疾苦。时而一阵春风吹过，王勃心中一颤，不禁想到了宋玉的《风赋》："夫风者，天地之气，溥畅而至，不择贵贱高下而加焉……夫风生于地，起于青蘋之末。"

学徒之暇，王勃青灯孤影，苦读《周易》与《黄帝八十一难经》。学医的这一段光阴，令王勃奠筑了深厚的医学功底，一面跋涉于医药的崎岖山路，一面关注历史与现实。在王勃学医期间的公元 661 年，唐高宗因目不能视，将百司奏事皆交于武则天决之。至此，正式开启了帝后临朝的二圣时代。武则天集天下文士，包括李峤、宋之问、沈佺期等人，完成了一部空前的类书巨著——一千三百卷的《三教珠英》。

王勃在长安还结识了骆宾王和杨炯。当时，骆宾王是道王李元庆的府属，时年四十四岁[2]，年长王勃三十一岁，而杨炯和王勃同岁，时为待制弘文馆。志趣相投者总有说不尽的话，王、杨、骆三人的交流就像一道花溪水，流到了唐诗的开阔地，响亮而鲜活地鸣振起来。此后，骆宾王又介绍王勃结识了在邓王李元裕府上做典签的卢照邻。卢照邻比王勃年长二十岁。初唐四杰在历史浪潮的席卷下会合在一起，

---

1. 龙朔：唐高宗年号，661 年至 663 年。
2. 关于骆宾王的生卒年存在争议，本书是以骆祥发先生在《骆宾王评传》中考证的生于619 年为准的。

共同掀开了唐诗宇宙的序幕，我们后来者方能见星河之灿烂。古人云："盖天地有盈虚之期，皇代有盛衰之会。"

初唐四杰有着十分明确的审美追求：反对纤巧绮媚，倡导刚健骨气。比如王勃的《游冀州韩家园序》："高情壮思，有抑扬天地之心；雄笔奇才，有鼓怒风云之气。"这是完全不束缚于古体的格律，并挣脱了宫体诗穿云破月的气势。

卢照邻的七言歌行在气势和视野上完全不输于王勃，跌宕流畅，比如他的《行路难》（下为节选）：

> 君不见长安城北渭桥边，枯木横槎卧古田。
> 昔日含红复含紫，常时留雾亦留烟。
> 春景春风花似雪，香车玉舆恒阗咽。
> 若个游人不竟攀，若个倡家不来折。
> 倡家宝袜蛟龙帔，公子银鞍千万骑。
> 黄莺一一向花娇，青鸟双双将子戏。
> 千尺长条百尺枝，月桂星榆相蔽亏。
> 珊瑚叶上鸳鸯鸟，凤凰巢里雏鹓儿。
> 巢倾枝折凤归去，条枯叶落任风吹。
> 一朝零落无人问，万古摧残君讵知？

卢照邻以长安渭水桥边的横槎枯木起笔，言及世事艰辛和离别伤悲，蕴含着强烈的历史兴亡之叹。其诗词视角开始从宫廷转向市井，突破了个人情怀，加入了沧海桑田的感慨。

若要说到评说古今、慨世道之变迁而伤一己之湮滞，骆宾王的《帝京篇》（下为节选）比卢照邻视角更为开阔，形势也更为恢宏。

> 古来荣利若浮云，人生倚伏信难分。

始见田窦相移夺，俄闻卫霍有功勋。

未厌金陵气，先开石椁文。

朱门无复张公子，灞亭谁畏李将军。

相顾百龄皆有待，居然万化咸应改。

桂枝芳气已销亡，柏梁高宴今何在？

春去春来苦自驰，争名争利徒尔为。

久留郎署终难遇，空扫相门谁见知？

当时一旦擅豪华，自言千载长骄奢。

倏忽抟风生羽翼，须臾失浪委泥沙。

黄雀徒巢桂，青门遂种瓜。

黄金销铄素丝变，一贵一贱交情见。

红颜宿昔白头新，脱粟布衣轻故人。

故人有洇沦，新知无意气。

灰死韩安国，罗伤翟廷尉。

已矣哉，归去来！

马卿辞蜀多文藻，扬雄仕汉乏良媒。

三冬自矜诚足用，十年不调几遭回。

汲黯薪逾积，孙弘阁未开。

谁惜长沙傅，独负洛阳才。

  骆宾王将极其浓烈的个人情感注入历史时空的思绪之中，诗词不再是软弱无力的绮丽文字，而是拥有澎湃汹涌的思想力量和气势，尤其是最后一句"谁惜长沙傅，独负洛阳才"，是怀才不遇，沦为下僚后于人间的一句追问，久久回荡。

  相对于七言歌行，五言律诗也在初唐时日趋成熟。初唐四杰中尤其以王勃和杨炯的五律出众，比如王勃的《送杜少府之任蜀州》。

城阙辅三秦，风烟望五津。
与君离别意，同是宦游人。
海内存知己，天涯若比邻。
无为在歧路，儿女共沾巾。

这首送别诗脱离了儿女情长，离愁别绪，有一种王勃独有的气质，明朗雄壮，男儿志在四方。当然，王勃写这首诗的背景是他未及弱冠之年便通过了唐高宗李治和武则天的金殿对策，成为皇子的侍读，进入了唐帝国权力阶层的核心。正是少年得意，青云与诗文花开两面的高光时刻。

而杨炯的《从军行》则是将五言律诗从宫廷台阁转换到了天下和边疆塞漠。

烽火照西京，心中自不平。
牙璋辞凤阙，铁骑绕龙城。
雪暗凋旗画，风多杂鼓声。
宁为百夫长，胜作一书生。

杨炯虽从未到过边塞，然而这种激扬的诗词中的书生意气如同唐帝国腾飞时振翅带来的飓风，在大漠上刮起茫茫黄沙。

然而，时代造就的"四杰"有着遗憾的结局，他们并未如唐帝国一般迈入盛世，而是进入了人生的低谷。

公元 669 年 5 月，王勃因为一篇《斗鸡赋》成为唐高宗李治眼中挑拨皇子对立的罪魁祸首。王勃的命运急转直下，当即被逐出沛王府。"林壑逢地，烟霞失时。"后来，据《旧唐书》记载，王勃在虢州私藏官奴曹达，后害怕此事泄露，于是又将曹达杀害。当然，这也是一桩迷案，王勃被判处死刑。

只是王勃命不该绝，公元 674 年，武则天颁诏十二条，并改元咸亨为上元[1]，大赦天下。王勃幸遇赦免，其父亲王福畤却被王勃杀官奴一案牵连，已经被贬到交趾（今越南）做县令。

公元 675 年 9 月，王勃南下探望父亲，途经洪州府（今江西南昌）。适逢洪州阎都督于滕王阁大宴宾客，王勃在此地写下了千古名篇《滕王阁序》。这里，也顺带着浅析一下这篇骈体序文。

因为在汉朝时豫章郡的治所在南昌，而唐朝改豫章郡为洪州府，所以王勃开篇就写"豫章故郡，洪都新府"，是从南昌的地理位置切入的。而古时地面州国的位置呼应于二十八星宿，分为两个星域，前星域被称为分野，后星域被称为分星。南昌与长江流域中部荆州地区，战国时属于楚地，楚地属于翼星和轸星之分野，这也就是王勃写的"星分翼轸"的由来。

"地接衡庐"指的是与南昌相邻的衡州，治所在如今的湖南衡阳，而江州，治所在如今的江西九江。"襟三江而带五湖，控蛮荆而引瓯越"，这两句的出处分别是郦道元的《水经注·赣水注》和司马迁的《史记·赵世家》。很简单的一个南昌地理位置的介绍，在王勃笔下用了四个历史时期的来源——战国、汉朝、北魏、初唐，能感受到王勃"学贯古今"这四个字的分量了吧。

物华天宝，龙光射牛斗之墟；人杰地灵，徐孺下陈蕃之榻。

牛、斗两星之间时常有紫气萦绕，于是精于天象玄学的豫章人雷焕说"宝剑之精，上彻于天耳"，并演算出豫章郡丰城地藏宝剑，于是身为丰城令的雷焕命人掘地，果然挖出龙泉、太阿两剑。当晚，牛斗之间的紫气便散去。"徐孺"指的是徐稚。徐稚是东汉豫章隐士，陈

---

1. 咸亨和上元均为唐高宗年号，咸亨为 670 年至 674 年，上元为 674 年至 676 年。

蕃则是东汉豫章太守。当年，陈蕃刚到豫章府衙任职，没有接待任何宾客，只为徐稚设榻。等到徐稚离开后，他便将榻悬挂起来。

东南地区多出俊才，所谓"不徒东南之美，实为海内之秀"。如今，阎都督以雅集士，东南群英际会，更添一桩新美。王勃笔锋出入之间便写下：

> 雄州雾列，俊采星驰。台隍枕夷夏之交，宾主尽东南之美。都督阎公之雅望，棨戟遥临；宇文新州之懿范，襜帷暂驻。

这里的阎都督和复姓宇文的新州刺史，我们如今已无法考究他们的名字。

王勃接下来笔调婉转、行文舒缓，势如深沉秋水：

> 十旬休暇，胜友如云；千里逢迎，高朋满座。腾蛟起凤，孟学士之词宗；紫电青霜，王将军之武库。家君作宰，路出名区；童子何知，躬逢胜饯。

唐代十日为一旬，逢旬日则官员休沐，称为旬休。这里"十旬休暇"也可以作"十旬休假"，《滕王阁序》有很多通假字，不同时期也有不同的版本，其实大可不必纠结这些细枝末节。

"腾蛟起凤"这个典故我个人猜测，或许来自董仲舒夜梦蛟龙入怀，乃作《春秋繁露》，以及鲍照《萧史曲》中的"龙飞逸天路，凤起出秦关"。而"紫电青霜"见于孙权称帝获得六柄宝剑，其中有一柄名为紫电，而刘邦斩白蛇之剑，其刃常带霜雪。

随后，王勃的笔锋移至近景，在江水的倒影里，滕王阁崇阿高林、丹楼如霞。北魏袁翻有诗曰："叠千重以耸翠，横万里而扬波。"王勃写此文时是九月，古人称七月、八月、九月为孟秋、仲秋和季秋，三秋便是季秋，也就是九月。"时维九月，序属三秋"，这里"属"和"嘱"都是对的。

> 潦水尽而寒潭清，烟光凝而暮山紫。俨骖𬴂于上路，访风景于崇阿。临帝子之长洲，得天人之旧馆。层峦耸翠，上出重霄；飞阁流丹，下临无地。鹤汀凫渚，穷岛屿之萦回；桂殿兰宫，即冈峦之体势。披绣闼，俯雕甍，山原旷其盈视，川泽纡其骇瞩。闾阎扑地，钟鸣鼎食之家；舸舰弥津，青雀黄龙之舳。云销雨霁，彩彻区明。

这一整段都是王勃对滕王阁近景炫技式的描写，逐字解析意义不大，如果直接翻译成白话文，所有的韵味都会流失。在此不再赘述。

当滕王阁外，江面上一只孤单的野鸭掠过时，似是东汉张衡《西京赋》所咏"南翔衡阳，北栖雁门"。而庚信曾作《马射赋》"千乘雷动，万骑云屯。落花与芝盖齐飞，杨柳共春旗一色"。飞鸿翅冷，孤鹜啼归。在《楚辞》"魂魄归来！无远遥只"的呼唤下，王勃在浓墨华丽辞章的笔墨干涩后，枯笔写下：

> 落霞与孤鹜齐飞，秋水共长天一色。渔舟唱晚，响穷彭蠡之滨；雁阵惊寒，声断衡阳之浦。

从"声断衡阳之浦"后，王勃的视野不再落于眼前的风光，而是穿透时间的迷雾。

> 遥襟甫畅，逸兴遄飞。爽籁发而清风生，纤歌凝而白云遏。

歌声凝住了流动的白云。

> 睢园绿竹，气凌彭泽之樽；邺水朱华，光照临川之笔。四美
> 具，二难并。

"睢园绿竹"说的是西汉梁孝王及西汉名士时常聚会于睢阳梁园的竹林旁，"彭泽之樽"说的是陶渊明曾在彭泽任县令，"邺水朱华"则是曹植当年在邺下咏荷，写下了"秋兰被长坂，朱华冒绿池"。朱华就是荷花。而"临川之笔"的"临川"指南朝诗人谢灵运，他曾为临川内史。"四美具，二难并"化用谢灵运曾写过的"天下良辰、美景、赏心、乐事，四者难并"。

而整篇《滕王阁序》的转折升华要落在：

> 天高地迥，觉宇宙之无穷，兴尽悲来，识盈虚之有数。

这是个体意志与宇宙意识的极致碰撞，王勃将自己深刻的易学认知表述得淋漓尽致。《老子·德经·第四十二章》曾写道："万物负阴而抱阳，冲气以为和。"《黄帝内经》也写道："法于阴阳，和于术数。"天地气化，盈虚损益，乃是大道至理。王勃在时光中回溯了先贤的思想，仿似在旷野中独自面对着远古的星辰。他逐渐明白，得而不喜，失而不忧，时不可以苟遇，道不可以虚行。

> 关山难越，谁悲失路之人；萍水相逢，尽是他乡之客。

天地者，万物之旅舍，芸芸众生皆是他乡之客。

时运不济、命途多舛的人十有八九。"持节云中"的冯唐，年逾九十，赋闲在家；"红颜征戍儿，白首边城将"的李广，最终也没被封侯；力主改革的汉太中大夫贾谊，因遭权贵所忌，被贬长沙，也并非没有明君；东汉梁鸿被迫到齐鲁海滨隐居，也发生在政治昌明的时

代。这些都被王勃化为了一声叹息：

嗟乎！时运不齐，命途多舛。冯唐易老，李广难封。屈贾谊于长沙，非无圣主；窜梁鸿于海曲，岂乏明时？

只是这所有的叹息都被王勃接下来的笔锋破开：

老当益壮，宁移白首之心？穷且益坚，不坠青云之志。

艳阳磅礴，一如秦腔的彩腔欢音，阳关三叠，一波三折。

当年，东晋的吴隐之奉命赴任广州刺史，行至石门，有一处贪泉。相传饮此水者，即便再廉洁的人也会变贪婪。吴隐之听后一笑，俯身酌贪泉而饮，并写下一首诗："试使夷齐饮，终当不易心。"后来，吴隐之在广州刺史的肥差上为官数年，清廉奉公，深受百姓爱戴。《滕王阁序》的这句"酌贪泉而觉爽"就是赞美吴隐之饮贪泉而不易心。

所有深邃的沉思都在王勃接下来的笔触中再次转折：

北海虽赊，扶摇可接；东隅已逝，桑榆非晚。孟尝高洁，空余报国之情；阮籍猖狂，岂效穷途之哭！

命运的戏弄并不是意志消沉的理由，这一段也是王勃在试图唤醒自己，他才二十五岁，经历了两次挫折，人生就该如此消沉吗？而当所有的昂扬消退后，王勃的视线从时光深处退出，回落到自己身上，一切都化为从容、平淡的一句："勃，三尺微命，一介书生。"命运和他开了许多玩笑，但他依然爱着这个人间。全文最后用几句诗画上了句号：

滕王高阁临江渚，佩玉鸣鸾罢歌舞。

画栋朝飞南浦云，珠帘暮卷西山雨。

闲云潭影日悠悠，物换星移几度秋。

阁中帝子今何在？槛外长江空自流。

点睛之笔就落在这个"空"字上！

后来，王勃在交趾见到了父亲王福畤。父子俩数月后分别，两人深一脚浅一脚地来到海边船坞。王勃跪在船尾与父亲作别，直到像黄河崖岸一样峥嵘峻绝的父亲，融进海天一色。

王勃期望着有一天和父亲在故乡龙门再见。只是这所有的期望终究成了一场幻梦。约公元 677 年[1]，王勃渡南海，坠水而卒，时年二十七岁。

彼时，《滕王阁序》已然如一束霞光，在大唐四方翔飞，天下皆知。从紫微皇宫到市井小巷，都在等着那位天才渡海归来。但鸿雁传来的并非喜讯，而是讣告。在长安任主簿的骆宾王仰天悲叹："知音何所托，木落雁南飞。"寓居洛阳的卢照邻悲从中来，夜吟长歌"双去双来君不见""北堂夜夜人如月"。然而最悲痛的当数杨炯，他将所有的惋惜都写进了《王子安集注》：

《三都》盛作，恨不序于生前；《七志》良书，空得撰于身后。

公元 684 年，因为武则天废唐中宗，9 月，骆宾王随徐敬业在扬州起兵讨伐武则天，并且写下了《为徐敬业讨武曌檄》，檄文中将武则天痛斥为：

伪临朝武氏者，性非和顺，地实寒微。昔充太宗下陈，曾以更衣入侍。洎乎晚节，秽乱春宫。潜隐先帝之私，阴图后房之嬖。入门见嫉，蛾眉不肯让人；掩袖工谗，狐媚偏能惑主。践元后于翚翟，陷吾君于聚麀。加以虺蜴为心，豺狼成性，近狎邪僻，残害忠良，杀姊屠兄，弑君鸩母。人神之所同嫉，天地之所不容。

武则天在读到骆宾王这篇痛斥自己的檄文时的反应很精彩，虽然字字如针，但武则天依旧赞叹骆宾王之文才，尤其是檄文中那句"一抔之土未干，六尺之孤何托"，让武则天感叹，让这样的人才走到朝廷的对立面，是宰相的失职。

只是徐敬业起兵不到三个月就被剿灭，《资治通鉴》中，明确记载了起义军失败后骆宾王被叛军诛杀的事件。

卢照邻则是因为《长安古意》中的一句诗"梁家画阁天中起，汉帝金茎云外直"得罪了武则天的侄子武三思，被投入狱中，在狱中染上了风疾。后来，即便是药王孙思邈，也对卢照邻的病束手无策。历经数年病痛的折磨后，为了不拖累亲友，卢照邻投颍水而死，时年四十岁。[1]

杨炯于公元 693 年卒于盈川县令任上，生年也不过四十三岁。初唐四杰构成了初唐诗文的"骨气"，但依旧没有彻底摆脱宫廷诗风的影响，不少作品依然恪守对偶声律，追求辞采的工丽和韵调的流转，仍然有雕琢繁缛之弊，但就如同后来者杜甫所叹：

王杨卢骆当时体，轻薄为文哂未休。
尔曹身与名俱灭，不废江河万古流。

而从初唐过渡到盛唐还要等来两个后来者——陈子昂和张若虚。

1.卢照邻生卒年有不同说法，一种说法是卢照邻去世时五十岁。

第二章
陈子昂：旷野中的孤客

其实，每首诗歌都是诗人一段年华燃烧后的余烬，我们早已看不清原来的模样了，但仍然能从文字中触摸到千年前的温度。在黑夜中，越是贴近，越是呼吸，就越是能看到余烬中跳动的火星子。陈子昂并不如"李杜"那般如明月高悬，他就是在前不见古人，后不见来者的孤独荒芜中划过的流星，砸落在旷野之中。

陈子昂比初唐四杰又往前走了一步，他在《与东方左史虬修竹篇序》中明确地表述过自己诗歌创作的内核：

> 文章道弊五百年矣。汉魏风骨，晋宋莫传，然而文献有可征者。仆尝暇时观齐、梁间诗，彩丽竞繁，而兴寄都绝，每以永叹。思古人，常恐逶迤颓靡，风雅不作，以耿耿也。一昨于解三处，见明公《咏孤桐篇》，骨气端翔，音情顿挫，光英朗练，有金石声。遂用洗心饰视，发挥幽郁。不图正始之音，复睹于兹，可使建安作者，相视而笑。

从序文中，我们不难看出，陈子昂追求的是"骨气端翔，音情顿挫，光英朗练"的诗歌风骨和兴寄。

陈子昂的生卒年并没有明确的记载，通常记载是生于公元659年，卒于公元700年（久视元年）[1]，人生拢共就四十一载岁月。陈子昂的一生是与武则天的统治时期重合的。而也正是这个时代，既成就了他，也毁了他。

陈子昂出生于梓州射洪（今属四川）一个豪富的地主家庭。然而在唐初，门阀世族把控着社会阶层的上升渠道，陈家这种地方富族再富有，在门阀世族眼中也不过是没有底蕴、不入流的寒门罢了，即便是走科举之路，也不过是陪跑。而陈子昂自然也明白这一点，所以在第一次入京时，为了打响名头，他还搞出了一个经典营销案例。

根据《独异志》记载：

> 时东市有卖胡琴者，其价百万。日有豪贵传视，无辨者。子昂突出于众，谓左右："可辇千缗市之。"众咸惊问曰："何用之？"答曰："余善此乐。"或有好事者曰："可得一闻乎？"答曰："余居宣阳里。"指其第处："并具有酒，明日专候。不唯众君子荣顾，且各宜邀召闻名者齐赴，乃幸遇也。"来晨，集者凡百余人，皆当时重誉之士。子昂大张宴席，具珍羞。食毕，起捧胡琴，当前语曰："蜀人陈子昂有文百轴，驰走京毂，碌碌尘土，不为人所知。此乐贱工之役，岂愚留心哉！"遂举而弃之。异文轴两案，遍赠会者。会既散，一日之内，声华溢都。

说的就是陈子昂豪掷千缗，买下了一把胡琴，当众摔碎，然后对着周围人说："我陈子昂有百轴诗文，在京城碌碌奔走，不为人知，而这把胡琴不过是贱工之役却价值千缗，何其哀哉？"一日之内，陈

---

1. 久视：武则天年号，700年这一年的年号是久视。

子昂名动京都。

而此时适逢武则天有意打压门阀世族，提拔寒门子弟，陈子昂于二十二岁时科举中第，入仕为官，从寒士成为官身。这在武则天以前的时代几乎是不可能的，可以说是时代成就了他。

当时唐高宗李治驾崩，朝堂上因皇帝的灵柩安置在洛阳还是运回长安的问题争论不休。武则天为了更好地握住权力，当然更倾向于安置在洛阳，因为相比长安，在洛阳忠于李唐皇室的势力更弱，她的施政阻力也更小。正在此时，初入官场的陈子昂一篇《谏灵驾入京书》给正瞌睡的武则天送来了枕头。

陈子昂在《谏灵驾入京书》中指出，洛阳去长安路途遥远，扶柩回京，劳民伤财，不如就近葬于洛阳，甚至建议朝廷定都洛阳。这封奏疏完美地符合武则天心中所想，于是她亲自召见了陈子昂，并大加赞赏，称其为"奇才"。另一个被武则天赞为"奇才"的还是写檄文骂她的骆宾王。

陈子昂也因为这次召见备受鼓舞，认为自己遇上了明主。然而，正是武则天扼住了他的仕途，以至于十年间陈子昂在右拾遗的职位上分寸未进。他不知道的是，武则天对待人才最常用的手段便是留用，但不重用，从而使朝堂上各种势力相互斗争和牵制，以达到平衡。陈子昂不过是她操纵政局的一颗小棋子。

若是陈子昂安心站队，做一颗顺从、听话的政坛棋子，多年以后也许有熬出头的时候，然而陈子昂的悲剧也恰在此——他不是一个为了仕途升迁而迎合统治者的政治投机者，他的风骨不仅仅存在于诗词中，还存在于他的人生信念之中。他多次越职上奏，直陈得失，批评武则天任用酷吏、滥用刑罚，劝谏武则天不要滥杀李唐宗室。

并且，在武则天"禁天下屠杀及捕鱼虾"换取自己不杀生的美名导致江淮饥民"饿死者甚众"时，陈子昂愤慨谴责这是昏君才会施行的虚伪政策。正是他一次次与武则天背道而驰，字字如刀的谏言，让他从武则天的棋子变成了弃子。眼见着同僚加官晋爵，自己却始终职小位卑。对此，陈子昂在《与东方左史虬修竹篇》诗中写道："春木有荣歇，此节无凋零。始愿与金石，终古保坚贞。"

春花秋木有荣有枯，然而竹节却四季如一，陈子昂眼看着朝堂上的荣枯，他要守住的是自己的那个"一"。然而，"守一"的代价就是牢狱之灾。公元684年，屡次直谏犯上的陈子昂被扣上了"逆党"的帽子，被丢入了大狱。在幽暗大狱中的心境被陈子昂写进了《感遇诗三十八首》（其二）诗中：

兰若生春夏，芊蔚何青青。
幽独空林色，朱蕤冒紫茎。
迟迟白日晚，袅袅秋风生。
岁华尽摇落，芳意竟何成！

诗中的"兰若"在春夏时以繁茂的绿叶扶持着红色的花朵，形成了红花、绿叶、紫茎相互辉映，绚丽多彩，超绝群芳的景象。它们本该受人青睐，遗憾的是它们"幽独空林色"，孤寂地开在了空林之中。徒有姿色，无人问津。陈子昂诗中的秋天是具有破坏性的，将"岁华尽摇落"，"摇落"一词出自宋玉的《九辩》"悲哉，秋之为气也！萧瑟兮草木摇落而变衰"。不同于凋谢是个缓慢的过程，摇落是刹那消散，瞬间凋零。全诗陈子昂没有提及自己一字，却能让人共鸣于他无边的寥落。

陈子昂的这次牢狱之灾历时一年半左右，出狱后，深知自己已经成为朝堂弃子的陈子昂主动请军出塞。在公元686年和696年，陈子昂两度从军边塞。696年的契丹叛乱，武则天起用了根本不懂军事的武三思、武攸宜等武氏子弟，动用了四十万兵力，唐军却屡战屡败。陈子昂正是在武攸宜军中见到了边境乱象。陈子昂提出了一系列作战建议，并愿意亲率一万士卒充当先锋。然而，这一切都被武攸宜无视，武攸宜还将他贬为军曹。

陈子昂所有匡时济世的人生抱负在这一时期化为了悲歌，他有诗曰：

> 本为贵公子，平生实爱才。
> 感时思报国，拔剑起蒿莱。
> 西驰丁零塞，北上单于台。
> 登山见千里，怀古心悠哉。
> 谁言未忘祸，磨灭成尘埃。
>
> ——《感遇诗三十八首》（其三十五）

拔剑而起的豪气终究"磨灭成尘埃"。

终于，在一个黄沙漫天的黄昏，陈子昂登上了幽州台。望着无垠的黄沙原野，在天地无穷而人生有限的遗世孤独中，他写下了不朽名篇《登幽州台歌》：

> 前不见古人，后不见来者。
> 念天地之悠悠，独怆然而涕下。

陈子昂的诗歌中有了一种独特的韵味，那便是时空。遥远的过去和无尽的未来，他立足于现在，成为时空的交界点。他回望是一片黑暗，前观是混沌不清。在永恒的时空中，他是孤独的自我。在一千多年后，明末清初有个叫黄周星的文人写下一段十分恰当的评论：

> 胸中自有万古，眼底更无一人，古今诗人多矣，从未有道及此者。此二十二字，真可以泣鬼。

也正是在诗成后不久，陈子昂选择了结束自己"感时思报国，拔剑起蒿莱"的追求，自请罢职回乡。然而，一场杀身之祸正在等待着辞官还乡的陈子昂。

回到故乡的陈子昂原本准备续写司马迁的《史记》，却遭遇了丧父之痛。然而祸不单行，陈子昂被射洪县县令段简以莫须有的罪名诬陷入狱。入狱前，陈子昂自筮，卦成而仰天长叹："天命不佑，吾其死矣！"

公元 700 年，陈子昂冤死狱中，年仅四十一岁。

然而，这个在旷野中的孤客并不知道，一个空前绝后的诗歌高峰正在他的风骨重塑之下缓缓拉开大幕。后世的李白将他称为"凤与麟"，甚至从陈子昂的诗集中汲取精神力量。而杜甫则赞其：

有才继骚雅，哲匠不比肩。公生扬马后，名与日月悬。

陈子昂是不幸的，他的孤独和落寞缘于他不与时代相合；他也是幸运的，他逆流而上的勇敢造就了他的千古诗名。

第三章
张若虚：人生代代无穷已

长久以来，《春江花月夜》所谓"孤篇盖全唐"的说法不绝于耳，人们把这首诗拔到了一个空前的高度。而这也是《春江花月夜》争议最大的地方，唐朝有太多大诗人，张若虚的孤篇盖不住李白的"两岸猿声啼不住，轻舟已过万重山"，更压不住杜甫的"无边落木萧萧下，不尽长江滚滚来"。即便是崔颢的《黄鹤楼》"黄鹤一去不复返，白云千载空悠悠"，从气象上也不逊色于《春江花月夜》。

那么，"孤篇盖全唐"的说法是怎么来的呢？这事儿还得追溯到清末诗评大家王闿运先生头上。王闿运在《湘绮楼论唐诗》中评价："张若虚《春江花月夜》用《西洲》格调，孤篇横绝，竟为大家，宫体之巨澜也。"这里的"孤篇横绝"指的是，张若虚仅凭借《春江花月夜》这一首孤篇便足以成为唐诗大家。这是极高的评价，要知道张若虚在唐宋明千年以来别说唐诗大家，连唐诗路人都算不上，因为没有任何一本唐代诗选收录过《春江花月夜》。

但真正让《春江花月夜》名传天下，还得靠闻一多先生。作为古典文学领域的泰斗宗师，闻一多先生在《宫体诗的自赎》一书中称《春江花月夜》为："诗中的诗，顶峰上的顶峰。"后来，人们又在闻一多的基础上进一步抬高和赞誉，才有了"孤篇盖全唐"的说法。事实上，闻一多关于《春江花月夜》的全部点评是：

> 有了《春江花月夜》这样一首宫体诗，不也就洗净了吗？向前替宫体诗赎清了百年的罪，因此，向后也就和另一个顶峰陈子昂分工合作，清除了盛唐的路，——张若虚的功绩是无从估计的。

所以在我看来，"孤篇盖全唐"的说法并不准确，但是说孤篇开盛唐，《春江花月夜》是配得上的。

而《春江花月夜》这一乐府诗题，在张若虚之前，其实陈后主和隋炀帝杨广也写过。陈后主的诗作已经佚散了，而杨广的遗作也甚为精彩：

> 暮江平不动，春花满正开。
> 流波将月去，潮水带星来。
>
> ——杨广《春江花月夜二首》（其一）

虽然不及张若虚的高度，但张若虚在落笔《春江花月夜》的时候，多半借鉴过前辈杨广的风格。

大家对《春江花月夜》绝对算不上陌生，但我还是想以一个新的视角来重新解读这首诗。

《春江花月夜》全诗一共是三十六句，每四句换一次韵，所以共分为九组。这九组，一组一换韵，错落穿插，韵律齐整灵动，读起来很爽利。事实上，可以把《春江花月夜》拆分成九首绝句。在我看来，它的每四句诗便是一组长镜头，整首诗组合起来其实是一部饱含哲思、宇宙意识以及极致古典美学的微电影。

《春江花月夜》这个诗题其实是很妙的，五个完全独立的主题

"春，江，花，月，夜"，单拎出来一个都很普通，但张若虚把这五种景色炼成一体，如同奇光，分开不得，就成了一幅绝美的画卷。更绝的是，张若虚围绕着春江花月展开，移景换情。月亮在全篇中出现了十五次之多，从月升至月落，自然时空的变换，构筑出了无比辽阔宏大的宇宙意境。所以，我时常觉得《春江花月夜》不可细读，越是细读，越觉得自我渺小。在人生代代无穷已，江月年年只相似的意境下，我们当真好似蜉蝣。那么，我们就以这种蜉蝣的视角打开第一组长镜头吧。

　　春江潮水连海平，海上明月共潮生。滟滟随波千万里，何处春江无月明？

　　起首四句，两写春江，两写明月，两写潮水，两写大海。春天的江水在冬雪融化后，潮水高涨，大江奔海东去不回头。读者的视线被张若虚从江面拉到海面，视野从有限瞬息间已至无限，但无垠的大海终究是一片荒凉。张若虚便觉得要有光，就如同神笔马良一般将一轮明月点在了海平面上。当海上明月随着潮水涨落，如同天地的呼吸一般升起时，无垠的大海便有了边际，那个边际便是月亮升起的地方。而且，张若虚的"海上明月共潮生"用的是'诞生'的"生"，而不是"升起"的"升"。诞生是从无到有，是一场神奇的创造，所以我一直觉得张若虚不是在写景，而是在造景。有趣的是，初唐另一位大诗人张九龄《望月怀远》中的"海上生明月，天涯共此时"，用的也是"生"字，这很符合初唐生机勃勃的气象，因为盛唐即将在万古寂寞中孕育而生。

　　《春江花月夜》的开篇两句是很炸裂的，随后张若虚又写：

　　滟滟随波千万里，何处春江无月明？

明月冉冉升起后，如同千年暗室中的一盏明灯，居高临下，普照天地。月光照在广阔的江面上，随着层层波浪延展千万里，有江水的地方便有了月光。天上虽然只有一轮明月，可这普天之下，万水千川却在共享月光。这其实是很奇妙的感觉，天下很大，大到有的人见过一面这辈子就不会再见了；天下又很小，小到照在我身上的月光，也照在你身上。这种意境王昌龄也写过："青山一道同云雨，明月何曾是两乡。"所以我们会发现，古人一思乡，便会望向明月，因为月光也照着故乡。

张若虚的第一组长镜头只写了春江月夜，而第二组便加入了花。

江流宛转绕芳甸，月照花林皆似霰。

江水蜿蜒绕过一片花草繁盛的芳甸，在月光的照耀下，花朵和树叶都裹上了银白色的月光，如同无数颗雪珠挂在粗壮的枝干上。树叶摇动，月光明灭，如同荡漾的水波。那片芳甸既是江水的延伸，又是月光的蔓延，所以张若虚造景不是死板的，而是活的。这种笔法被称为"呼吸感"，顶级的文章是会呼吸的，读者能清晰地感受到其生命力。张若虚接着又写：

空里流霜不觉飞，汀上白沙看不见。

空气中也是有月光流动的，只是我们看不见它的痕迹而已。而当月光照在白沙上，和白沙融为一体时，无形的月光在这一刻像是有了实体。月光从"空里流霜"变成了"汀上白沙"，白沙还是沙吗？既是又不是，就如同看山不是山的人生境界。

我想到白居易曾经写过类似的诗句："花非花，雾非雾。夜半来，天明去。"张若虚让月光实体化，既有了"滟滟随波千万里"的辽阔，又有"汀上白沙看不见"的纯净。张若虚让我们看见了月亮的万千化身，但接下来的两句又把我们拉回到月亮的本体。

江天一色无纤尘，皎皎空中孤月轮。

江水和天地都被月色铺陈得一尘不染，但月亮本身是孤独的。它高悬在天上，遥远无比。张若虚的笔触随着思绪翻飞，他思考着月亮的孤独是从什么时候开始的呢？于是，有了直击灵魂的两句追问：

江畔何人初见月？江月何年初照人？

是谁第一个在江畔看见月光？而月光又是从哪一年初次映照在人身上的？这是人类永恒探寻的哲学终极问题，人类的起源、宇宙的起源究竟要从何处追溯？张若虚的思想沉入万古时空中，他问月光，月光不语。于是，他自问，并且给出答案：

人生代代无穷已，江月年年只相似；

张若虚决定把这个无限的问题留给后世，江月是万古常在的，而人的生命是有限的。就如同孔子感叹的："逝者如斯夫，不舍昼夜。"又如同后来苏轼写的："哀吾生之须臾，羡长江之无穷。"古今多少大贤，都无法回答关于起源的终极问题，而人类最伟大的便是从未放弃对答案的追寻。

不知江月待何人，但见长江送流水。

江上这轮孤月在沉默地等待着的究竟是何人？关于这个问题，骆玉明教授解答得很好：每个人都是世界所等待的人，也是江月所等待的人；世界之所以有意义，是因为你用你的方法赋予世界意义。所以，当人们看到江上的月亮的时候，可以这样去想，"我"正是那个月亮所等待的人。

张若虚的思绪飘得太远、想得太深，反而自寻烦恼。于是，他的笔触从无限的万古时光中悄然醒来：

白云一片去悠悠，青枫浦上不胜愁。

这两句承上启下，诗歌也从宇宙意识平缓过渡到个体意识，那些宏大叙事终究离人们太遥远。悠悠白云随风而去，就如同江上泛舟的离人游子，而遥远的青枫浦还有挂念着游子的思妇。这人间永远有等你的明月，也永远有挂念着你的人，而月光便是连接两头的无形的线。

谁家今夜扁舟子？何处相思明月楼？

离人游子今夜将船停泊在何处？又将在何处思念站在明月如水的楼头的思妇？

当人们还被牵挂着，就不孤独；当人们没有牵挂的人，就真如同那轮孤月一样。明月相思是《诗经》奠定下来的传统，张若虚的长镜头终于要从景落到人身上。

可怜楼上月徘徊，应照离人妆镜台。
玉户帘中卷不去，捣衣砧上拂还来。

月光在小楼上徘徊不去，流光穿透小窗照在梳妆台上，照出了离人的愁绪，窗帘也卷不去这恼人的月光。即便思妇转移注意力去捣衣，落在砧板上的月光也拂去又来。李白曾写过："长安一片月，万户捣衣声。"古代亲人的别离是漫长的，车马书信都很慢，往往以月光寄相思。

于是，张若虚提笔又写：

此时相望不相闻，愿逐月华流照君。
鸿雁长飞光不度，鱼龙潜跃水成文。

与亲人相隔千里的离人游子，愿意追逐着月光流动到对方身旁，毕竟月光可随波千万里。就连万里跋涉的鸿雁都飞不出月光的边际，潜伏在水底深处的鱼龙都被月光惊醒而跃动起来。这人间没有月光照不到的地方，所以跟着月光，就一定能重逢。

可是人生啊，就是个理想不断落空又不断重复的过程。大多数时候，我们的美好幻想都会如同泡沫一般破灭。张若虚的笔触是起伏不定的，月光给了离人幻梦，但也给了破灭。

昨夜闲潭梦落花，可怜春半不还家。
江水流春去欲尽，江潭落月复西斜。

昨夜的梦境如同落花般飘零，春已过半，游子仍在千里外的异乡。江水东去，似乎要卷走整个春天，而江水倒映的明月不知何时已经西斜。孤月从海面升起，又即将落下。我们似乎随着张若虚的笔触真实地度过了千年前的那个春江花月夜，只是再盛大的时光也终有落幕的一刻，剩下的便是现实的残缺和无尽的留白。张若虚在收尾处写下：

斜月沉沉藏海雾，碣石潇湘无限路。
不知乘月几人归，落月摇情满江树。

月亮西斜，沉沉地落入海雾之中。这一句和开头的"海上明月共潮生"首尾呼应，是张若虚的精心布局。"碣石潇湘无限路"则呼应了"青枫浦上不胜愁"，碣石在河北，而潇湘是湖南，一北一南，相隔千万里，相聚遥遥无期。"不知乘月几人归"回应了前面的"愿逐月华流照君"，逐月而去的人又有几人归来？相思是一场空幻，注定了落空的结局，最后都是"落月摇情满江树"。月亮落下，张若虚创造的那个春江花月夜的世界也消失了。就像人们急促奔跑的人生，终点也不过是：花的凋零，水的东去，春的告别，月的西斜，夜的终章。

其实，世间万物哪有永恒的存在？我们如今比张若虚更明白的是，即便是那轮万古不变的明月，也有消失的一天。哪怕是宇宙，也会有熵增归于寂灭的一刻。我们的人生大可不必绚烂，只要有那么一刻觉得人间很美好，至少有月光就是极好的。

第四章
王维：坐看云起时

忆昔开元全盛日，小邑犹藏万家室。

稻米流脂粟米白，公私仓廪俱丰实。

九州道路无豺虎，远行不劳吉日出。

——杜甫《忆昔》（节选）

这首诗是杜甫在安史之乱过后写下的，唐开元、天宝年间[1]，帝国的盛世之气孕育出一大批天才诗人。殷璠在《河岳英灵集论》中曾写道："既闲新声，复晓古体，文质半取，风骚两挟，言气骨则建安为传，论宫商则太康不逮。"正如殷璠所说的"神来，气来，情来"的完美境界形成了盛唐诗风展万里而覆江海的皇皇之势。

在盛世翻覆的浪潮中，王维如同深潭静水，清空淡雅，构建出了一块独属于他的诗画自留地，创造出了如水月镜花般不可凑泊的静逸明秀的诗境。

对王维的评价，最为恰当的当数苏轼所说：

---

1. 开元和天宝都是唐玄宗的年号，开元为 713 年至 741 年，天宝为 742 年至 756 年。

味摩诘之诗，诗中有画；观摩诘之画，画中有诗。

——《东坡题跋·书摩诘蓝田烟雨图》

单就出身而言，王维有着极高的起点。公元 699 年[1]，王维出生在山西太原祁县。太原是大唐的龙兴之地，唐高祖李渊就是从太原起兵，建立了唐朝。而太原王氏更是世代簪缨，从魏晋一直延续到唐初，王维和王勃其实都算是太原王氏的分支。王维有显赫的父族，母亲更是来自号称北方豪族之首的博陵崔氏。

王维出生后不久，其父徙家于河东蒲州（今山西永济）。这片被黄河之水温养的土地有着玄奇的力量，古老大河的奔腾和日升月落的轮转，万物生生不息，在王维的心中结晶，他对万物的凝视是空明无碍的，在动态中敏锐地捕捉到事物的光与色。

王维与弟弟王缙只差一岁，感情最为深厚。很多人都知道苏辙弃官保哥哥，但鲜有人知道，王缙更是个"护哥狂魔"，真正把王维从断头台上抢了下来，这个后文会提到。公元 713 年，十四岁的王维身高近七尺，风姿清郁，长身秀立。他不愿安于家居，想尽早撑起门户，于是他牵着家里一头黑驴子踏上了西去长安的路。

王维徐徐走入长安城，那座巍峨的雄城千门次第开，百千家似围棋局，十二街如种菜畦，一座长安镇压大唐一千五百七十三座县。开元初年的盛世景象如同长卷在王维眼前铺开，少年王维不知道的是，大唐群星的宿命也将在这座长安城里交织，化为血与火的恩怨情仇。

在长安暂且安顿下来的王维，在新丰和咸阳结识了一些衣轻裘骑怒马的游侠少年，把酒言欢，写下了一组《少年行》（共四首，下为其一）：

新丰美酒斗十千，咸阳游侠多少年。

---

1. 关于王维的出生年存在争议，一说为 701 年。

相逢意气为君饮，系马高楼垂柳边。

少年王维的豪气丝毫不逊色于同龄人李白，而且王维用白描的手法，不泼墨，不写意，却通篇是大意。后来，李白从青城山来长安求仕之时，也写过《少年行》（共两首，下为其二）：

五陵年少金市东，银鞍白马度春风。
落花踏尽游何处，笑入胡姬酒肆中。

王维和李白写的是同一群人，切入的视角却全然不同。王维是系马高楼的白描纸笔，李白是白马春风的刀剑。合不来，似乎天生就合不来。王维给高适、孟浩然、杜甫都写过诗，李白也给高适、孟浩然、杜甫写过诗，唯独王维和李白之间没有任何交往、唱和的蛛丝马迹。他们在史料中如同隔朝隔代的陌路人，于情于理不合，更何况二人还在长安同朝为官过一段时间。

何以如此？我们已然不得而知了，但可以确定的是，李白一定读过王维的诗，比如王维《少年行》（其二）中有"纵死犹闻侠骨香"，后来，李白在《侠客行》中用过"纵死侠骨香"。又如，王维有"新丰美酒斗十千"，后来李白也写过"金樽清酒斗十千"。

王维在长安游学的数年，在书画上与画圣吴道子交流，也见识过草圣张旭如神虬腾霄、夏云出岫、逸势奇状、莫可穷测的狂草。可以这么说，王维书画上的成就甚至比他诗词上的成就还高。在音乐上，王维"性娴音律，妙能琵琶"。以至于后来王维总是将大自然中的声音贯入诗词之中。比如《鸟鸣涧》：

人闲桂花落，夜静春山空。
月出惊山鸟，时鸣春涧中。

又如，王维的《山中与裴秀才迪书》中对声音的描述极为精妙：

寒山远火，明灭林外。深巷寒犬，吠声如豹。村墟夜舂，复与疏钟相间。

寒夜的辋川别墅里，远远传来犬吠。在宁静的夜里，犬吠声显得特别响，村庄里还有一声声舂米的声音。就在犬吠和舂米的人间声响中，又传来了出离尘世的方外之音——寺庙的钟声，舒缓悠长，具有穿透力，间杂在人间的声响里。

少年王维离家日久，渐生思念。又到一年重阳佳节，长空如碧，北雁南归，王维与新丰少年、五陵游侠登高纵酒。热闹之后，望着流云，王维想起了母亲崔夫人和弟弟王缙，倍觉惆怅，便写下了《九月九日忆山东兄弟》：

独在异乡为异客，每逢佳节倍思亲。
遥知兄弟登高处，遍插茱萸少一人。

这里要简单解释一下，王维诗里的山东不是我们今天的山东，而是指华山之东，也就是他的故乡河东蒲州所在之地。王维的诗初看简朴平易，没有惊人之语，非得细品才能寻到味。这首后世必背的诗写于王维十七岁之时。

王维的"每逢佳节倍思亲"很快就在茶楼酒肆中传开，人们津津乐道。这也使得王维诗名大盛，拜访者如过江之鲫。只是王维喜欢清静，受不得这许多烦扰，再加上秋末岁暮，思乡心切，他干脆先回家去了。在长安的两年，王维虽然混了个偌大的诗名，但在仕途上毫无起色，吃过不少权贵的闭门羹，钱也花了个干净，所以回到河东的王维心里并不轻松。

在王维谦谦君子的表象之下，其实藏着一颗恃才傲物的心。他也有平步青云，在这盛世中一展才华的理想。但唐朝的科举并非易事，大唐近三百年，进士开科二百六十四次，录取进士不足七千人，平均每次只录取二十六人。当时便有"三十老明经，五十少进士"的说法，后来的孟郊也是考到近五十岁才中进士，考中后欣喜若狂写下了《登科后》：

> 昔日龌龊不足夸，今朝放荡思无涯。
> 春风得意马蹄疾，一日看尽长安花。

而且，唐朝科举时考试成绩只能起到一半作用，另一半得靠权贵举荐，因此唐朝拜谒行卷成风。王维、李白、杜甫、高适，谁都有过托关系、走后门、求权贵的时候。

公元 719 年，二十岁的王维在长安参加了京兆府试，以一首《赋得清如玉壶冰》的五言律诗拔得京兆府试头筹，也就是解元。诗中对玉壶冰清玉润的特点描摹得很妙，"抱明中不隐，含净外疑虚。气似庭霜积，光言砌月余"。

只是在公元 720 年 2 月的进士试中，顶着府试头名的王维却意外落榜。王维深知不是自己的才情不够，而是自己的荐举人名头不够大。长安城名头够大，又爱惜人才的，得首推岐王李范，就是杜甫诗里那个"岐王宅里寻常见"的岐王。而王维、杜甫、高适、李龟年、玉真公主等许多人的命运都将在这座岐王宅中交织。

岐王曾任并州大都督，还认识王维的父亲汾州司马王处廉，王维是知道有这层关系的，只是少年心中总是有些傲气，认为凭自己已然拿下府试解元，就算在礼部试中高中不了状元，中个进士总归是不成问题的，但现实的巴掌总是偏爱骄傲的少年。认清现状的王维带着弟弟王缙叩响了岐王宅的大门。长安权贵阶层的大门外闯进了个诗书乐画技能满点、妙年白洁、风姿清郁的七尺少年，《新唐书·王维传》是这么记录的：

> 维工草隶，善画，名盛于开元、天宝间，豪英贵人虚左以迎，宁、薛诸王待若师友。画思入神……绘工以为天机所到……

可以这么说，王维在叩响岐王宅大门后的很短时间内，几乎就成了长安权贵圈的少年偶像。这时候，李白正在戴天山修仙。也是在一次岐王的宴会上，时年二十二岁的王维认识了二十七岁的崔颢，就是那个凭一首《黄鹤楼》"昔人已乘黄鹤去，此地空余黄鹤楼。黄鹤一去不复返，白云千载空悠悠"压得李白在黄鹤楼搁笔，发出无奈浩叹"眼前有景道不得，崔颢题诗在上头"的崔颢。这里顺带着交代一下，崔颢后来也中了状元，比王维要晚三年。

另一边，岐王原本已经应承为王维科举做举荐人，但九公主李持盈恰好从王屋山的道观回京。李持盈有个更响亮的封号，就是玉真公主，这位才是长安权贵圈中最重量级的人物。虽然玉真公主早已出家入道，成了女冠，但天下人都知道玄宗皇帝与同父同母的妹妹玉真公主最为亲近。

岐王觉得若是玉真公主能为王维举荐，想必王维能走得更高。岐王也是打心底里欣赏王维，于是安排了一场宴饮，给王维摆下一展风华的舞台。王维当然不会辜负岐王的一片苦心，他也听闻过玉真公主的大名，知道这位九公主有着何等的权势。于是，王维用五天时间，从先秦、魏晋的笙箫鼓瑟乐曲中发新枝、长新果，愣是给编出一首琵琶曲《郁轮袍》，又带上当年爷爷王胄的那把檀木琵琶。王维的爷爷王胄曾任大唐宫廷首席乐师协律郎，在当年就有着"天下第一琵琶"的美誉。

在岐王宅中，乐圣李龟年抚琴按弦。今天，他也要当一回听众了，因为台上的是王维，是《郁轮袍》，是那把名震大唐的琵琶。王胄的琵琶技法传到王维手上时，琵琶的表现已经从原来的九相十三品，增加到二十三至二十五个，可奏十二个半音，转十二个调，表现力更加丰富。

"转轴拨弦三两声，未成曲调先有情。"《郁轮袍》不知何时而起，又不知何时而终，岐王宅里的人们惘然若失，一时间竟无人拍手称快，只有寂静中的唏嘘声。这首新曲就如同小虫儿一样，一声声往人心里头钻，难以形容，玉真公主早已失神。岐王知道火候足了，适时地给玉真公主递上王维的诗词小集子。玉真公主读到了那首《燕支行》（下为节选）：

> 汉家天将才且雄，来时谒帝明光宫。
> 万乘亲推双阙下，千官出饯五陵东。
> 誓辞甲第金门里，身作长城玉塞中。

这是王维用烘云托月的手法重现大汉骠骑将军霍去病千里奔袭匈奴的大场面。玉真公主心绪翻覆，她似乎从王维如玉君子的表象下，看到少年胸中的万千沟壑，一时竟分不清是这开元盛世装点了少年的意气风发，还是少年的才情为皇皇大唐披上了绚丽华裳。

而关于王维和玉真公主之间的故事，后世有太多传闻揣测，但大多未经考证，在此不做过多叙述。最后的结果是，在玉真公主的举荐下，二十二岁的王维于公元721年春的科举中，状元及第。只是万物盈虚皆有数，万千的坎坷和烦恼，也将从状元及第开始。

按照唐开元年间的规定，状元及第也需要参加吏部的选官考试。王维身、言、书、判四科俱是优等，故被授予从八品下的太乐丞，相当于国家乐剧团的副团长。王维夙兴夜寐，编排新乐，还与李龟年、李鹤年一众乐工切磋音律，结下了深厚友谊。安史之乱后，李龟年流落江南，以卖唱为生，唱得最多的就是王维的诗，其中就有那首名传千古的《江上赠李龟年》：

红豆生南国，春来发几枝。
愿君多采撷，此物最相思。

　　这首诗写的并非情爱，而是王维与李龟年的友谊。无独有偶的是，多年后，杜甫在江南遇上了李龟年，故人相聚，万分感慨。杜甫赋诗一首赠予李龟年，最后两句是："正是江南好风景，落花时节又逢君。"李龟年一人独得诗佛的五绝和诗圣的七绝，不枉人生走一遭。

　　王维太乐丞的位子还没坐暖，祸事就来了。岐王生性爽直，在排场上时有逾矩处，玄宗皇帝也少有在意。原本宫中的黄狮子舞是专门演给皇帝看的，没有皇帝的批准就演出属于僭越。初秋暑热尚未消散，岐王突然来了兴致，大宴宾客。自然也请了岐王宅的常客王维和太乐署的乐工李龟年等人。酒过三巡，酒酣耳热的岐王点名要看黄狮子舞。这可把王维难住了，要演就是僭越，不演就是得罪岐王，左右都是祸。索性就应付一下，玄宗皇帝也未必会追究。

　　结果就是，玄宗皇帝知道后，岐王被贬出长安任华州刺史，王维被贬到两千里外的济州任司仓参军，连降两级。黄狮子案事实上只是玄宗皇帝找的由头，目的是杀鸡儆猴，做给宁王、薛王诸皇兄看的。他李隆基可以放任，也可以深究，王维只是恰好被波及而已。

　　王维的弟弟王缙和好友裴迪在灞桥送别王维。世事无常折损人生，一挫必有一悟，而人世中别的不多，折损却数不胜数，折得人没有脾气了，自然就能看破人生了。

　　"春草明年绿，王孙归不归？"两千余里的路程，那个时代需要长途跋涉一个多月，如今人们已经难以体会。王维出发时是秋天，到达济州时已是万象萧瑟。而二十二岁的状元郎也将被朝廷遗忘在这荒僻小城五载时光，人生这场闹剧从来都不需要排练，一上演就让人哭笑不得。是的,那个千年后仍被刻在教科书里的王维,在当时连三年任期满了都没人记得。

我在史料上找到的关于王维在济州五年的记载不多,只知道他跟济州刺史裴耀卿一起在黄河泛滥时保住了济州城。还有就是好友祖咏仕途落寞,从汝水赴济州来看过王维几次。王维也写过《齐州送祖三》可佐证:

> 相逢方一笑,相送还成泣。
> 祖帐已伤离,荒城复愁入。
> 天寒远山净,日暮长河急。
> 解缆君已遥,望君犹伫立。

此时,王维已经在济州城待了五年。与祖咏分别之后,他又将独自走入这座清寂的小城。斜阳下长河奔流如同时光,故人远去,王维却伫立在暮色苍茫的长河岸边,徒留一个惶然孤独的身影。

王维又开始想念家乡,想念母亲崔夫人。他便时常跑去河边码头跟从上游来的客家闲聊,这也被他写进了诗里:

> 君自故乡来,应知故乡事。
> 来日绮窗前,寒梅着花未?

——《杂诗三首》(其二)

逐渐地,王维的耐心被耗尽。他一改以往温润、平和的脾性,写下一纸辞官表,索性弃了官,炒了玄宗皇帝的鱿鱼,独自踏上了归途。此后,王维开始了他亦官亦隐的生涯,先后隐居淇上、嵩山和终南山。

王维有过一段短暂的婚姻,在妻子亡故后,他便严锁心门,鳏居三十载,不再续弦。《新唐书》上关于王维的婚事只有短短的一句:

"丧妻不娶,孤居三十年。"王维何时娶妻?何时丧妻?又缘何不续娶,都成了谜题。王维的诗中也从未提及妻子只言片语,在画中亦如此。这一切都说不清道不明了。

公元729年,三十岁的王维回到长安。弟弟王缙已是武部员外郎,于是王缙向左丞相张说力荐王维。左相张说对王维之才早有耳闻,将王维安排到集贤院供职,而集贤院秘书少监恰好是大名鼎鼎的张九龄,就是那个写《望月怀远》"海上生明月,天涯共此时"的张九龄。此后,张九龄成为王维仕途上的伯乐,他还介绍了襄阳人孟浩然与王维认识。孟浩然比王维大十岁,两人都是名满长安的大诗人,故而很快成了好友。

有趣的是,李白和孟浩然在公元725年相识,比王维和孟浩然的相见早了四年。四年前,李白在黄鹤楼送别孟浩然,写下了"故人西辞黄鹤楼,烟花三月下扬州"。而四年后,王维在灞桥送别孟浩然,写下了"杜门不复出,久与世情疏。……醉歌田舍酒,笑读古人书"。

公元730年12月,左相张说在洛阳病逝,张九龄丁忧家居,赏识王维的人都不在朝堂上,于是王维又辞职不干了。王维当真是一个很爱炒皇帝鱿鱼的人。他离开长安,开始了漫长的旅行,去了蜀地,去了剑阁,去了白帝城,兜兜转转到了襄阳,走到了冶城南园的孟浩然山庄。老友相见,免不了一番诗词切磋。在孟浩然一句"日暮马行疾,城荒人住稀"的启发下,王维为孟浩然画下了弥足珍贵的画像。

公元735年,游历河山五载时光的王维回到长安时已经三十六岁。王维在济州的老上司裴耀卿官拜黄门侍郎,张九龄起复中书侍郎,两人并列平章事,也就是左右宰相。张、裴两人都很赏识王维,于是王维第三次入朝为官,供职中书省。清明节前,王维去淇水给妻子扫了墓。春如旧,烟笼云水流,只有一抔泥土诉说去留。王维并未停留很久,只是来年春天,他应当会再来。

10月,王维随玄宗皇帝从洛阳回长安。此时,弟弟王缙已是从六品下的侍御史，比王维高了两品。在仕途上，王缙实属比王维耐得住性子，而王缙在青云路上的奋进，终将在往后的岁月中为王维换回一条命。

公元 736 年，大唐命运的齿轮在悄悄转动。这一年，李林甫挤掉张九龄、裴耀卿，成为中书令，总理朝廷政务，开始了十九年的执政之路。口有蜜、腹有剑的李林甫为盛唐扣响了扳机，而子弹也将在十九年后击碎盛唐荣光。

张九龄被贬为荆州长史，限两日内离京。王维得知消息后匆匆赶往灞桥相送，张九龄知道王维什么心思，估摸着这家伙又要辞职不干了，于是饱含深意地给王维写了首《感遇》诗，"徒言树桃李，此木岂无阴"。又语重心长地告诫王维："朝堂上不会因为失去你王维而清明，却会因为李林甫塞进一个庸官而更加浑浊。你占着一个位置，就少一个庸官。"

数日后，王维被李林甫调任监察御史。明面上是迁升，实际上却是将王维从中书省赶到御史台去。转过年的秋天，王维接到敕令，以监察御史的身份前往边城凉州，代表朝廷抚慰边军将士。王维经咸阳、邠州，出原州地界之后，眼前是一望无际的沙漠戈壁。三里一台，五里一墩，不时有烽烟燃起，如一条直冲霄汉的烟龙，而通往凉州的路上有黄河的支流，也称蔚如水。大漠，长河，夕阳西下，流光溢彩，这种浓烈的色彩是王维从未见过的。在萧关驿安顿后的王维写下了《使至塞上》：

> 单车欲问边，属国过居延。
> 征蓬出汉塞，归雁入胡天。
> 大漠孤烟直，长河落日圆。
> 萧关逢候骑，都护在燕然。

公元 740 年秋，王维又被派去桂州知南选。途经襄阳，忽然从襄阳刺史处听说张九龄突发急病，5 月 7 日病逝于韶州曲江。故人离去令王维神伤，心中仍有不祥的预兆，又想起襄阳的挚友孟浩然。上次一别已过七八年，王维轻车熟路，脚步急促地赶去了冶城南园的孟宅。院中冷冷清清，门口挂着白幡，灵堂前是当年自己为孟浩然画下的《襄阳孟公马上行吟图》，炉中几炷香火青烟袅袅。王维终究没忍住，湿了眼角。

> 故人不可见，汉水日东流。
> 借问襄阳老，江山空蔡州。

——《哭孟浩然》

王维将身上所有财物都留给孟家人，没有多停留，故人已去，这座城也就没有让他停留的理由。张九龄死了，孟浩然死了，这使得王维的内心产生了从未有过的苍凉和孤独。王维在终南山买下一处别业，开始了大隐隐于朝的生活。

在终南山的峡谷间、溪流处，王维似乎找到了心安处。他行走在山林中，遇到一位老叟，听了许多山野趣事，眼前所有的狭隘，陡然开阔，缘起缘灭，四十二岁的王维历经世事，终于明悟，一首《终南别业》从心中流出：

> 中岁颇好道，晚家南山陲。
> 兴来每独往，胜事空自知。
> 行到水穷处，坐看云起时。
> 偶然值林叟，谈笑无还期。

佛教的大乘教义以禅入定，由定生慧的精神境界对王维的影响极大，尤其是流行于唐代士人中的《维摩诘经》，以至于王维的字"摩诘"便是由此而来。通过诗词来阐述禅境是王维的审美特点。"水穷处""云起时"是心境渗入山情水态之中，化作天光云影的灵动。

王维又去寻访了香积寺，香积寺建于公元681年（永隆二年）[1]，后来安史之乱时郭子仪率军在此与叛军作战，成为香积寺史上最大的一次劫难。王维在此写下了《过香积寺》：

> 不知香积寺，数里入云峰。
> 古木无人径，深山何处钟？
> 泉声咽危石，日色冷青松。
> 薄暮空潭曲，安禅制毒龙。

这首诗清冷幽邃，充满禅意，细品之下，如无影之拂尘，将那些官场失意、名利恩怨，都拂扫干净。

公元742年，四十三岁的王维由从七品下的殿中御史迁升左补阙，需要时常随伴皇帝，上朝的次数也频繁了许多。10月，玄宗皇帝巡幸骊山，两省官员随行，王维也在其列。其实，这次随行的还有新授官的翰林供奉李白。不知为何，两人还是没有任何交集。

转过年，王维将已故诗人宋之问在蓝田辋川的别墅买来，匠心独运地打造了辋川二十景，成为著名的辋川别业。辋川在终南山腹地，晴雨不定，雨后的云雾时常弥漫山间林中。寂静的空山中没有人声，唯有鸟鸣回荡在山谷中。王维写下《山居秋暝》，定格了千年前的画面：

> 空山新雨后，天气晚来秋。

---

1. 永隆：唐高宗年号，680年至681年。

明月松间照，清泉石上流。

竹喧归浣女，莲动下渔舟。

随意春芳歇，王孙自可留。

王维在这一时期的山水诗表现出极其丰富的色彩层次感，当真如同画卷一般，层层泼墨挥洒。比如：

日落江湖白，潮来天地青。

——《送邢桂州》

绿艳闲且静，红衣浅复深。

——《红牡丹》

荆溪白石出，天寒红叶稀。山路元无雨，空翠湿人衣。

——《山中》

白云回望合，青霭入看无。分野中峰变，阴晴众壑殊。

——《终南山》

而故旧逐渐凋零，知己已无几的王维也喜好上了独处。长久的独处使王维超然于物外，心境空明和寂静，正如他在《酬张少府》中所写：

晚年唯好静，万事不关心。

自顾无长策，空知返旧林。

松风吹解带，山月照弹琴。

君问穷通理，渔歌入浦深。

王维与松风山月为伴，却丝毫没有孤独之感，反而有种自得其乐的闲适。人大多数时候都是孤独的，生而孤独，死也孤独。然而，王维似乎摆脱了尘世之累，将一切情绪的波动都化为纯美的自然风光。

他与天地融为一体。亘古以来，山无言，水不语，却已见惯了千年来人间的喧嚣。

> 空山不见人，但闻人语响。返景入深林，复照青苔上。
>
> ——《鹿柴》
>
> 木末芙蓉花，山中发红萼。涧户寂无人，纷纷开且落。
>
> ——《辛夷坞》

公元752年，守孝期满的王维服阕回朝，连升两级，官至从五品上的吏部郎中。一年后，执政十九年的权相李林甫死了，但大唐并未迎来一个忠正之臣，接替李林甫的是杨国忠。王维深知大唐朝事已不可为。

公元755年，王维很少理会朝政了。他已经五十六岁了，时常独自在竹里馆抚琴，静默中见一轮明月起于天际，出于云雾。清光从竹叶中洒落在王维的脸上，灿烂绰约，如影似幻。他开口吟出：

> 独坐幽篁里，弹琴复长啸。
>
> 深林人不知，明月来相照。
>
> ——《竹里馆》

终于，安史之乱爆发了。这是盛唐的劫，是杨贵妃的劫，是王维的劫，更是李白、杜甫的劫，一个伟大的时代被安禄山一刀砍得稀碎。这里就不详述安史之乱的经过了，那是一场长达近八年且战争烈度极大的内乱。至于战争烈度有多高，请试想一下，冷兵器时代，足以镇压一千二百万平方公里土地的帝国军队，压得四夷俯首、八方臣服的精锐自相残杀，几近全损。

这里还是得提一下睢阳之战，我们代入当时唐军睢阳守将张巡的视角来看这次战役。公元757年，叛将尹子琦率同罗、突厥各部族精锐共计十八万兵临睢阳城下。我张巡有马三百匹，兵三千人。有援兵吗？不会有了，长安、洛阳已经陷落了。能弃城撤退吗？可也不可，睢阳城后面是大唐仅剩的赋税来源江淮之地，江淮失，大唐灭，还有南边千千万万黎民百姓。

张巡不退，三千甲士也不退。能守多久，张巡并不知道，他唯一能确定的是他会在睢阳城上流干最后一滴血。如今，我们已经知道历史的结局：张巡守了十个月，前前后后四百余战，粮草早就耗尽；战前城中百姓有户四万，打到最后只剩四百余人。

睢阳城流干了最后一滴血，城破后，张巡在城头笑着西望长安，睢阳之战败了吗？当然没败，他张巡为大唐打了好大个胜仗，因为这十个月，郭子仪[1]靠着源源不断的江淮税赋，完成了整备。一个月前，郭子仪已经收复了长安。算算路程，现在快到洛阳了吧。

张巡连带着所有的伤兵残将全部被斩杀，无人投降。睢阳陷落十天后，郭子仪收复两京。历史是经不起细看的，细看就是在凝视深渊，而那时我们会脊背发凉地明白，人间或许也叫炼狱。不信你细想一下，张巡粮绝后靠吃什么能坚持几个月，一将功成万骨枯，不是轻飘飘的几个字，而是百姓带皮的血肉。

公元756年这一年，史书上记载了许多传奇故事：玄宗皇帝秘密出逃长安，在马嵬驿陈玄礼兵变，逼杀杨玉环，肢解杨国忠……而太子李亨在灵武自行登基即位，玄宗李隆基在瞬息之间就被剥下了权力的外衣，连同他缔造的开元盛世，一并随着那位贵妃被掩埋在马嵬坡腐烂的泥土里。"行宫见月伤心色，夜雨闻铃肠断声。……马嵬坡下泥土中，不见玉颜空死处。"（白居易《长恨歌》）

长安陷落，王维没有逃，他静静地在宅子里画了一幅《袁安卧雪图》，是勉励自己该学袁安一般临暴雪之冻馁而不改色，大不了也

---

1. 郭子仪为副帅，广平王为主帅。

学颜真卿的哥哥颜杲卿一家父陷子死，巢倾卵覆。在长安城的喊杀声中，王维画下一株翠绿怡人、大叶披离的芭蕉树，傲然于大雪中，后世也称之为《雪中芭蕉》。也是在同一年，颜真卿在平原郡写下了字字泣血的《祭侄文稿》。

攻占两京的安禄山算年纪比王维还小四岁，对王维很熟悉。当年，在玄宗的宴席上时常能听到李龟年唱王维的《阳关三叠》（也就是《渭城曲》）：

渭城朝雨浥轻尘，客舍青青柳色新。
劝君更尽一杯酒，西出阳关无故人。

他也听过王维那曲《老将行》："少年十五二十时，步行夺得胡马骑。……一身转战三千里，一剑曾当百万师……"所以，王维是在安禄山的必捕名录上的。毫无意外，王维被叛军抓住，还被专程从长安押解到洛阳关押。

王维早已买好哑药和毒药，想先装哑，实在不成就服毒。谁承想安禄山一纸诏书把王维架在了火上烤，直接任命王维为他安禄山大燕国的正五品给事中。安禄山要的是王维的名，才不管他是装哑还是真哑、是投降还是不投降。把这诏书公告天下，王维就是跳进黄河也洗不清了，王维的伪官身份算是坐实了。

王维接到诏命，终于明白为何乱世之中，人皆浮萍，不过随波逐流罢了。安禄山跟玄宗皇帝一样喜欢宴歌乐舞，索性将大唐的宫廷乐队全都绑了来。其中许多乐工曾是王维任太乐丞时的下属，演奏的乐曲也大多是王维所作。乐工雷海青宁死不为安禄山奏乐，最终被乱刀砍死，殉了节。王维听闻此事，为之悲恻，赋诗《凝碧池》悼念：

万户伤心生野烟，百官何日再朝天。

秋槐叶落空宫里，凝碧池头奏管弦。

　　王维这首诗是春秋笔法，一字不曾提到雷海青，却处处是雷海青，尤其是"凝碧池"三个字，暗含碧血丹心之意。王维这首诗没白写，后来唐肃宗清算伪官时，这首诗成为王维证明清白的重要证据。

　　公元757年（至德二年）[1]，安禄山被次子安庆绪指使李猪儿刺死，也成了一片被时代浪潮吞噬的浮萍。9月12日，广平王李俶诸路唐军联合西域回纥援军共十五万在香积寺与叛军死战。唐将李嗣业大吼一声："今日如果不以身饵敌，则官军非败不可。"然后脱下铠甲，赤膊上身，手持陌刀，大喝一声，冲入敌阵。主将陷阵，全军用命，一战阵斩叛军六万余，收复长安城。

　　唐肃宗重回长安城，而安史之乱中的伪官和永王之乱中的逆臣就成为被清算的对象。李白在永王之乱中成为逆臣，被发配到夜郎，其好友高适却因平定永王之乱成为封疆大吏。王维在安史之乱中成为伪官，弟弟王缙却在安史之乱中随名将李光弼立下赫赫战功，官居高位。人生无常，令人唏嘘。王维被押回长安等待肃宗发落，皇帝李亨已经收到了刑部侍郎王缙请求用自己的官职为兄长赎罪的奏章。王缙的上书在肃宗心中分量很重。

　　只是朝野中质疑王维的人不少，连后世质疑王维的都不少，认为王维被授伪职无论如何都是洗不脱的污点，凭王缙的军功和王维一首模棱两可的《凝碧池》脱罪万万不可。凭什么王维就不可以像雷海青一样，以死明志呢？

　　舆论如同雪花般飘来，只是他是王维，他的心中没有雪崩，正如他在墙上挂着的那幅《雪中芭蕉》。芭蕉出现在雪中是何等不合时宜，偏偏王维就让那株芭蕉在不合时宜中骄傲着。这才是王维，不像李白

---

1. 至德：唐肃宗年号，756年至758年。

如疾风，也不似杜甫如苍林，王维是细水，绵柔却非外力能左右。王缙终究还是"捞"下了哥哥王维，并且转过年2月，王维被授官正五品上的太子中允加集贤学士。在蜀地漂泊的杜甫还给王维寄诗一首祝贺：

> 中允声名久，如今契阔深。
> 共传收庾信，不比得陈琳。
> 一病缘明主，三年独此心。
> 穷愁应有作，试诵白头吟。
>
> ——杜甫《奉赠王中允维》

不久后，王维更是被擢升为从四品上的尚书右丞。这是个实权职位，只是王维已经六十一岁了，一颗禅心早已圆满了，古井无波。他把自己的辋川别业上赠给了朝廷，终于要丢下所有的身外物了。王维已经不需要山水田园来盛放自己的心灵了，他心中的须弥世界已经将这一整个人间装了进去。

> 赤日满天地，火云成山岳。草木尽焦卷，川泽皆竭涸。
> 轻纨觉衣重，密树苦阴薄。莞簟不可近，絺绤再三濯。
> 思出宇宙外，旷然在寥廓。长风万里来，江海荡烦浊。
> 却顾身为患，始知心未觉。忽入甘露门，宛然清凉乐。
>
> ——《苦热》

王维离开辋川后，裴迪也把相邻的宅子卖了。两人四十多年的友谊，似乎也该到曲终人散的时候了。公元759年（乾元二年）[1]，史思明

---

1. 乾元：唐肃宗年号，758年至760年。

又反了，洛阳再次沦陷，世道又要乱了。王维让裴迪去蜀地找严武和杜甫。乍然分手，无限凄然感慨，两人却都没说一句话，作揖拜别。王维昏花眼中噙着泪望着裴迪的背影消失在巷子外，他无限落寞地吟唱着：

宿昔朱颜成暮齿，须臾白发变垂髫。
一生几许伤心事，不向空门何处销？

——《叹白发》

公元761年（上元二年）[1]，六十二岁的王维感到身体困乏、心力不支，他唯一牵挂的就是远在千里之外任蜀州刺史的弟弟王缙。他想见王缙一面，于是上表肃宗皇帝：

臣又逼近悬车，朝暮入地。阒然孤独，迥无子孙。弟之与臣，更相为命。两人又俱白首，一别恐隔黄泉……

洋洋洒洒数百字，就是效仿王缙当年，王维愿意尽削官职，请肃宗皇帝将王缙调回京。这份恳切陈词打动了肃宗皇帝，王缙被升任正三品下的左散骑常侍，即日回京。王缙接到诏命后马不停蹄，顾不得自己老迈的身体，卷起烟尘奔长安而去，他知道哥哥王维没多少时间等他了。王维精力枯竭到会时常恍惚，在难得清醒的间隙，他起身点起三炷香，提笔给王缙写下了诀别信。书信尚未写完，笔已经悄然滑落，兄弟俩终究没有见上最后一面。

王维的诗是空山青苔上的一缕夕阳，是静夜深林里的月光，是自开自落的芙蓉花。没有孤独，没有惆怅，只是将空灵之美凝结在永恒无尽的时空之中。

---

1. 上元：唐肃宗年号，760年至761年。

第五章
李白：轻舟已过万重山

    "月光还是少年的月光，九州一色还是李白的霜。"这是余光中在《独白》中的开篇第一句。

    李白是个多面体，他既年少轻狂，曾许凌云志"大鹏一日同风起，扶摇直上九万里"，又于中年失意"弃我去者，昨日之日不可留；乱我心者，今日之日多烦忧"，还在晚年万事看空："且乐生前一杯酒，何须身后千载名？"

    对于中国人来说，不知道三皇五帝、历朝帝王将相的人不少，可是不知道李白的几乎没有。只是大多数关于李白的故事都已经神仙化了。然而，李白在成为李白之前，是一个在尘世中被撞得血肉模糊的凡人，一只在命运之舟前不避不退的蜉蝣。他在一无所有中来，又在一无所有中去，正如他《春夜宴桃李园序》中所写：

    夫天地者，万物之逆旅也；光阴者，百代之过客也。

公元 701 年（长安元年）[1]，碎叶城富商李客从西域逃归蜀地。之所以是"逃归"，是因为根据范传正的《李白墓志并序》释文"厥先避仇，客居蜀之彰明"，意思是李白的父亲李客是从西域避仇，逃回蜀地的。而千年以来，李白的家世出身如同一团迷雾，胡编乱造的很多，我们理应相信李白晚年口述，从叔李阳冰的《草堂集序》中记载的：

> 李白，字太白，陇西成纪人，凉武昭王李暠九世孙……中叶非罪，谪居条支，易姓与名……五世为庶……神龙之始，逃归于蜀，复指李树而生伯阳。惊姜之夕，长庚入梦，故生而名白，以太白字之。

这段记载的意思是，李白祖籍是陇西成纪（今甘肃静宁西南），是十六国时期，西凉开国君王李暠的九世孙。而李唐皇室和晚唐大诗人李商隐，也以李暠为本家先祖。李白的祖上，应当是被当朝者判了十恶不赦之罪，流放到西域，又从贬所逃出，隐姓埋名，潜隐在中亚西突厥属地，所以一连五代人皆为庶民。直到公元 705 年（神龙元年）[2]，李客逃归西蜀，恢复了李姓。李白的母亲在生产前夕，太白金星入梦，所以给孩子取名白，字太白。

根据这段记载可以肯定两件事：一、李白是犯官之后；二、李白出生在蜀地，而非西域碎叶城。李客为了隐匿行踪，带着妻子，过荆榛草莽，从酒泉偏僻小路入蜀，经汶川到绵州，过江油关入青莲乡安顿了下来。

李客的财富和他的身份一样来历不明，关于李客是西域富商的猜测其实来自郭沫若，这里我们暂且搁置争议。李客在青莲乡建造了宅

---

1. 长安：武则天年号，701 年至 704 年。
2. 神龙：唐中宗年号，705 年至 707 年。

院，因为先祖李暠是陇西人，所以命名为"陇西院"。李客夫妇在青莲乡除了有李白，还有一个女儿李月圆。李白在家族中排行十二，人称李十二。这是唐代按同姓同辈认的家门，并非李客夫妇生了十几个孩子。

李白在《上安州裴长史书》中叙述过自己的童年：

> 白本家金陵，世为右姓，遭沮渠蒙逊难，奔流咸秦，因官寓家。……少长江汉，五岁诵六甲，十岁观百家。

李白十岁之前涉猎很广，经史子集，诗书礼乐，楚辞庄子，广纳百家。而悲剧的源头也恰在此处，学了修身齐家治国平天下这样儒学要义的李白，在十岁后得知他是犯官之后，科举那条路是走不了的。很多李白传记都说是李白不屑于科举那条路，实则是从李白出生的那一刻起，许多事情就注定了，他只能用傲气、不屑来掩盖自己的不甘，不然他该去怨谁呢？

于是，从十一岁起，李白就时常陷入恍兮惚兮的幻想之中。他读司马相如的《子虚赋》，幻游了千里之外的云梦大泽，读《离骚》进入了上天入地的梦境，读《庄子》翱翔于宇宙的神话之中。遍观奇书的李白独自走入了大匡山深处隐居，他偶尔也会去寻访山中道士，写下了《访戴天山道士不遇》：

> 犬吠水声中，桃花带露浓。
> 树深时见鹿，溪午不闻钟。
> 野竹分青霭，飞泉挂碧峰。
> 无人知所去，愁倚两三松。

全首诗无一字说"不遇"，却处处让人能感知到"不遇"。李白的诗是学不来的，羚羊挂角，信手为之。犬吠，桃花，微雨，树与鹿，野竹，飞泉，少年李白如同造物主一般将这些融在一起，以至于千年后的我们读一遍就能走入实景之中，体验一回访客不遇。

青莲乡对于少年李白来说太小了，于是公元 718 年的春天，十七岁的李白出游梓州，这里有一个叫赵蕤的人吸引他而来。赵蕤虽是个屡试不第的隐士，但是学贯古今，而且好击剑任侠，生活极其有趣。他驯养百鸟，以至于百鸟通灵。赵蕤最大的学问就是《长短经》，一本集儒、墨、道、名、法、阴阳、纵横、兵家于一体的王霸之书。

《长短经》对李白的影响极大，他对功名的渴求就源于此，根深蒂固，后来贯穿他的一生。赵蕤与李白整日纵谈古今盛衰治乱，比如一匡天下的管仲，决胜千里的张良，高卧隆中的诸葛亮，啸傲林泉、起而安天下的谢安。赵蕤教给了李白雄心和抱负，可惜他本身就是个科举失败者，哪里又教得来实现雄心和抱负的办法？空洞的宏大叙事对一个少年来说是致命的。

只是当时的师徒二人畅想着利用纵横术，遍干诸侯，历抵卿相。在李白学成下山的前一晚，他做了一个梦，梦见自己化为《庄子》中的大鹏，向着无边无际的虚空飞去。公元 720 年，十九岁的李白去了成都，唐代的成都是益州首府。

> 九天开出一成都，万户千门入画图。
> 草树云山如锦绣，秦川得及此间无。
>
> 华阳春树号新丰，行入新都若旧宫。
> 柳色未饶秦地绿，花光不减上阳红。
>
> ——李白《上皇西巡南京歌十首》（其二和其三）

李白在成都偶遇了益州大都督府长史苏颋，苏颋不仅是朝廷大员，更是文章巨擘。恰好李白随身携带了自己写的《明堂》和《大猎》两篇大赋，于是投刺求见。最后，苏颋给了李白一个"天才英丽"的评语，让李白大喜，以为千里马一下山就遇上了伯乐。

只是后来的事实证明，当时苏颋多半是不愿消磨后生的锐气，客气敷衍罢了。当然，李白并不知道。他告别苏颋后，兴致勃勃地游览了成都，登上了散花楼、司马相如的抚琴台、扬雄的草玄堂、诸葛亮的武侯祠。他在成都流连了个把月，只是并没有等来长史苏颋的举荐。不甘心的李白转头南下去了渝州，因为这里有位文坛泰山坐镇，就是渝州刺史李邕。李白千里赶至渝州，照例上书行卷，并将自己沿途新写的一些民间歌谣置于卷首，当然他济苍生、安社稷的宏愿也大谈了一通。

只是李邕喜好的是碑版文字、辞赋正书，对李白这些新作的俗歌俚曲颇为反感，自然也听不惯一个青年好高骛远、妄言社稷。李邕三言两语就把李白打发了，但念在李白千里路途，给了他一些盘费。李白当然拒绝了李邕所赠的程仪，反而回了一首诗：

> 大鹏一日同风起，扶摇直上九万里。
> 假令风歇时下来，犹能簸却沧溟水。
> 世人见我恒殊调，见余大言皆冷笑。
> 宣父犹能畏后生，丈夫未可轻年少。
>
> ——《上李邕》

心中不快的李白转头去了峨眉山，在山中结识了僧人濬，"蜀僧抱绿绮，西下峨眉峰"。僧人濬挥动手指间，若万壑松涛鸣震，琴音如水，涤荡清除了李白心中郁结。从春日的锦城散花楼，到秋日的蜀僧弹琴，李白这一路走了半年有余，也该回匡山潜心读书了。

在匡山的大明寺，李白遇上了一位年纪相仿的小道士元丹丘。一来二去，两人成为挚友。后来，李白的人生中，元丹丘都占据了十分重要的位置，后面我们还会聊到。而在青莲乡里，人们闲言碎语，都说李客有个怪儿子，二十出头，既不娶妻，也不谋功名，隐居深山，久不归家。

这些闲言自然也传到了李白耳中，他心中有诸多不服，于是在公元725 年，二十四岁的李白决心仗剑去国，辞亲远游。既然在巴蜀寻不到出路，就去更大的天下。父亲李客却不大希望李白出蜀，他李氏虽然有些家财，但犯官商贾的家世，在重视门第出身的唐帝国如同尘埃，风一吹就散。李白若留在青莲乡，至少李客能保他一世安稳富贵。

只是李白决心要走，李客便拿出了压箱底的积蓄。在青莲乡的岔路口，李客夫妇和小妹李月圆送别李白。此时的李白并无愁绪，因为他不知道，这一去就再也没有回头的路了。此生，他再未见到家人，人生路长，无意间的一次告别也许是永别。

李白走出了青莲乡，昌明县，峰峦如画的匡山逐渐模糊，最后只剩下一抹黛色。终于，李白驻足，回头凝望。

晓峰如画碧参差，藤影风摇拂槛垂。
野径来多将犬伴，人间归晚带樵随。
看云客倚啼猿树，洗钵僧临失鹤池。
莫怪无心恋清境，已将书剑许明时。

——《别匡山》

书与剑都将付诸未来，而留恋抛之于过去。离蜀之前，李白又重游了峨眉山。在山上，李白结识了一位高僧，法号怀一。这位高僧曾经和大诗人陈子昂是至交好友，只可惜当年陈子昂仕途坎坷，冤死狱中，终年四十一岁，而怀一出家当了和尚。

怀一和尚将多年珍藏的亡友遗著《陈拾遗集》赠给了李白。李白一连研读了数月，他开始明悟何为诗骚正传、汉魏风骨，陈子昂"前不见古人，后不见来者"的悲怆终于等来了唐诗宇宙中继往开来的那位。带着陈子昂的风骨，李白告别了怀一，从峨眉山下的青衣江乘船前往嘉州。途中夜里，李白望见半轮秋月倒映在江中。峨眉山月的清光被李白揽入了心中，伴随他到天涯海角，踏遍人间。

> 峨眉山月半轮秋，影入平羌江水流。
> 夜发清溪向三峡，思君不见下渝州。

——《峨眉山月歌》

这首诗是极静中的动，半轮月影沉入江水，风平浪静中唯有船桨声。此时，船是动的，江水是动的，月亮随着船儿也是动的，人的思绪更是流动的。

李白经渝州、夔州，下三峡。公元726年春，李白过荆门，在巫山小住。他登巫山、凌绝顶，极目远眺，仰观天地。李白初次尝到了背井离乡的寂寞，他写下了《渡荆门送别》：

> 渡远荆门外，来从楚国游。
> 山随平野尽，江入大荒流。
> 月下飞天镜，云生结海楼。
> 仍怜故乡水，万里送行舟。

李白已经进入楚地了，而他初入楚地最重要的一件事，就是在江陵遇见了道门魁首司马承祯。司马承祯历经高宗、武周、中宗、睿宗、玄宗五代帝皇，深受李唐皇室敬重，李白在好友吴指南的引荐、陪同下拜访了司马承祯。司马承祯七十九岁，李白二十五岁，两人一见如故，可谓忘年之交，李白也成为司马承祯"仙踪十友"的第十位道友。李白也在司马承祯的点拨下，写下了《大鹏赋》，这篇文章脱胎于庄子的《逍遥游》，却使大鹏成为李白的个人符号。

李白自江陵顺江而下，到了岳州。他登了岳阳楼，游了洞庭湖，八百里洞庭含远山，吞长江，浩浩汤汤，横无际涯。然而在这年夏天，与李白同行的好友吴指南意外身亡，李白只能将吴指南暂时葬于湖畔。数年后，李白又回来收拾尸骨。那时的他穷困潦倒，靠着讨要借贷厚葬了吴指南，就是怕好友故乡路遥，魂魄无主。李白对友情的珍视、侠义心肠可见一斑。

李白离开越州，顺江而下便是鄂州，州治江夏（今武汉），这里有黄鹤楼、鹦鹉洲，还有赤壁。李白本想在诗板上留诗，然而看见崔颢的那首七律《黄鹤楼》里"黄鹤一去不复返，白云千载空悠悠"，李白一时竟没了提笔的兴致，徒留了一句："眼前有景道不得，崔颢题诗在上头。"他没有把握写出比崔颢更好的黄鹤楼诗，所以干脆搁笔。

李白继续东游，经浔阳，去登了庐山，随手写下了几首传世名篇，包括一首五言的《望庐山瀑布》：

西登香炉峰，南见瀑布水。挂流三百丈，喷壑数十里。
欻如飞电来，隐若白虹起。初惊河汉落，半洒云天里。
仰观势转雄，壮哉造化功。海风吹不断，江月照还空。
空中乱潈射，左右洗青壁。飞珠散轻霞，流沫沸穹石。
而我乐名山，对之心益闲。无论漱琼液，还得洗尘颜。
且谐宿所好，永愿辞人间。

以及一首七言的同题诗：

日照香炉生紫烟，遥看瀑布挂前川。
飞流直下三千尺，疑是银河落九天。

李白的一生，大部分时间都是在长江流域度过的。公元 725 年秋末，李白终于抵达了六朝古都金陵（今江苏南京）。这里是帝王之城，孙吴、东晋、宋齐梁陈三百年都以它为帝都。这里有李白向往的谢灵运写的"池塘生春草"，有谢朓的"澄江静如练"，还有起而安天下的谢安遗迹。李白在金陵度过了人生中最放纵的时光，他挥金如土，恣意行乐。半年时间，金陵人人都知道这位西蜀才子诗才出众、风流倜傥、腰缠万贯、一掷千金、仗义疏财、有求必应。

金陵城的画舫上、青楼中，李白的新诗代替了南朝陈后主的亡国之音《玉树后庭花》，歌伎们唱的是李白的《杨叛儿》"博山炉中沉香火，双烟一气凌紫霞"，还有《长干行》"妾发初覆额，折花门前剧。郎骑竹马来，绕床弄青梅。同居长干里，两小无嫌猜"。

李白看似狂浪的挥霍背后隐藏着他的无奈，他低微的家世如何能在天下闯出名头？唯有孤注一掷，用黄金铺路。他在赌，赌他钱花完前能名动江南。这是父亲李客给他的最后一张底牌，赌输了便一无所有。终于，李白离开金陵，在扬州将从蜀地带来的万金散去，一干二净。他输得很彻底，一场大病让他困倒在逆旅之中，和他交游的人也散去了十之八九。

一天夜里，李白从昏睡中醒来，看见地上洒满了繁霜，那是月光。离家已两年，他行踪飘忽，难以收到家书，此刻病重之时看那明月仿佛父亲李客的目光。他一事无成，两手空空，唯有被现实击碎的苦痛。于是写下了：

床前明月光，疑是地上霜。
举头望明月，低头思故乡。

——《静夜思》

这首诗凝聚着李白独自咀嚼的生活苦果，自己的命真就那么难改吗？

　　我们如今已不知道李白是如何熬过扬州那段日子的，只知道他病愈后离开扬州，去了安州。因为好友孟少府给李白找了一条路子，就是入赘安陆许氏，许小姐的祖父是唐高宗时期的宰相许圉师，父亲也是唐中宗时期的员外郎，所以许氏妥妥的世代簪缨的名门望族。许员外只有一个女儿，为了家族传承，才降格求婿，想招郎上门。

　　此时的李白其实已经没有出路了，二十六岁左右的年纪，无钱，无房，前途暗淡。为什么不回蜀地故乡？我猜测此时李白的父母多半已经离世，妹妹也嫁人了，他已经没有任何凭靠了，只是我们在他的诗中是找不到这些窘迫的。李白对当赘婿这件事自然是有犹豫的，赘婿在任何时代都是遭人白眼、受人轻视的身份。对于自己的终身大事，李白甚至找不到任何一个亲人商议，所以他在入赘之前去了一趟襄阳，他要去问一个人，就是好友孟浩然。

　　近四十岁的孟浩然已经放弃仕途，决心终老于林泉了。两个失意人走到一处，几日豪饮过后，孟浩然没有替李白决定是否入赘，他知道李白心中早已有了答案，无非是来自己这里求个心安。犯官之后，商贾之子，相门赘婿，李白其实没得选。他越是挣扎，命运越是要将他打入尘埃。

　　公元 727 年，李白入赘许家。许小姐才貌双全、贤淑沉静，岳父许员外为人宽厚，给了丰厚的嫁妆扶持李白。所以，李白的赘婿当得是相当滋润的。婚后，李白携妻子搬到了距离许府五里外的白兆山桃花岩。"入远构石室，选幽开上田。"过着云卧高隐、渔樵耕读的日子。

　　然而，李白仍心有不甘。他如果真能甘于安逸，当初就不会离开青莲乡走入这天下了。

　　李白时常在夜半时分西望长安叹息，他不知该不该去。而妻子许氏又怎会看不出李白的心思呢？她只是默默地将盘缠准备好，若李白是大鹏，她甘愿化作清风。无论是李白、杜甫还是苏轼，他们背后都有着一个不被史料记载的伟大女子的身影。是她们的牺牲，成全了垂名万世的荣耀，但这些荣光不曾照到过她们一分一毫。

公元730年初夏，李白自安陆启程，前往长安。一千五百多里的行程，需要一个多月的时间才能抵达。李白到达长安时，已经是盛夏。长安是皇皇盛唐帝都，百万民户，开元盛世皆汇于这一城之中。胡姬酒肆，东西两市，有波斯人的珠宝店、大宛人的马球店、龟兹人的乐器铺子、高昌人的葡萄美酒，万国汇聚。李白在酒肆喝了一杯小槽红、一杯夜光杯，醉眼看向长安的朱门绣户。

初入长安，李白并无卿相王公可依附，甚至行卷拜谒无门。于是在长安没待多久，李白便想起了嵩山道友元丹丘。元丹丘与玉真公主李持盈相识，《玉真公主受道灵坛祥应记》碑就是元丹丘奉敕修建的，两人关系不可谓不密切。元丹丘也毫无保留地为李白指了一条明路，就是走终南捷径，走玉真公主举荐的路子。当年，王维就是在玉真公主的助力下，科举夺魁的。

李白在元丹丘的嵩山居所小住了一段日子，下山路上遇上了王昌龄。王昌龄在三年前进士及第，但是仕途不顺，历任汜水尉、校书郎等低品级官职。王昌龄深知仕途艰难、难以预料，以李白的个性并不适合官场，反而适合当个隐居山林的高士。于是，王昌龄便劝李白，功名并非好事。李白也知王昌龄是一番好意，只是富贵自取，前途由人。

两人告别后，李白在元丹丘的引荐下结识了驸马都尉张垍。只是张垍觉得李白一个西蜀商人之子，身份卑微，碍于元丹丘的面子，将李白安排在了终南山一处玉真公主的别馆。直到入住楼观时，李白才发现别馆无人居住，荒凉破败。故而李白饥饿时只能寄食在当地庄户王姓人家，白天以补缀旧书为事。张垍那边再无消息，李白自然明白那位驸马是故意将他打发，晾在这里。本想离去，谁知秋雨连绵三日已成霖，泥沙淤塞道路，李白被困在了此处。李白用身上的裘衣换酒，一醉北堂。

好不容易等到天晴，李白离开了终南山。再次回到长安已经是上元节，灯火通明，朱雀大街两旁的花灯好似银河落入长安，热闹非凡。但热闹是属于长安的，李白什么也没有，他失神地走入酒馆。直至夜半行人稀疏，喝得半醉的李白摇晃在街上，天上一轮圆月洒下寒冷的清辉，他所有骄傲的伪装全部褪去，终于无力地倒在了某个无人的小巷。上元节没有宵禁，所以更无人知晓。

从此，李白成了长安城斗鸡场和赛马场的赌徒，混迹于游侠之中。然而所谓游侠不过是龙马金鞍、斗鸡射虎的凶顽富家子弟，多仗势欺人，为非作歹。李白误入其中，不知深浅，作为外来者，免不了酒后会发生冲突。一日，李白在玄武门遭到了游侠围攻。他自幼习剑，多年来独身走南闯北，身怀盘费，若剑术不高，早就被人洗劫一空了。

李白在北门独战群侠，很快力竭透支，而那些游侠一时间竟也拿不下李白。就在这僵持之际，一队人马风驰电掣地赶来，是李白的好友陆调搬来了御史台的纠察队，将游侠们驱散，解了李白的北门之厄。经历了这一事件，李白决心离开长安。这一年多以来，张垍的戏弄，拜谒的无果，斗鸡赌马的堕落，游侠的围攻，李白深知，所谓开元盛世广开才路，是开给张垍之流的公卿之子的。

他觉得王勃说得很对："屈贾谊于长沙，非无圣主；窜梁鸿于海曲，岂乏明时？"盛世之下，是李白这种布衣的行路难："大道如青天，我独不得出。……昭王白骨萦蔓草，谁人更扫黄金台？行路难，归去来。"

陆调设下筵席为李白饯行，筵席上还有同样旅居长安、寻不得出路的王炎。王炎准备去蜀中漫游，李白与王炎同是天涯沦落人，一见如故。席间，李白为王炎介绍了蜀中风土人情，而王炎则演奏了一曲《古蜀道难》，轻拢慢捻间，像是波涛夜惊、风雨骤至，又像龙吟虎啸、鸟悲猿啼。因为这首乐曲没有配得上的好词，王炎便请李白为曲赋词。李白思索一夜，古蜀道与长安大道交替在脑中出现，他渴求的前途可不像是古蜀道吗？难于上青天。

于是，李白最杰出的诗篇《蜀道难》从心中翻腾而来：

噫吁嚱，危乎高哉！蜀道之难，难于上青天！蚕丛及鱼凫，开国何茫然！尔来四万八千岁，不与秦塞通人烟。西当太白有鸟道，可以横绝峨眉巅。地崩山摧壮士死，然后天梯石栈相钩连。上有六龙回日之高标，下有冲波逆折之回川。黄鹤之飞尚不得过，猿猱欲度愁攀援。青泥何盘盘，百步九折萦岩峦。扪参历井仰胁息，以手抚膺坐长叹。

问君西游何时还？畏途巉岩不可攀。但见悲鸟号古木，雄飞雌从绕林间。又闻子规啼夜月，愁空山。蜀道之难，难于上青天，使人听此凋朱颜！连峰去天不盈尺，枯松倒挂倚绝壁。飞湍瀑流争喧豗，砯崖转石万壑雷。其险也如此，嗟尔远道之人胡为乎来哉！

剑阁峥嵘而崔嵬，一夫当关，万夫莫开。所守或匪亲，化为狼与豺。朝避猛虎，夕避长蛇，磨牙吮血，杀人如麻。锦城虽云乐，不如早还家。蜀道之难，难于上青天，侧身西望长咨嗟！

诗成后，李白已经涕泗纵横。大概何日蜀道变坦途，自己这些布衣平民才能有进身之资吧。李白站在风陵渡的岸边，滔滔流水，莽莽原野，苍苍九天，他在期盼日月换新天。

离家三年，李白写了许多诗信回家。只是因为自己行踪不定，家中来信少有收到。回到安陆，李白才知道家里出了不小的变故。岳父许员外已经去世，妻子许氏忧伤成疾。直到李白归家后，悉心照料，妻子的身体才好了许多，并且在第二年为李白生下一女，取名平阳。

大抵是出于对妻女的责任，李白无法安心在家坐吃山空。他打听到荆州大都督府长史韩朝宗到任襄阳，韩朝宗的名头李白早就听孟浩然说过，"生不用封万户侯，但愿一识韩荆州"。

韩朝宗推举贤士有口皆碑，而且孟浩然与韩朝宗是故旧，安州离襄阳也不远，于是李白决定去襄阳拜访孟浩然。他们已经数年未见，上一次见面还是李白在黄鹤楼送别孟浩然去扬州。两人这几年都在为各自的前程奔走，只是两人的结果一样——一事无成。孟浩然在襄阳山公楼宴席上，向韩朝宗推荐了李白，李白也写了一封《与韩荆州书》。但是这封书信，李白还是没有改变以往的文风，有些地方写得咄咄逼人。

韩朝宗最后找到孟浩然，直截了当地说："我都督府衙门太小，恐怕大唐天子的龙池也不够他李白回身的。"襄阳之行，李白一无所获，最后又回安陆去哄女儿了。直到公元735年，李白应好友元演之邀，共赴太原。元演的父亲是太原府尹，他自己挂职谯郡录事参军，常年四处游玩。这次去太原省亲就是让李白做伴，他自然也将李白的来往旅费都包了。

李白与元演渡过黄河，翻过太行山，走了半个月，才到太原府。在太原期间，两人游览了所有的名胜古迹。"时时出向城西曲，晋祠流水如碧玉。浮舟弄水箫鼓鸣，微波龙鳞莎草绿。"（出自李白《忆旧游寄谯郡元参军》）李白在河东以𥖨花之论、倚马之才为边城北都添彩增辉。李白也在太原度过了自己的三十四岁生日，鬓边已有几缕白发，可李白依然寄人篱下、靠食友人。次年初秋，李白辞别了元演父子，而元府尹也出手大方，临行前赠送了李白一领价值不菲的狐裘，以及一匹五花马，还有丰厚的路资，让李白可以体面归家。

只是李白在归家途中巧遇了从蜀地回来的元丹丘，元丹丘邀请他到颍阳山居盘桓。其间，李白还结识了岑勋。三人一同登上山居背后的马岭，遥望黄河蜿蜒东来，对饮至明月高挂。喝得兴起，李白跳起了从长安学来的浑脱舞，嘴里打着羯鼓的拍子，忽然诗兴大起，让元丹丘拿笔，他脱口而出：

君不见，黄河之水天上来，奔流到海不复回。

君不见，高堂明镜悲白发，朝如青丝暮成雪。

人生得意须尽欢，莫使金樽空对月。

天生我材必有用，千金散尽还复来。

烹羊宰牛且为乐，会须一饮三百杯。

岑夫子，丹丘生，将进酒，杯莫停。

与君歌一曲，请君为我倾耳听。

钟鼓馔玉不足贵，但愿长醉不愿醒。

古来圣贤皆寂寞，唯有饮者留其名。

陈王昔时宴平乐，斗酒十千恣欢谑。

主人何为言少钱？径须沽取对君酌。

五花马，千金裘，呼儿将出换美酒，与尔同销万古愁。

元丹丘与岑勋大声叫好，殊不知他俩因为此诗即将名留千古。《将进酒》一诗几乎是将李白的飘逸形象固化了，无论是"人生得意须尽欢"，还是"千金散尽还复来"，都为后人塑造了一个活在当下、及时行乐的李白。实际上，这一晚不过是李白酒后偶尔的放肆，美酒消不了他的万古愁，天亮之后，他依旧要为衣食奔走。

公元738年春，三十七岁的李白有了第二个孩子，儿子伯禽。儿女成双的喜悦抵消不了李白年近不惑寸功未建的心焦。他决心要游遍江淮，将几十个州跑个遍，寻到他踏足青云的一线机遇。世界很大，李白想去看看是需要金钱支持的。他待业的这些年，家底也花得所剩无几了。妻儿还要生活，不可能掏空家底去满足他个人的追求。于是，李白去颍阳山居找到了挚友元丹丘，谈了自己的计划，希望元丹丘能成全他最后一次逐梦之旅。若是依旧无果，也唯有认命。

元丹丘深知李白的追求，于是他力所能及地资助了李白盘缠。当然，对于李白的计划，这些钱是远远不够的，剩下的就要靠李白自己了。开元年间府库充盈，地方刺史、县令都好诗词雅兴，也乐意请骚人墨客来为筵席增添色彩，照例都会给这些诗人润笔费。而李白虽然事业一无所成，但当时还是小有诗名，这也是李白敢于万里之行的底气所在。

公元739年深秋，李白已经出游一年有余。江淮地区大到州县，小到村社，都留下了他的足迹，然而和以往的岁月一样，他一无所获。他已经不记得有多少人拒绝过他了，也不记得听了多少冷言冷语。可年近四十岁的他依然如同少年时那般，不信命，不服输。李白放在今天的职场中，大概是那些中年领导最讨厌的那种人，无论怎么敲打他，他依旧棱角分明。但是，这也正是李白最可爱的地方。因为李白直到咽下最后一口气，都没服过上天为他安排的路，他永远伤痕累累，也永远骂骂咧咧。

在洞庭湖畔的岳州，准备返回安陆的李白再次遇见了王昌龄，两人各自奋斗多年，并未有所谓的顶峰相见，可以说是"谷底相见"。这些年，李白听人传诵过王昌龄的《出塞》，"秦时明月汉时关，万里长征人未还"。王昌龄自然也听过李白的《蜀道难》《将进酒》。李白得知了王昌龄此时在贬谪途中，李林甫故意将其轻罪重判，贬谪到岭南。王昌龄也得知李白这么多年过去了，还没放下功名梦。

这次王昌龄没有再劝李白放弃，只是在分别时赠诗一首《巴陵送李十二》，留给李白自己体会。"摇曳巴陵洲渚分，清江传语便风闻。山长不见秋城色，日暮蒹葭空水云。"

李白怎能听不出这诗中意呢？"日暮蒹葭空水云"的言外之意就是，伊人难觅。何为李白之伊人？就是李白几乎跑遍了中国，都未曾遇见的伯乐。岁暮，李白回到安陆家中，发现妻子许氏已病了多日。

李白从友人处借了钱来，煎药炖鸡，悉心照料了妻子半年时间。许氏虚不受补，病情未见好转，反而日渐严重，竟至亡故。妻子的离世对李白的打击极大，许氏为他辛苦付出了十余年，他却让她白白指望了一世。

妻子病故后，李白对安陆也没有任何留恋了。他将家产全部变卖，带着五岁的女儿和两岁的儿子迁往东鲁（今兖州）。这里自古就是膏腴之地，也是孔孟之乡。这里有李白的远房叔父和兄弟，虽非至亲，但好歹有个挨靠。当然，李白选择这里还有个更重要的原因，就是他想找剑圣裴旻学剑。裴旻的剑术，张旭的草书，李白的诗歌，并称为"唐代三绝"。并且，裴旻的剑更是在与突厥的争战中大显神威。

李白本身剑术就出众，如果再随裴旻深造，或许真能在武道上有所突破，未来建功立业。当然，裴旻最后并未收李白为弟子。公元742 年，玄宗皇帝改元开元为天宝。这一年，玉真公主去王屋山天坛，接受道箓。玄宗诏令天下道门精英随玉真公主出行，李白的挚友元丹丘也在其中。元丹丘答应李白，必然会向玉真公主荐举李白。而元丹丘没有辜负李白，公元742 年 8 月，四十一岁的李白接到了朝廷诏他入京的书信。

李白与平阳、伯禽一双儿女度过了平生最得意的一天，写下了《南陵别儿童入京》一诗：

白酒新熟山中归，黄鸡啄黍秋正肥。

呼童烹鸡酌白酒，儿女嬉笑牵人衣。

高歌取醉欲自慰，起舞落日争光辉。

游说万乘苦不早，著鞭跨马涉远道。

会稽愚妇轻买臣，余亦辞家西入秦。

仰天大笑出门去，我辈岂是蓬蒿人？

从东鲁到长安有两千余里，李白仅用十天就赶到了。在等候玄宗召见的日子里，李白去了大宁坊的紫极宫，这里供奉着老子一气化三清的金身塑像。在紫极宫中，李白遇上了一位老人——诗坛泰斗贺知章。大唐小儿谁不会背贺知章那首《咏柳》？"碧玉妆成一树高，万条垂下绿丝绦。不知细叶谁裁出，二月春风似剪刀。"

而贺知章也早听闻过西蜀李太白的诗名，当即问李白讨要他的最新诗作。习惯于行卷的李白随身当然带着诗卷，拿给贺知章的第一首就是《蜀道难》。贺知章读罢，惊呼李白是太白金星下凡、谪居人间的仙才。这才有了李白"谪仙人"的名号。李白和贺知章两人都好饮酒，后来杜甫还为此写过《饮中八仙歌》，其中写贺知章和李白的诗句是："知章骑马似乘船，眼花落井水底眠。……李白一斗诗百篇，长安市上酒家眠。"

这里要顺带说一下，唐代酿的酒多为米酒，蒸馏酒（也就是高度酒）要到元代才有。米酒清甜温软，甘醇适口，饮者开始并不觉得有什么，一旦酒劲儿上来，基本就失去知觉了。

数日后，李白终于被召见，是在大明宫的金銮殿。从丹凤门直入，青砖铺出一条大道，含元殿被阶梯抬升在半空中，气象非凡。

李白成为翰林供奉，其实就是玄宗皇帝的文学侍从，玄宗皇帝只是想借李白之笔写些歌功颂德的应制之作。翰林供奉也并非什么官职，更无品级，不在百官之列。李白在翰林院待诏到 10 月，玄宗皇帝召李白随驾到骊山温泉宫。李白骑上御赐飞龙马，在浩浩荡荡的队伍中出了长安城。在温泉宫，玄宗给侍从官员赐浴、赐宴、赐游山。听着半山宫殿中，随清风传来的《霓裳羽衣曲》，李白感觉伸手就能摘下自己的理想。

我们从李白初入翰林的诗来看，他也是受到玄宗恩宠的。公元743 年春，李白奉诏作《宫中行乐词十首》，3 月写庆贺天宝年号的《得宝歌》。暮春时，兴庆宫牡丹花开，玄宗与杨贵妃同赏牡丹，李龟年率梨园子弟侍候，李白奉诏作《清平调词三首》：

> 云想衣裳花想容，春风拂槛露华浓。
> 若非群玉山头见，会向瑶台月下逢。
>
> 一枝红艳露凝香，云雨巫山枉断肠。
> 借问汉宫谁得似，可怜飞燕倚新妆。
>
> 名花倾国两相欢，常得君王带笑看。
> 解释春风无限恨，沉香亭北倚阑干。

　　此时的李白差遣频繁，深受玄宗和贵妃喜爱，吃穿用度全都由皇室安排，规格极高，就连三品、五品的大臣看了都眼红。他也成为王公贵族的座上宾，每逢休沐，李白在徐王李延年的宴席还没结束，汝阳王已经派人候着了。玉真公主也时常让元丹丘来请他去玉真观。李白已成为长安第一大红人，风头一时无两。

　　只是李白在人生的巅峰时刻，却感到厌烦了。他追求的是治国安天下的功名，而不是歌功颂德的虚名。他厌倦了写那些无休无止的应制诗词，开始终日买醉。直到有一天玄宗与贵妃泛舟白莲池，召李白作序，喝得不省人事的李白被高力士扶着登船作序。半醉半醒之间，李白写下了《白莲花开序》。兴许是这次李白醉酒无礼冒犯到了玄宗和贵妃，此后，李白便很少奉诏了，并且一应超规格待遇都被收回了。

　　公元744年，贺知章告老还乡后，李白在宫中也不被亲近所容，自知留在长安也无建树的李白便上书请求还山。早就想打发李白走人的玄宗也乐见其成，即日恩准，并赐金遣还。拿到敕令的李白心里自然失落，翰林供奉的这三年，光阴如流水逝去，理想却如风中旌旗没个着落。归去吧，往山林去吧。李白有些疲倦了，他脱下了翰林锦袍，重新戴回隐士的角巾，穿回布衣葛服，缓缓地离开了大明宫，离开了长安城。

5月，四十三岁的李白在洛阳初次见到了三十二岁的杜甫。此时的杜甫求仕之路不顺，科举落第，虽已成家，但未立业。杜甫慕名来见刚从长安归山的李白，他们并没有意识到，这次会面将成为文学史上的千古佳话，让后世研究者为之倾倒。

李、杜结伴去梁州、宋州（今开封商丘），去山中采瑶草，又渡过黄河去了王屋山，想去拜访道士华盖君。谁知到了山上才发现华盖君已经仙逝，两人大失所望，望着荒凉的山野，慨叹人生无常，所谓修仙长生也难免一死。

李、杜相聚一段日子后，因为李白要去开封请北海高天师授道箓，杜甫也要赶去为刚刚去世的继祖母写墓志铭，于是两人相约秋后梁园重聚，同去访道寻仙。秋日，李、杜于梁园重聚时，又遇上了客居梁园的诗人高适。

三人的秋游狂放自在，都留下了诗篇记录。他们曾在孟诸行猎，也曾晚登单父台，于寒秋满目荒芜之时，看碣石兀立，霜风之中桑叶纷落如雨。三人的个性不同，喝酒时，高适越喝话越少，杜甫越喝话越多，李白则是越喝越狂放，引吭高歌，拔剑起舞。

三人分别后，李白正式授箓，成为道门弟子。似乎这般，他就可以忘情世事，超然独立于成败得失之上。他确实对尘世失望了，回到东鲁后，他用玄宗赐予的钱建造了一座酒楼，夜以继日地沉醉楼头。

公元745年夏天，杜甫约上高适来东鲁看望李白。恰逢北海太守李邕来济南，三人便一同去拜谒了李邕。这次见面，杜甫有《陪李北海历下亭》可证明，高适和李邕也有诗留记，独独李白没有留诗。大抵是因为上一次拜访李邕时，他曾写诗发过牢骚，多年以后已经释怀了，便不再作诗留记。当然，后来李邕冤死，李白还为李邕写诗鸣不平："北海李使君，飞章奏天庭。舍罪警风俗，流芳播沧瀛。" 所以啊，时间真是一味奇药。

终于，李、杜第三次分别，李白在尧祠石门为杜甫饯行。他们都感觉自己像风中的飞蓬一般，功业未成，丹砂未就。杜甫赠了李白一首诗：

秋来相顾尚飘蓬，未就丹砂愧葛洪。
痛饮狂歌空度日，飞扬跋扈为谁雄？

——《赠李白》

李白回赠了《鲁郡东石门送杜二甫》：

醉别复几日，登临遍池台。
何时石门路，重有金樽开？
秋波落泗水，海色明徂徕。
飞蓬各自远，且尽手中杯。

只是两人再无金樽重开之日，这次分别后，李白去了江东，杜甫去了长安，天各一方。后来，杜甫寄给李白的诗底稿都保存了下来，而李白写给杜甫的许多诗都散失了。因为长期酗酒，还服食丹药，李白大病了一场，历经半年，在公元746年深秋才养好身体。李白决定出游天姥山，因为他在病中梦见自己在月光下飞过镜湖，飞到了天姥山。醒来后，李白写下了《梦游天姥吟留别》：

海客谈瀛洲，烟涛微茫信难求。
越人语天姥，云霞明灭或可睹。
天姥连天向天横，势拔五岳掩赤城。

天台四万八千丈，对此欲倒东南倾。

我欲因之梦吴越，一夜飞度镜湖月。

湖月照我影，送我至剡溪。

谢公宿处今尚在，渌水荡漾清猿啼。

脚著谢公屐，身登青云梯。

半壁见海日，空中闻天鸡。

千岩万转路不定，迷花倚石忽已暝。

熊咆龙吟殷岩泉，栗深林兮惊层巅。

云青青兮欲雨，水澹澹兮生烟。

列缺霹雳，丘峦崩摧。

洞天石扉，訇然中开。

青冥浩荡不见底，日月照耀金银台。

霓为衣兮风为马，云之君兮纷纷而来下。

虎鼓瑟兮鸾回车，仙之人兮列如麻。

忽魂悸以魄动，恍惊起而长嗟。

惟觉时之枕席，失向来之烟霞。

世间行乐亦如此，古来万事东流水。

别君去兮何时还？且放白鹿青崖间，须行即骑访名山。

安能摧眉折腰事权贵，使我不得开心颜。

  李白留别了东鲁亲友，冒着大雪独自南下。他到金陵时已经是转年春天了，故地重游，李白想起了自己昔年东游维扬，不逾一年，散金三十万，赌上了父亲给予的家底，现在方才觉得何其荒谬。

  三十年前，李白在金陵写的诗何其轻快："风吹柳花满店香，吴姬压酒劝客尝。……请君试问东流水，别意与之谁短长？"三十年后，李白写了一首《登金陵凤凰台》：

凤凰台上凤凰游，凤去台空江自流。

吴宫花草埋幽径，晋代衣冠成古丘。

三山半落青天外，二水中分白鹭洲。

总为浮云能蔽日，长安不见使人愁。

李白去了会稽郡，得知贺知章于前年去世，长安往事浮上心头。金龟换酒，痛饮高歌，李白已经到了故旧凋零的年纪。

公元 748 年春，李白从会稽返回金陵的途中听说了许多消息。旧友王昌龄被贬到夜郎西的龙标去了，北海太守李邕被刑讯致死。这两三年，朝廷阴云密布、冤案不断，这些都是权相李林甫掀起来的。李白对帝国未来的愁思，都写入了寄给王昌龄的那首小诗中：

杨花落尽子规啼，闻道龙标过五溪。

我寄愁心与明月，随风直到夜郎西。

——《闻王昌龄左迁龙标遥有此寄》

公元 751 年秋天，李白应故人元丹丘之约来到南阳石门山中。两人信步于深林中，李白说起了自己的近况，续娶了夫人宗氏。宗氏也是相门之女，说是续娶，实则是李白第二次入赘。宗小姐当年还是李白的迷妹，曾经在梁园留下了千金买壁的传说。据说，宗小姐在梁园寺院墙上，看到了天才诗人李白的墨宝，不惜花千金买下了墙壁。

李白在元丹丘的居所小住了半个月，收到友人何昌浩的信件，邀请他去幽州节度使幕府谋职。年过半百的李白心里出将入相的梦想此时犹如焚烧后的一堆灰烬，仍有余温，一旦风起，死灰复燃。他想去幽州闯一闯，只是那幽州是安禄山的辖区，李白早就听说过安禄山骄横跋扈，心中有些犹豫。他回到家中，与妻子宗氏商量，遭到了反对。宗氏预言安禄山未来必然为乱，幽州无异于龙潭虎穴。妻子还再三表示不期望李白封侯光耀，只期望两人能共白头。

只是李白悸动的心已经停不下来了，他还是往幽州去了。李白到了幽州，在何昌浩的安排下，南到范阳，北到蓟门，东到渔阳，西到易水，都游览了一番。安禄山的扩军备战搞得热火朝天，烽火不断。手握唐帝国一半兵马的安禄山日夜操练，让李白回想起妻子临行前的话语——"安禄山必然为乱"。

回过味儿来的李白，仿佛看见安禄山变成了一条北海长鲸，即将吞噬千万生灵。李白写下了《公无渡河》一诗：

> 黄河西来决昆仑，咆哮万里触龙门。
> 波滔天，尧咨嗟。
> 大禹理百川，儿啼不窥家。
> 杀湍湮洪水，九州始蚕麻。
> 其害乃去，茫然风沙。
> 披发之叟狂而痴，清晨临流欲奚为？
> 旁人不惜妻止之，公无渡河苦渡之。
> 虎可搏，河难凭，公果溺死流海湄。
> 有长鲸白齿若雪山，公乎公乎挂罥于其间。
> 箜篌所悲竟不还。

不久后，李白收到妻子催促归家的书信。他便以此为由，匆忙离开了幽州，回到河南。幽州之行让李白清醒地认识到，唐帝国危如累卵的形势，唐玄宗已经沉迷声色、修道，无可救药了。李白决定带着妻子和儿女远走他乡，找一个能避乱的桃花源。恰巧李白的从弟宣城长史李昭来信，邀他去宣城。因为不知宣城情况，李白便决定只身前往，随后再来接家小。

公元 753 年秋，李白途经长江横江渡。正值浪潮汹涌的季节，他心中的风浪与江上的风浪共鸣。恍惚间，李白似乎看见恶风巨浪变成了千军万马，群山变成了潼关。风浪就要来了，从北境卷来的这场风浪会将三山五岳一起震动，让唐帝国风雨飘摇，千万苍生陷入水深火热之中。李白有诗云：

> 月晕天风雾不开，海鲸东蹙百川回。
> 惊波一起三山动，公无渡河归去来。
> ——《横江词六首》（其六）

初来宣城的三个月，李白深感宣城风物好似蜀中，加之太守长史热情礼待，总是以丰厚的润笔之资向李白求取诗词。在悠闲、安逸中，李白时常独自坐在敬亭山上。万籁俱寂中，李白感受到了内心深处袭来的孤独与寂寞。他似乎对世间的一切都厌弃了，而世间的一切也对他厌弃了，只有敬亭山与他相伴。

> 众鸟高飞尽，孤云独去闲。
> 相看两不厌，只有敬亭山。
> ——《独坐敬亭山》

李白还应泾县县令汪伦的邀请，到桃花潭的别业中盘桓多日。临别时，汪伦拿出极其丰厚的润笔费求请李白一首诗。我只能说汪伦这笔钱花得很值，因为他为自己买来了千古留名，一首《赠汪伦》成为千古名作：

> 李白乘舟将欲行，忽闻岸上踏歌声。
> 桃花潭水深千尺，不及汪伦送我情。

重新回到宣城的李白听到了许多坏消息：杨国忠发兵南诏，全军覆没；杨贵妃姊妹骄奢淫逸；关中水旱相继，饿殍遍野。万里秋风和雁阵让李白愁上加愁，他登上了谢朓楼，愁思汹涌，似乎连刀也斩不断。

弃我去者，昨日之日不可留；
乱我心者，今日之日多烦忧。
长风万里送秋雁，对此可以酣高楼。
蓬莱文章建安骨，中间小谢又清发。
俱怀逸兴壮思飞，欲上青天揽明月。
抽刀断水水更流，举杯消愁愁更愁。
人生在世不称意，明朝散发弄扁舟。

——《宣州谢朓楼饯别校书叔云》

公元 755 年 11 月，安禄山起兵范阳，南下的兵锋卷起千里烟尘。河北诸郡，望风投降。早有准备的李白带着妻儿老小南下避乱，隐居在庐山，不再过问世事。一年后，永王李璘担任江南西道节度使，经略长江流域，招募兵马，筹集粮草。

李白在庐山隐居了数月，直到永王的使者打破平静。永王聘请李白入幕府，并告诉李白，永王奉命出师平叛，配合新皇唐肃宗李亨，收复两京。李白心中的那团功名之火又复燃了，他说起了天下大势。他越谈越兴奋，越发觉得乱世正是他建功立业之时，几乎就要跟着永王的使者下山去了，直到妻子宗氏打破了他的幻想。送走永王的使者后，宗氏还是原先的态度，不愿李白去追求治国平天下的幻梦了。

李白暂且听从了妻子的建议。只是永王的使者三顾茅庐，李白哪里经得住这般诚意，于是满怀期待地下山去了。在浔阳江畔，李白看见永王大军舳舻千里，旌旗蔽空，军鼓画角轰鸣，军容齐整。一时间，他仿佛看到了大军重整河山的场景。李白诗情汹涌，一连写下了十一首《永王东巡歌》。李白以为永王是奉旨行事，但实际上，肃宗已经下诏让永王回到太上皇李隆基身边去，解除了他的兵权。但是，永王抗旨不从，走上了叛逆之路。

肃宗皇帝已经派遣高适前来讨伐，看不清形势的李白还不知道他已经坠入皇权争夺的漩涡之中了。最终，永王一败涂地，在乱军之中被杀。李白虽然从死人堆中爬了出来，但是在回庐山的途中被抓住，被丢进了浔阳监狱之中，罪名是附逆作乱。

得知消息的宗夫人四处奔走、八方求援，不离不弃，她没有埋怨李白当初不听自己的。半年后，幸好有江南宣慰使崔涣和御史中丞宋若思相助，宋若思不但释放了李白，还将李白留在幕府中。两个月后，他又将李白推荐给朝廷。只是，肃宗降下诏命，将李白长流夜郎。

公元758年春，五十七岁的李白从浔阳出发，踏上了流放之路。来送别李白的人很多，妻子宗氏泪洒江畔，长流夜郎从某种意义上代表着永别。5月，李白流放途经江夏，太守韦良宰留他休息两个月。8月在汉阳，当地官吏又招待了李白月余。9月，在江陵的郑判官又留了李白不少日子。

故旧们在用各种方式试图延缓李白的远去，所以直到初冬，李白才到三峡。两岸起伏的山峦渐渐变成了壁立如削的悬崖，江面也窄成了一线。在三峡，李白足足走了两个月。第二年开春，他才抵达夔州白帝城，再往南就是夜郎了。

就在李白以为夜郎将是他人生最后的归宿时，忽闻喜讯，因为关中大旱，天子敕令流放罪一律放免，李白自然也在其中。于是在一个朝霞满天的黎明，李白坐上了东归的小舟，趁着新春的江风，顺流而下，劫后余生写下了：

朝辞白帝彩云间，千里江陵一日还。

两岸猿声啼不住，轻舟已过万重山。

——《早发白帝城》

公元 761 年秋天，宗夫人将自己早年积攒下的首饰盒子变卖了，换了一些钱，因为她想为李白办一桌不算太寒碜的寿宴，以庆祝李白的六十大寿。李白自然也知道妻子的苦心。六十过后，他还是到各州县官吏门上，写诗换取润笔费，以图养活家小。

公元 762 年初秋，六十一岁的李白病了。他不愿去烦扰在庐山的妻子，于是就近投靠了当涂县令李阳冰。因为同姓，李白便认李阳冰为族叔。李阳冰热情地接待了他，并且花重金延请名医为李白治病。只是李白病入膏肓，一直到年底都未见好转。偏偏李阳冰在当涂任期将满，必须在年底赴京述职。

李阳冰将李白的妻子宗夫人以及儿子伯禽接到当涂，在城外为李白安置了一个家，并且留下了一笔费用。妥当后，李阳冰来与李白辞行。李白决定将自己留存的诗稿托付给李阳冰，并且讲述了自己的身世和人生际遇。于是，李阳冰熬了几个通宵，写成了《草堂集序》：

阳冰试弦歌于当涂，心非所好。公遝不弃我，乘扁舟而相顾。临当挂冠，公又疾亟，草稿万卷，手集未修，枕上授简，俾予为序。论《关雎》之义，始愧卜商；明《春秋》之辞，终惭杜预。自中原有事，公避地八年；当时著述，十丧其九，今所存者，皆得之他人焉。时宝应元年十一月乙酉也。

次日，在病榻旁，李阳冰将序文原原本本地给李白念了一遍。李白欣慰地告别了李阳冰。这也正是李阳冰为后世保存的李白唯一口述的材料，极其珍贵。

李白在人生最后的时刻，爆发出了顽强的生命力。他起身离开家，走向了青山，走向了长江。他究竟以何种方式结束了自己的人生，我们不得而知，只知道他留下了一首《临路歌》：

大鹏飞兮振八裔，中天摧兮力不济。
余风激兮万世，游扶桑兮挂石袂。
后人得之传此，仲尼亡兮谁为出涕？

李白当真用尽了全部的努力，才勉勉强强完成他的一生。我始终不太赞同他是仙人这个说法，因为他活得那般真实，真实到仿佛活在眼前，生命是一万次春和景明。

第六章

杜甫：天地一沙鸥

　　杜甫的五十八载岁月，两万多个日子，是由半卷开元盛世、半卷安史之乱合著而成的。从杜甫的诗中能观照到盛唐的褪色、国家命运的转折，以及个人在时代浪潮下的无力，它们构成了杜甫沉郁顿挫、喷薄欲出的悲怆。

　　公元 712 年（延和元年）[1]，杜甫出生在河南巩县（今河南巩义西南）。这时的历史大背景是，二十七岁的李隆基继位称帝，也就是唐玄宗。一年后，太平公主在先天政变中被唐玄宗赐死，开元盛世即将随时代的长风而来。

　　很多人在讨论杜甫的时候，时常会忽略一件很重要的事，那就是杜甫的家世和出身其实是极好的。比同时代的李白，要强出一个高适加一个孟浩然，至少跟王维是一个档次的。杜甫的父系——晋代的杜预是杜甫的十三代祖，而杜预在正史中是什么级别的人物？那可是东吴灭国之战的统帅，征南大将军，开府仪同三司，时称"杜武库"，明朝之前唯一同时进入文庙和武庙的顶级名臣。

---

1. 延和：唐睿宗 712 年年号。

即便是杜预死后的荣光，都能造就一个延续数百年的顶级门阀"京兆杜氏"。从杜预这十三代一路数下来，杜甫的直系父祖们不是刺史，就是太守。混得最差的就是杜甫的父亲杜闲，也是个县令。

杜甫的祖父杜审言是文章、诗词双绝，写文章跟苏轼的远祖苏味道，以及李峤、崔融并称为"文章四友"，写诗被后世赞许为初唐五律第一。文学上的成就让杜审言十分狂傲，关于杜审言还有个很有名的故事。

公元698年（圣历元年）[1]，杜审言被贬为吉州司户参军。因为与同僚不和，被长官周季重诬陷判了死罪。杜审言的次子，也就是杜甫的叔父，时年十六岁的杜并，不忍父亲遭受冤屈，于是提刀在一场宴席上将周季重刺死，而杜并也当场被侍卫打死，一命换了一命。这件事甚至惊动了武则天，为了表彰杜并的孝行，杜审言不仅被免了死罪，还迁升为著作郎。

杜甫的父辈和祖辈们有猛人、狂人、狠人，更形成了一个传承数百年、根深蒂固的官僚家庭。而且，杜甫的母系也是一个显赫的士族——清河崔氏，杜甫的外祖母就是唐太宗李世民的曾孙女。杜甫出生后不久，母亲崔氏就去世了，父亲杜闲续弦娶了卢氏。在唐代诗人权贵圈，永远绕不开这几个姓氏，崔、卢、王、李、韦、杜、裴。说到底，唐诗三百年其实就是一部贵族家史。甚至可以这么说，二十四史也是贵族家史。而百姓在正史中出现不少时候三个字就概括了，那就是"人相食"。

幼年丧母的杜甫有一段时间被寄养在洛阳的二姑母家，二姑母待杜甫如己出。当时，洛阳疫病流行，杜甫和二姑母的儿子同时染了病。这位不懂自私的女子十分心疼丧母的杜甫，总是优先照顾杜甫。最后，杜甫的状况有了转机，二姑母的儿子却日渐消沉，眼看着生机

---

1. 圣历：武则天年号，698 年至 700 年。

消散，归于青冥。

杜甫虽然出生在巩县，但成长在洛阳。彼时的洛阳极为繁盛，"画阁朱楼尽相望，红桃绿柳垂檐向"。武则天多年经营的神都洛阳丝毫不逊色于长安，甚至因为洛阳是江淮租米漕运的转运枢纽，一旦长安地区歉收，皇帝就会率领百官到洛阳"就食"，被称为"逐粮天子"。唐玄宗即位后，也时常逐粮洛阳。

公元 724 年至公元 727 年，玄宗因为封禅泰山，在洛阳居住三年之久，百官权贵也都到了洛阳。于是，十二岁的杜甫在长辈的带领下，时常出入岐王宅和玄宗宠臣崔涤的府邸，也数次听到了乐圣李龟年的《渭川曲》。一曲悠然吹入了杜甫心底，成了抚不平的涟漪。在岐王宅中，杜甫能看到画圣吴道子展示他千古垂名的《金桥图》，也能看到草圣张旭醉酒泼墨的狂草。人们以诗会友，谈论着那位风华绝代的状元郎王维、从蜀地走出声名鹊起的李白、襄阳孟浩然、越州贺知章。

在少年杜甫的眼中，大唐好像人人都会写诗。他有些失落，诗、书、画、乐的顶峰都被岐王宅里这些显赫的名字占据了。背负着京兆杜氏和清河崔氏荣耀的少年，又去何处争得一席之地？杜甫清楚地知道，他生在一个不缺天才的年代。

洛阳的繁华烟云让少年杜甫看不清这浩然天下。唐代读书人一直有漫游山河的习惯，正如李白所说："大丈夫必有四方之志。乃仗剑去国，辞亲远游。"只有驻足黄河边上，李白才能写出："黄河西来决昆仑，咆哮万里触龙门。"也唯有踏足边疆塞外，岑参才能写出："今夜不知何处宿，平沙万里绝人烟。"

除此之外，唐代诗人游历四方还有个功利性的原因，那就是找出路。他们每到一处人文荟萃之地，便在诗板上留下自己的诗名。名声大了，无论走科举之路还是结交权贵，都会事半功倍，这就是唐代诗人酷爱在各大名楼题诗的原因。

而落魄的文人也可以用诗词，向附庸风雅的达官贵人换取生活费，或是一顿饭、一件衣裳。高适早年就是以此为生。公元731年，十九岁的杜甫离开了洛阳，前往画船听雨眠的江南。数年前，李白也在江南流连许久。不凑巧的是，杜甫去江南时，李白正好到了洛阳，还在洛阳写下了《行路难》，"停杯投箸不能食，拔剑四顾心茫然"。

杜甫错过了李白，却和烟雨江南撞了个满怀。他在姑苏拜访了吴王阖闾的坟墓，游览了虎丘山的剑池，赶上了荷花盛开的长洲苑，也在江宁看见了六朝时代，王谢豪族门前的野草闲花，乌衣巷口的残阳独照。许多年后，杜甫曾回忆起在江南的这四年时光：

> 林风纤月落，衣露净琴张。
> 暗水流花径，春星带草堂。
> 检书烧烛短，看剑引杯长。
> 诗罢闻吴咏，扁舟意不忘。

——《夜宴左氏庄》

公元735年，二十三岁的杜甫因为要参加进士考试，才回到故乡巩县。此后，他再未去过江南。凭借着家族在巩县的名望，杜甫由乡里举荐参加进士考试。因为这一年长安秋雨太多，伤了五谷，粮食歉收，玄宗皇帝再次逐粮洛阳，所以这次进士考试是在洛阳举办的。

杜甫投考的这年，有三千人参考，只录取了二十七人，显然饱尝了江南山水的杜甫不在雁塔题名之列。只是对于二十出头的杜甫来说，进士落第算不得什么挫折。他随即又开始了第二次漫游，"放荡齐赵间，裘马颇清狂"。青年时代的杜甫跟我们印象中那个沉郁苍凉、老迈无力的形象全然不同，他放荡轻狂、鄙视世俗。杜甫踏足云上山巅，自然也看不到人间。

此时，杜甫的父亲杜闲任兖州司马，优厚的俸禄足以支撑杜甫的不务正业。我说个功利性的结论，杜甫考科举、走仕途的黄金十年，他全部沉溺在江南和齐赵大地的山水与玩乐中了，以至于他后来的许多苦难和挫折，都是在还这十年浪荡的债。只是话又说回来，若是没有那些苦难和挫折，杜甫的诗词成就也许就止步于他二十七岁时在泰山写的《望岳》：

岱宗夫如何？齐鲁青未了。
造化钟神秀，阴阳割昏晓。
荡胸生层云，决眦入归鸟。
会当凌绝顶，一览众山小。

杜甫曾登上泰山的日观峰，俯视八荒，十年漫游也并非一无所获，至少在胸中装下了七分浩然，三分广博。

公元741年，二十九岁的杜甫结束了十年漫游，回到洛阳，在远祖杜预和祖父杜审言安息的首阳山下，开辟了几处窑洞。也是在这一年，杜甫迎娶了弘农县司农少卿杨怡之女。弘农杨氏也是个千年豪族。当年，弘农杨氏的老祖宗杨喜，在乌江边等霸王项羽自刎后，硬着头皮砍下了项羽的一条腿，捡来了滔天富贵，成为开国王侯赤泉侯。弘农杨氏也就靠着楚霸王项羽的一条腿赚来了千年富贵。

京兆杜氏和弘农杨氏的联姻，杜甫拿到的主角剧本还是可以写下去的。杜甫的妻子杨氏，史料记载得很少，在杜甫的诗中却很多，因为在未来那些困顿贫寒、流离失所的岁月中，杨氏永远都是站在杜甫身旁的那个，从青丝到白发，两人不离不弃。我深以为，那才是大唐最值得称道的爱情，得一人便过一世。

公元742年，杜甫的二姑母，那个温暖无私的女子病逝了。杜甫为她守制，为她刻石，为她写墓志铭。对于杜甫来说，他对生母没有任何印象，在二姑母下葬的那一刻，他才真正失去了母亲。然后转过年，杜甫又失去了父亲杜闲。那个沉默如山，从不催促杜甫赶路的人也走了。

在离索和死寂之中，杜甫的人生剧本画下了拐点。而一场伟大的相遇在公元744年的春天上演，李白和杜甫在洛阳相遇，李白四十三岁，杜甫三十二岁。李白虽是名满天下的谪仙人，却刚从长安被唐玄宗赐金放还。李、杜都算是这洛阳城中的失意人，于是李白带着杜甫渡过浪涛汹涌的黄河，到王屋山去寻仙问道。

在秋季，李白和杜甫又遇上了四处"流浪"的高适。三人时而在酒楼畅谈痛饮，时而登顶山峰笑看浮云。那一年，他们肆无忌惮地说着朝堂上的光风霁月，谈起边境的山雨欲来，酒杯里满是岁月冷暖和澄澈友谊。只是山前相逢，山后别离，秋末冬初，高适南游楚地，李白去了齐州，杜甫往北海拜访李邕。临别时，李白赠给杜甫一首诗《鲁郡东石门送杜二甫》，诗中写道："飞蓬各自远，且尽手中杯。"在此后的岁月中，杜甫时常听闻李白的音讯，却再也未曾相遇。

杜甫一次又一次怀念李白，在长安时写"白也诗无敌"，在秦州时写李白："笔落惊风雨，诗成泣鬼神。"在成都时又说李白："敏捷诗千首，飘零酒一杯。"

公元746年深秋，三十四岁的杜甫独自前往长安。在长安城西北开远门，杜甫看到了那块石碑，上面写着"西去安西九千九百里"，彰显着盛世大唐的气派。"长安回望绣成堆，山顶千门次第开"，历史上再也没有比长安城更伟大的城市了，市井平民，王侯将相，有明暗的映衬，有悲欢的交织，杜甫看不清未来的命运。

那个端坐在大明宫，六十一岁的老皇帝李隆基，已经沉迷于修道，妄图在他缔造的开元盛世中永生不死。芙蓉帐，华清池，杨玉环，声色太醉人了，以至于李隆基昏花的眼睛看不到帝国的危机了，他把一切政权都交给了中书令李林甫。李林甫是个有着十足手段的阴谋家，他很有执政能力，有能力到斗倒了张九龄，逼退了贺知章，害死了李邕，让老皇帝李隆基听不到任何不和谐的声音。

公元747年，玄宗开设制科考试，诏令凡有一技之长者，皆能入京考试。但李林甫生怕这些文人杂家批评朝政，对他不利，竟然夸张到无人录取，而李林甫给玄宗皇帝的交代是"野无遗贤"。杜甫抱着极大的希望参加了这次考试，却草草收场。以至于后来杜甫在《贫交行》中抨击李林甫："翻手作云覆手雨，纷纷轻薄何须数。"

"长安百物皆贵，居大不易。"没有薪俸积蓄的杜甫日渐穷困，为了生计，他学起了高适以诗文向权贵讨生活，卖药都市，寄食友朋。"朝扣富儿门，暮随肥马尘。残杯与冷炙，到处潜悲辛。"杜甫落魄的日子从长安开始，但我从史料上发现很奇怪的一点，就是接济杜甫的朋友其实不少，而且都是显贵，比如汝阳王李琎和尚书左丞韦济。我实在想不通，为何频繁出入王公重臣府邸的杜甫，连基本生活都难以维持。要知道《红楼梦》里刘姥姥进荣国府打一次秋风（一进贾府）就能搞来一家人一年的生活费。

甚至杜甫还认识玄宗皇帝的女婿——前任宰相张说的次子张垍。在公元750年，杜甫还通过张垍的协助向玄宗皇帝进献了三篇大赋。玄宗读后大为赞赏，深感惊艳，于是让杜甫待制集贤院，还下诏让宰相亲自考核杜甫的诗文。一天之内，杜甫声名大噪，但这场考试的结果不了了之。杜甫从友朋处得知是李林甫从中作祟，他只好再次潜居长安，等待机会，但心里其实已然绝望。两次被李林甫截断青云路，在仕途上还能有多大希望呢？

杜甫对仕途的执着是因为背负着自远祖杜预以来十三代为官的荣光，但这荣光此时成为枷锁，鞭笞着他耗尽心力去追逐仕途。所以，即便已经希望渺茫、身体衰弱，他依旧做不到像李白和王维那样，在俗世一旦不如意，便转身入山林。

公元751年秋，杜甫三十九岁了。秋雨一场接着一场，屋舍倒塌，杜甫还染上了疟疾，他整整病了一个秋天。他时常伏在案台上自嘲，长安十年的凄苦大概真是给漫游天下那十年还的债吧，命运果然是守恒的。他在诗中写下："君不见空墙日色晚，此老无声泪垂血。"杜甫的诗终于染上了人间的气息。

庆幸的是，在杜甫于长安最艰难的时期，高适、岑参、郑虔三位至交好友的到来，慰解了杜甫的愁苦。此时高适在河西节度使哥舒翰的幕府做掌书记，而岑参则在安西节度使高仙芝幕府任书记，两人先后到长安述职。郑虔更是被称为"大唐百科全书"的一代大儒，时任国子监广文馆首任博士。杜甫确实把自己的生活过得一塌糊涂，但他的人际关系好到令人费解。

公元752年秋，杜甫和高适、岑参一起登上了慈恩寺塔，俯瞰着这渭水与终南山之间的长安，雄浑而沉郁。他们每个人都写了一首诗，高适和岑参的诗大概都因为登上了高处，有种脱离俗世的出尘气息，杜甫的诗却不然，他写：

> 高标跨苍天，烈风无时休。自非旷士怀，登兹翻百忧。
> 方知象教力，足可追冥搜。仰穿龙蛇窟，始出枝撑幽。
> 七星在北户，河汉声西流。羲和鞭白日，少昊行清秋。
> 秦山忽破碎，泾渭不可求。俯视但一气，焉能辨皇州。
> 回首叫虞舜，苍梧云正愁。惜哉瑶池饮，日晏昆仑丘。
> 黄鹄去不息，哀鸣何所投。君看随阳雁，各有稻粱谋。
>
> ——《同诸公登慈恩寺塔》

在长安的这些年，他听闻了许多消息，在公元751年这一年之内，高仙芝与阿拉伯帝国的怛罗斯之战，鲜于仲通的南诏之战，安禄山的契丹之战，结果是全败。为了成全玄宗皇帝和边将们的盛世幻梦，大唐人民承受着租税和兵役的双重剥削。杜甫曾亲眼看到被杨国忠暴力征发来的青壮，从长安北渭水上的咸阳桥被逐去西域，父母妻子拦道牵衣，哭声震天。这一去，再相见时，不是白发必是白骨。

杜甫以血泪为墨汁，写下了《兵车行》：

车辚辚，马萧萧，行人弓箭各在腰。

耶娘妻子走相送，尘埃不见咸阳桥。

牵衣顿足拦道哭，哭声直上干云霄。

道旁过者问行人，行人但云点行频。

或从十五北防河，便至四十西营田。

去时里正与裹头，归来头白还戍边。

边庭流血成海水，武皇开边意未已。

君不闻汉家山东二百州，千村万落生荆杞。

纵有健妇把锄犁，禾生陇亩无东西。

况复秦兵耐苦战，被驱不异犬与鸡。

长者虽有问，役夫敢伸恨？

且如今年冬，未休关西卒。

县官急索租，租税从何出？

信知生男恶，反是生女好。

生女犹得嫁比邻，生男埋没随百草。

君不见，青海头，古来白骨无人收。

新鬼烦冤旧鬼哭，天阴雨湿声啾啾。

那一年，杜甫三十九岁，是现实意义上的失败者，但自《兵车行》后，唐诗是唐诗，杜诗是杜诗，别人写诗，他写史。

朝堂腐败，边疆危机，民生凋敝，玄宗皇帝带着杨贵妃和杨家亲族姐妹，春游曲江芙蓉苑，冬去骊山华清宫，每月十万脂粉钱。有时食一盘菜的费用，等同十户中等人家的产业。那哪是菜肴啊，分明是从百姓身上剜下的血肉。杜甫难以忍受，写下了《丽人行》：

> 三月三日天气新，长安水边多丽人。
> 态浓意远淑且真，肌理细腻骨肉匀。
> 绣罗衣裳照暮春，蹙金孔雀银麒麟。
> 头上何所有？翠微匌叶垂鬓唇。
> 背后何所见？珠压腰衱稳称身。
> 就中云幕椒房亲，赐名大国虢与秦。
> 紫驼之峰出翠釜，水精之盘行素鳞。
> 犀箸厌饫久未下，鸾刀缕切空纷纶。
> 黄门飞鞚不动尘，御厨络绎送八珍。
> 箫鼓哀吟感鬼神，宾从杂遝实要津。
> 后来鞍马何逡巡，当轩下马入锦茵。
> 杨花雪落覆白蘋，青鸟飞去衔红巾。
> 炙手可热势绝伦，慎莫近前丞相嗔！

不了解时代背景的人都以为杜甫写的是一场盛大的春游，殊不知杜甫全诗是无一刺讥句，描摹处语语刺讥。

个人的困顿与时代的苦痛碰撞，文章憎命达。杜甫在公元751年后，开始定居在少陵北和杜陵西一带，自称起了少陵野老。妻儿也从洛阳迁到长安，杜甫的经济负担更加沉重。

境况窘迫的杜甫不得已只能将妻儿送往奉先县（今陕西蒲城），寄居在妻子同族家中。杜甫则依旧飘零在长安的残冬，寻求着入仕的契机。他写诗给左丞相韦见素，请求援手。京兆韦、杜两家都是豪族，也是世交。大抵是韦见素从中运作，公元755年10月，四十三岁的杜甫终于得了个从九品的河西县尉。

好友高适当年也做过封丘县尉，在长安相逢时，高适曾对杜甫说过，县尉就是干逢迎长官、鞭笞人民的活儿，杜甫想起了咸阳桥上那些驱逐兵丁青壮的小吏。自己该为了微薄的薪俸，去欺压流离的百姓吗？

杜甫不假思索地拒绝了这个任命，于是朝廷又改任他为太子右卫率府胄曹参军。他的职务就是看守兵器甲胄，管理门禁锁钥。诸君别瞧不起这官职，这是实打实的正八品下，别拿八品不当官。这就是京兆杜氏和清河崔氏的含金量，这些豪门世族是不救穷的，但关键时刻显露的一点能量，就能让杜甫从一介布衣穿上官袍，还能连跳数级到正八品下。这其实间接说明，有相当长一段时间，杜甫是有意抗拒来自家族的援助的。大抵是穷困导致的与妻儿的分离刺激到了杜甫，他才动用了京兆杜氏的人脉。

十年长安，恍然如梦，纸短情长，岁月凉薄，杜甫成为胄曹参军后的第一件事，就是去奉先探望妻儿，他想将这个好消息当面说与妻子杨氏听。只是从长安到奉先的一路，人间萧瑟，百姓流离，万里河山，饿殍遍野。

杜甫渡过渭水抵达奉先，一进家门便听到凄厉的哭声，他未满周岁的幼儿刚刚饿死。杜甫血泪盈眶，他是官身，亦是特权阶级，不纳租税，不服兵役，家中幼子尚且饿死，那些寻常百姓又将遭受何等的苦难？他为幼子哭，为天下哭。

杜甫写下了五百字的长诗，"朱门酒肉臭，路有冻死骨！……入门闻号咷，幼子饿已卒"。一首长诗彻底揭开了那虚假的盛世。再等到杜甫回到长安，公元 755 年岁末，安禄山起兵叛乱。这是一场持续七年零三个月的浩劫，唐朝的人口在这场浩劫中从五千多万骤降至一千七百多万。所谓的盛世，可笑地成了一袭残破外衣，裹着瘦弱的躯体，令人不堪回首。公元 756 年 5 月，在长安沦陷前的一个月，杜甫逃离长安，带着妻儿从奉先流亡至白水。望着眼前还算平静的泉声松影，他感受到了山林中的兵气。

这时，哥舒翰正统率二十万大军扼守潼关，好友高适也在军中。"北斗七星高，哥舒夜带刀。至今窥牧马，不敢过临洮。"杜甫坚信哥舒翰能击退安禄山，但事实上此时的哥舒翰已经疾病缠身、心力衰竭，又在玄宗皇帝的催促下，出关反攻。三天时间，二十万人全军溃败。杜甫所在的白水也沦陷了，他拖家带口，再次逃亡。同行侄孙王砅手持大刀，护送杜甫十余里路脱离险境。多年以后，杜甫与王砅重逢，仍然感慨"苟活到今日，寸心铭佩牢"。

杜甫一家逃至彭衙古城，在黄昏时分敲响了故友孙宰的门。孙宰将杜甫家小迎进家中，准备了烫脚的水和丰盛的晚餐。乱世中的温情，足以让杜甫铭记一生。数日后，杜甫暂时将家安置在了鄜州城北的羌村。

公元756年6月，老皇帝李隆基借着夜色逃出长安，经历了马嵬坡事变，杨贵妃与杨国忠被赐死。7月，太子李亨在朔方军事集团的拥护下登基称帝。消息传到羌村，杜甫将大唐复兴的希望都寄托在了新皇帝唐肃宗李亨身上。他决定只身投奔灵武，为新皇效力。只是叛军早已控制了鄜州地区，进退两难的杜甫被捉住，被送到了长安。四十四岁已满头白发，声名不显的杜甫并未如同王维那样被严格看管。

只是，杜甫亲眼看着雄城长安在战火中破败，繁华梦碎，世事荒芜。在甘肃站稳脚跟的肃宗皇帝派房琯率兵收复两京，房琯是杜甫的老友，但也是一个纸上谈兵的将军，在陈陶之战中，一天就葬送了四万唐军，血水染红了陈陶广泽。盼望官军收复长安的杜甫，从凯旋高歌的叛军口中听到了房琯兵败陈陶的消息，悲愤至极写下了：

孟冬十郡良家子，血作陈陶泽中水。
野旷天清无战声，四万义军同日死。
群胡归来血洗箭，仍唱胡歌饮都市。
都人回面向北啼，日夜更望官军至。

——《悲陈陶》

杜甫困居长安，夜月之下，他最忧心妻儿，乱世相隔，烽火连天。他写下了那首千古传唱的《春望》：

国破山河在，城春草木深。
感时花溅泪，恨别鸟惊心。
烽火连三月，家书抵万金。
白头搔更短，浑欲不胜簪。

公元757年正月，安禄山被儿子安庆绪密谋刺死。2月，肃宗皇帝南迁凤翔，局势略有好转。杜甫终于寻得时机逃出长安，直奔肃宗皇帝所在的凤翔而去。这一路是在闯鬼门关，因为杜甫要穿过的正是唐军与叛军的正面战场。直到看到太白山上的积雪，衣衫残破的杜甫才终于到达凤翔，见到新皇。

彼时缺人、缺官的肃宗皇帝很是感动，任命杜甫为从八品上的左拾遗。许多人对杜甫的认知有误区，认为杜甫的左拾遗官小位卑。事实上，拾遗这种谏官是不能以官品来衡量的。拾遗是天子近臣，是每日朝会的常参官，更是有资格列席内阁议事的供奉官。在唐代，有两条迁升的快车道，一条是左、右拾遗，另一条就是监察御史，都是可以直通宰相之位的捷径。

所以，杜甫的左拾遗已经是新皇的破格擢升了，因为四十三岁才走上仕途的杜甫只有不到两年的官场资历。王维在状元及第后，用了十四年才做到右拾遗。张九龄从进士及第到左拾遗用了十年，高适在乱世中崛起也用了七年才从封丘县尉迁升左拾遗。

所以，时年四十五岁的杜甫可以说品卑位高，仕途光明。但是这从乱世中捡来的滔天富贵，杜甫终究把握不住，官场菜鸟杜甫卷入了新皇肃宗与太上皇玄宗的政治纷争。杜甫的好友房琯是玄宗近臣，被派到肃宗皇帝身边辅佐，而新皇李亨也给太上皇李隆基留足了面子，即便房琯兵败陈陶，依然让他做了宰相。这激起了拥护新皇登基的功臣集团的不满，于是集体上疏弹劾房琯。

肃宗借着这个由头贬谪房琯。杜甫作为谏官，又与房琯是布衣之交，在杜甫的眼中，房琯是醇儒，他见到房琯被群臣抨击，便不顾利害，上疏援救，措辞激烈地直指肃宗皇帝。这让肃宗一怒之下想砍了杜甫的头，还是宰相张镐营救，才免了他的罪。只是，杜甫的仕途已然被宣告终结。

公元757年8月，杜甫被肃宗皇帝打发回家探亲。又是早秋的苦雨，为了准备收复两京的战争，公家和私人的马匹都被收入军中，所以杜甫只能徒步从凤翔走回羌村。

> 明公壮年值时危，经济实藉英雄姿。
> 国之社稷今若是，武定祸乱非公谁。
> 凤翔千官且饱饭，衣马不复能轻肥。
> 青袍朝士最困者，白头拾遗徒步归。
> 人生交契无老少，论交何必先同调。
> 妻子山中哭向天，须公枥上追风骠。
>
> ——《徒步归行》

这一路的归程，回首四十五年的岁月，他依旧一事无成，只有一身的疲惫和风霜。"致君尧舜上，再使风俗淳"只是一句空洞的口号，杜甫深感自己好似活成了一个笑话。

只是，当杜甫重新站在妻子杨氏面前时，妻子眼中流转的惊喜让他意识到，他或许是这乱世中的蜉蝣，却是妻儿的全世界。在人间，永远有等待他归家的目光。我深以为杜甫不算苦，他流落四方皆有妻儿相伴，王维才是真苦，在辋川别业守着孤灯一盏。

公元 757 年 9 月，唐军收复长安、洛阳，肃宗班师回京，杜甫一家也迁回长安。杜甫的旧友中，王维被弟弟王缙营救，岑参任右补阙，严武为御史中丞，高适为淮南节度使，李白则被囚禁在浔阳监狱。杜甫在长安度过了一年安稳的时光，但这也将是他在长安最后一次停留。

公元 758 年夏，杜甫受到旧友房琯的牵连，被贬到华州任从七品下的司功参军。走过金光门，回望长安城，他当然有失落，但更多的是坦然地接受宿命。他深知自己并非治世之能臣，也并不具备挽狂澜于既倒的雄才，他有属于自己的路要走。一支笔，一辈子，写尽人间万座坟。

这年冬天，杜甫回了一趟洛阳，看望战乱后的故乡。途中重逢青年时的好友卫八处士。二十年未见，两人都已鬓生白发，可还能活着相逢便是幸事，杜甫写下了《赠卫八处士》：

> 人生不相见，动如参与商。今夕复何夕，共此灯烛光。
> 少壮能几时，鬓发各已苍。访旧半为鬼，惊呼热中肠。
> 焉知二十载，重上君子堂。昔别君未婚，儿女忽成行。
> 怡然敬父执，问我来何方。问答乃未已，驱儿罗酒浆。
> 夜雨剪春韭，新炊间黄粱。主称会面难，一举累十觞。
> 十觞亦不醉，感子故意长。明日隔山岳，世事两茫茫。

公元 759 年初夏，杜甫离开洛阳前往华州任所，一路上经过新安、石壕、潼关，所见所闻俱是妻离子散、征夫怨妇。郭子仪正率领二十万大军与史思明在相州大战，战场如同绞肉机，用大唐子民的血肉来为权力献祭。杜甫写下《新安吏》：

> 客行新安道，喧呼闻点兵。借问新安吏："县小更无丁？""府帖昨夜下，次选中男行。""中男绝短小，何以守王城？"

肥男有母送，瘦男独伶俜。白水暮东流，青山犹哭声。"莫自使眼枯，收汝泪纵横。眼枯即见骨，天地终无情！我军取相州，日夕望其平。岂意贼难料，归军星散营。就粮近故垒，练卒依旧京。掘壕不到水，牧马役亦轻。况乃王师顺，抚养甚分明。送行勿泣血，仆射如父兄。"

杜甫见过子孙阵亡的老人被征去当兵，老妻卧在路旁啼哭；见过新婚的夫妻晚间结婚，第二天清晨，丈夫就被征发去守河阳。杜甫的"三吏三别"让他从平凡逐渐走向伟大，尤其是《石壕吏》，读起来极具戏剧性且令人绝望：

暮投石壕村，有吏夜捉人。老翁逾墙走，老妇出门看。吏呼一何怒，妇啼一何苦。听妇前致词：三男邺城戍。一男附书至，二男新战死。存者且偷生，死者长已矣。室中更无人，唯有乳下孙。有孙母未去，出入无完裙。老妪力虽衰，请从吏夜归。急应河阳役，犹得备晨炊。夜久语声绝，如闻泣幽咽。天明登前途，独与老翁别。

若不是杜甫有司功参军的官身，大概也会被捉去充当炮灰吧。对唐王朝的极度失望，让杜甫放下了执念，他决定与官僚阶级切割，辞官去职，又成了布衣之身。杜甫写诗道：

日月不相饶，节序昨夜隔。
玄蝉无停号，秋燕已如客。
平生独往愿，惆怅年半百。
罢官亦由人，何事拘形役。

——《立秋后题》

因为洛阳战乱，又没钱居住在长安，杜甫一家去秦州（今甘肃天水）投靠侄子杜佐。初到秦州，人地两生，杜甫思念故乡写下了：

戍鼓断人行，边秋一雁声。

露从今夜白，月是故乡明。

有弟皆分散，无家问死生。

寄书长不达，况乃未休兵。

——《月夜忆舍弟》

杜甫在秦州的日子，即便有侄子杜佐和友人的接济，生活依旧难以维持。他靠采药和制药贴补家用，有时口袋里只剩一文钱了，却舍不得用，就留着看，好似这般能充饥。在他的诗《空囊》中这样写道：

翠柏苦犹食，晨霞高可餐。

世人共卤莽，吾道属艰难。

不爨井晨冻，无衣床夜寒。

囊空恐羞涩，留得一钱看。

在饥寒中，疟疾又发作了，寒热几乎将杜甫身上的脂髓耗尽。他以为自己时日无多，就给友人写了许多诗，写给高适、岑参、严武、贾至，最有名的还是写给李白的。

杜甫并不知道流放夜郎的李白已经在途中被赦免，"轻舟已过万重山"，他听到的都是杂乱的传述，有人甚至说李白在夜郎途中坠水而亡。杜甫在病中为李白写下了传记诗《寄李十二白二十韵》。秦州的秋天渐渐谢幕，杜甫的诗似乎也染上了冰霜，他写："十月清霜重，飘零何处归？"又写："已近苦寒月，况经长别心。"

初冬时节，在秦州难以生存的杜甫准备迁往蜀地。这一路行程山川险恶，"有客有客字子美，白头乱发垂过耳……呜呼一歌兮歌已哀，悲风为我从天来"。

公元759年是杜甫人生中最困苦的岁月，四次迁居，从草长莺飞到大雪飘零，但四十七岁的杜甫吞下了所有的苦涩，下笔成诗，篇篇神作。从夏天的"三吏三别"，到秋冬的陇右组诗，穿过风雪山川的杜甫，布衣草鞋，走上圣人之路。

岁末，杜甫过剑门关，抵达成都，住在西郊外的浣花溪寺外。杜甫的人脉一直是个未解之谜，且看杜甫是如何在分文没有的情况下，建造自己的草堂的：他向萧实要来一百根桃树秧苗，向韦续求来绵竹县的绵竹，向韦班求取了大邑县的瓷碗，两三个月时间，在暮春时节，杜甫靠着人脉硬生生地将草堂建造起来，朴素简陋却一应俱全。

杜甫草堂后来成为中国文学史上的一块圣地，而结束了四年流徙的杜甫终于安歇下来，锦官城中的自然风物滋养着他，他的诗歌也变得闲适，他写草木："榉柳枝枝弱，枇杷树树香。"他写虫鸟："细雨鱼儿出，微风燕子斜。"他写静夜："云掩初弦月，香传小树花。"这些诗的意境，和他在洛阳、秦州写的诗相比，是何等巨大的转变！"三千年读史，不外功名利禄；九万里悟道，终归诗酒田园。"

某一天，好友崔明府来访，杜甫打扫了花径，开了柴扉，备了酒菜，写了那首人情味儿极重的《客至》：

舍南舍北皆春水，但见群鸥日日来。
花径不曾缘客扫，蓬门今始为君开。
盘飧市远无兼味，樽酒家贫只旧醅。
肯与邻翁相对饮，隔篱呼取尽余杯。

杜甫是真心爱着人间的一切，是看透生活的本质后，依然热爱生活。

公元 761 年 8 月，一场狂风卷走了草堂顶上三重茅草，有的挂在树梢，有的沉入塘坳。风停后又雨落一夜，屋里没有一块干土。在无法安眠的长夜中，杜甫由自身的灾祸，念及大唐百姓的兵灾，写下了《茅屋为秋风所破歌》：

八月秋高风怒号，卷我屋上三重茅。茅飞渡江洒江郊，高者挂罥长林梢，下者飘转沉塘坳。南村群童欺我老无力，忍能对面为盗贼。公然抱茅入竹去，唇焦口燥呼不得，归来倚杖自叹息。俄顷风定云墨色，秋天漠漠向昏黑。布衾多年冷似铁，娇儿恶卧踏里裂。床头屋漏无干处，雨脚如麻未断绝。自经丧乱少睡眠，长夜沾湿何由彻！安得广厦千万间，大庇天下寒士俱欢颜，风雨不动安如山！呜呼！何时眼前突兀见此屋，吾庐独破受冻死亦足！

这一年，大唐文坛上关于诗歌该质朴还是华丽的争论很是激烈。年轻文人们全盘否定六朝文学，主要攻击的目标就是初唐四杰——王勃、杨炯、骆宾王和卢照邻，杜甫写下《戏为六绝句》（其二）力挺初唐四杰：

王杨卢骆当时体，轻薄为文哂未休。
尔曹身与名俱灭，不废江河万古流。

公元 761 年岁末，杜甫的故友严武调任成都尹兼剑南两川节度使。高适也来成都停留了两个月，成为杜甫草堂的常客。两人俱是衰朽残年，友情却更加醇厚，往往是高适携酒而来，尽兴而归。大抵两人对酌之时，也会说起那位谪仙人李白吧。只是高适一直不曾告知杜甫，李白在安徽当涂已经病入膏肓了。

而在蜀地有了高适，尤其是严武的关照，杜甫的日子好了许多。开元盛世的诗人们都老去了，随着公元 762 年 4 月玄宗和肃宗两代帝王先后死去，明主也罢，昏君也罢，都尘归尘，土归土了。继位的是唐代宗李俶，后来更名李豫。7 月，严武被召回长安，升任京兆尹兼御史大夫。严武的迁升让杜甫有了重回长安的念头。

杜甫一路把严武送到绵州，临别前赠诗《奉济驿重送严公四韵》：

> 远送从此别，青山空复情。
> 几时杯重把，昨夜月同行。
> 列郡讴歌惜，三朝出入荣。
> 江村独归处，寂寞养残生。

谁承想，严武前脚刚走，蜀中便发生叛乱，成都转瞬间就沦入杀戮之中，兵荒马乱，杜甫只能前往梓州暂避。

蜀中动乱，我们再把目光看向天下，历时近八年的安史之乱随着史朝义自缢，终于宣告结束。远在梓州的杜甫得到消息欣喜若狂，他终于有希望回到故乡洛阳了。多年郁积心头的哀苦全部发泄在了诗歌上。

> 剑外忽传收蓟北，初闻涕泪满衣裳。
> 却看妻子愁何在，漫卷诗书喜欲狂。
> 白日放歌须纵酒，青春作伴好还乡。
> 即从巴峡穿巫峡，便下襄阳向洛阳。

——《闻官军收河南河北》

只可惜千疮百孔的大唐并未就此安宁：边境群狼环伺，回纥骄横放肆，吐蕃侵略如火；国内，大小节度使拥兵自重、互相攻伐。杜甫在梓州避乱近两年时光，直到公元 764 年初春，五十二岁的杜甫才再次回到成都草堂。到了晚春初夏时节，鸥鸟在水上掠过，燕子在风中飞舞，似乎和两年前没什么不同，只是杜甫又经历了一次流亡。

然而杜甫已然处事不惊，享受着不知何时又将结束的闲适，写下了：

> 两个黄鹂鸣翠柳，一行白鹭上青天。
> 窗含西岭千秋雪，门泊东吴万里船。

——《绝句》

杜甫本想一直将这种昼耕夜读的日子过下去，但是没过多久，严武重回蜀地，邀请杜甫担任节度使府中参谋。朝廷也给了杜甫一个正式的官职——从六品上的检校工部员外郎，杜甫也有了稳定丰厚的薪俸。再入官场，杜甫依旧没有学会"横平竖直"，以及如何处理人际关系中的真假虚实，幕府是个小朝廷，猜疑、攻讦让杜甫疲于应付，身体上除了长期的肺病，又添了个新病风痹。案牍劳形让杜甫时常在夜半时分，望着中天的月色，感到悲凉。

> 清秋幕府井梧寒，独宿江城蜡炬残。
> 永夜角声悲自语，中天月色好谁看？
> 风尘荏苒音书绝，关塞萧条行路难。
> 已忍伶俜十年事，强移栖息一枝安。

——《宿府》

这样的景况让杜甫不得不放弃幕府的职务，回归草堂田园。几时归去，作个闲人，对一张琴、一壶酒、一溪云，且陶陶，乐尽天真。到了公元 765 年，杜甫在成都失去了凭靠。严武的离去令杜甫生出莫大的悲哀。"公来雪山重，公去雪山轻。"

杜甫的至交好友，那些年把酒酬唱的故旧陆续辞世：四年前，王维辞世；三年前，李白在当涂病故；两年前，房琯死于阆州；一年前，郑虔故于台州；今年正月，高适离世；4月，严武逝去。诗人们都走了，仿佛人间和心灵都荒芜了，只留下一个乱哄哄的大唐。

在蜀地闲居五年半的杜甫收拾起回忆和心伤，在5月乘舟东下，经嘉州、渝州、忠州，抵达夔州以西的云安县。这一路上，杜甫写的诗很少，其中一首《旅夜书怀》细述了他旅途中的情景：

细草微风岸，危樯独夜舟。
星垂平野阔，月涌大江流。
名岂文章著？官应老病休。
飘飘何所似？天地一沙鸥。

在公元766年（永泰二年）[1]的春天，杜甫感受不到一丝暖意。杜鹃声声啼血，蜀地在严武死后再度陷入混战。除了官军，还有侵入的党项羌、吐谷浑、吐蕃、回纥。杜甫如史官般写下《三绝句》，第一首写蜀中乱象：

前年渝州杀刺史，今年开州杀刺史。
群盗相随剧虎狼，食人更肯留妻子？

第二首记载人民流亡：

二十一家同入蜀，唯残一人出骆谷。
自说二女啮臂时，回头却向秦云哭。

1. 永泰：唐代宗年号，765年至766年。

第三首写官军残暴：

殿前兵马虽骁雄，纵暴略与羌浑同。
闻道杀人汉水上，妇女多在官军中。

这些诗词的真实性远远超过同时代的其他史书。

杜甫从公元 766 年（大历元年）[1] 暮春到 768 年早春，在夔州（今重庆奉节），住了近两年，写了近四百首诗。因为夔州都督柏茂林是杜甫的故旧，对他照顾有加，一出手就赠送给杜甫四十亩柑林，所以他在夔州的日子是相当滋润的。于是，他也有了外出游赏的兴致。夔州山川雄奇，历史名胜极多，瞿塘峡、八阵图、武侯祠、白帝城、高唐观都给杜甫以惊奇慨叹。尤其是在武侯祠，杜甫钦佩诸葛亮的雄才大略，也为他的出师未捷而遗憾，写下了：

功盖三分国，名成八阵图。
江流石不转，遗恨失吞吴。

——《八阵图》

杜甫千年一叹，是诗圣与诸葛丞相的跨时空相望。山城夔州与外界隔绝，以至于连杜甫的诗风都彻底改变了，原先在成都草堂时杜甫写诗是"为人性僻耽佳句，语不惊人死不休"。如今，在夔州的诗却是素淡清和、仰观天地、体味春秋的细心打磨。比如，杜甫律诗中的典范《阁夜》：

岁暮阴阳催短景，天涯霜雪霁寒宵。

---

1. 大历：唐代宗年号，766 年至 779 年。

> 五更鼓角声悲壮，三峡星河影动摇。
>
> 野哭千家闻战伐，夷歌数处起渔樵。
>
> 卧龙跃马终黄土，人事音书漫寂寥。

杜甫最好的诗篇《秋兴八首》也是在夔州写的，其中"其四"最具代表性：

> 闻道长安似弈棋，百年世事不胜悲。
>
> 王侯第宅皆新主，文武衣冠异昔时。
>
> 直北关山金鼓振，征西车马羽书迟。
>
> 鱼龙寂寞秋江冷，故国平居有所思。

这组诗没有杜甫以往的惊人词句、大气磅礴，但是反复体味之下，能感受到诗圣返璞归真的深沉笔力。只是五十五岁的杜甫已疾病缠身，疟疾、肺病、风痹不断纠缠着他，最后牙齿掉落了一半，耳朵也聋了。但这并不妨碍他发出那万古最强音，写下号称"古今七律第一"的《登高》：

> 风急天高猿啸哀，渚清沙白鸟飞回。
>
> 无边落木萧萧下，不尽长江滚滚来。
>
> 万里悲秋常作客，百年多病独登台。
>
> 艰难苦恨繁霜鬓，潦倒新停浊酒杯。

杜甫站在即将走到头的人生终点往回看，所有来时的繁华与寂寞、过客与故旧，一去无痕，唯有浊酒敬红尘。

同一时代第一流的诗人还活着的，除了杜甫，只有岑参了。而开元、天宝年间那些名动四方的名士也都四散流落了。公元 767 年 10 月

19 日，杜甫在夔州长史元持的家宴上，看到了临颍李十二娘的剑器舞，他的思绪被拉回到童年。五岁那年，他在郾城见过这样的舞蹈，从无边的记忆中想起了那个飒爽的女子——公孙氏。一时间，杜甫的眼角湿润了，好似那个伟大的时代回来了，都回来了。

杜甫醉了，痴了，又醒了。他知道，是时候好好跟这个人间告别了。公元 768 年正月，杜甫将夔州的四十亩果园赠送给了友人。他要北归，回长安，回洛阳。只是 2 月，杜甫刚到荆州，就遇上了商州叛乱，交通阻隔。等到了 8 月，吐蕃进攻凤翔，长安随之动乱。这一切突如其来的变化，让杜甫不得不放弃北归的计划。

杜甫滞留在了江陵，身体一天天衰弱。他的右臂偏枯了，就连写信都要儿子代书。故旧凋零，杜甫也备受当地官员冷落。尽管尽力周旋，他也始终不能维持一家人的生计。就连写诗都失去了生气，他写诗道：

> 更欲投何处？飘然去此都。形骸元土木，舟楫复江湖。
> 社稷缠妖气，干戈送老儒。百年同弃物，万国尽穷途。
> 雨洗平沙静，天衔阔岸纡。鸣螀随泛梗，别燕赴秋菰。
> 栖托难高卧，饥寒迫向隅。寂寥相煦沫，浩荡报恩珠。
> 溟涨鲸波动，衡阳雁影徂。南征问悬榻，东逝想乘桴。
> 滥窃商歌听，时忧卞泣诛。经过忆郑驿，斟酌旅情孤。
>
> ——《舟出江陵南浦奉寄郑少尹》

日暮途穷的杜甫只能继续漂泊，随着江舟一路流浪到了湖南岳阳。在洞庭湖畔，杜甫登上了岳阳楼，凭轩远眺。他其实不大看得清事物了，只能隐约感知到天地昼夜，以及浩渺湖水的浮沉摇曳。杜甫清楚地知道，自己已经没有回到故乡洛阳的希望了。他在岳阳楼低声吟诵：

昔闻洞庭水，今上岳阳楼。

吴楚东南坼，乾坤日夜浮。

亲朋无一字，老病有孤舟。

戎马关山北，凭轩涕泗流。

——《登岳阳楼》

公元 769 年正月，杜甫离开岳阳，乘舟到了衡阳，为的是去投奔旧友——衡州刺史韦之晋。在半路上，又得知韦之晋改任潭州刺史，于是杜甫又赶去了潭州。等到夏末抵达潭州，韦之晋却骤然离世。命运似乎不想让杜甫安稳，就连择一处安息之地都不能。一年半的日子里，杜甫大多在船上度过，靠在渔市上卖药艰难为生。

公元 770 年春天，乐圣李龟年也流落到潭州。他还是在唱曲儿，只是听众从当年岐王宅中的王公贵族，变成了市井百姓。李龟年时常会演唱王维的"红豆生南国"和《渭城曲》。在落花时节，渔市卖药的杜甫，再次和市井卖唱的李龟年相遇。

他们都垂垂老矣，在人群中相视无言，作揖道别，也是在向那段恢宏的岁月道别。杜甫赠了李龟年一首诗：

岐王宅里寻常见，崔九堂前几度闻。

正是江南好风景，落花时节又逢君。

——《江南逢李龟年》

这首我们再熟悉不过的诗，藏着的是两个苍老灵魂最后的相逢和最后的离别。

在 4 月的一个夜晚，潭州城内火光冲天，突生兵变，杜甫又不得不携带妻儿驾着小船南下，"五十白头翁，南北逃世难。……乾坤万里内，莫见容身畔"。四海虽大，却没有杜甫的容身之所。

不久后，杜甫终于走到了人生的最后一段旅程。他试图南下郴州，投奔舅父崔伟，但行至耒阳县境内，遇上江水大涨，他便将船停泊在方田驿，五天寻不到任何食物。耒阳县令得知消息，送来了丰盛的酒肉。杜甫写了首诗想赠予耒阳县令，只是水势不退，杜甫只能掉转船头北上衡阳。

数日后，江水回落，耒阳县令派人寻找杜甫，却不见踪迹，以为杜甫溺死，便在耒阳县北为杜甫建了座空坟纪念。因为这座空坟，产生了一个传说，甚至写入了《旧唐书》，说杜甫饱食耒阳县令的酒肉而死。人们总是喜欢为那些遗憾编造结局，就像人们说李白是醉酒后探月而死，杜甫潦倒，便说他饱餐而死。

实际上，杜甫的最后时刻就是在湘江上漂浮着，很平静地等待着死亡的到来。公元 770 年冬，五十八岁的杜甫在江舟上，看着湘江水中苍老的面孔。他很久都没好好看过自己了，不敢看，也不忍看。回顾苍茫，似乎万般皆是命，杜甫好像在每一个人生岔路口，都做了最坏的选择：在最应该奋进的年纪，选择放荡齐赵吴越十年；在仕途寸步难行时，拒绝了家族的助力；在官拜左拾遗前途无量时，站到了皇帝的对立面；在夔州本可有安逸的晚年，却散尽家财漂泊归乡。

杜甫在诗里从未后悔过自己的选择，但他唯一觉得愧歉的就是妻子杨氏。三十年的婚姻，从未让妻子过上一天舒心的日子，杨氏在兵荒马乱的岁月中守着羌村，守着草堂，守着杜甫的归途。

诗圣死了，妻儿连将他的灵柩送回故里的能力都没有，只能安厝在湖南岳阳。直到四十三年后，公元 813 年（元和八年）[1]，杜甫的孙子杜嗣业四处筹措资金，想尽办法，才将杜甫的遗骨迁回洛阳偃师首阳山下，完成了杜甫魂归故里的遗愿。

---

1. 元和：唐宪宗年号，806 年至 820 年。

第七章
高适：天下谁人不识君

公元753年，唐帝国四夷臣服、八方来贺，自长安向西万余里，人户相望，桑麻遍野，行旅千里不绝。随着帝国疆域的扩张，渴望沙场建功立业的盛唐诗人们创作了慷慨奇伟的边塞诗歌。高适、岑参、王昌龄、王之涣构成了蔚为壮观的边塞诗人群体。

功名是无数诗人求而不得的，李白有"大鹏一日同风起，扶摇直上九万里"的雄心，却也落了个"人生在世不称意，明朝散发弄扁舟"的落魄，杜甫毕生追求"致君尧舜上，再使风俗淳"，最后不过成了"飘飘何所似，天地一沙鸥"的流离。然而高适不一样，他从落寞士族到功成名就，走得很慢，也走了许多年，最终却成为盛唐诗人中唯一官至封侯的。《旧唐书》说：

> 有唐以来，诗人之达者，唯适而已。

高适于公元700年生于渤海蓨（今河北景县）。渤海高氏作为一个从西晋末年开始逐步崛起的大族，经过了十六国北朝的政治沉浮，成为渤海郡望世家。高适的祖父高侃曾在公元650年生擒车鼻可汗，后又平定高句丽，曾任陇右道持节大总管，获封平原郡开国公，死后陪葬于唐高宗乾陵。

然而，高适并未享受到祖父高侃的恩荫。到高适父亲时，家庭已经败落，早已不复当年风光。其父高崇文，官至韶州长史。唐朝时，岭南地区属于贬官流放的荒蛮之地，高崇文的官本就是个苦差事，而高适自幼就随父旅居岭南，生活困顿。

关于高适的少年生活，史料上记录很少，《旧唐书·高适传》只记录："适少濩落，不事生业，家贫。"大概能知道高适少年时曾流落于梁州、宋州等地，并无生业依仗，勉强度日。只是高适从小就从父亲的口中听过祖父高侃的沙场故事，这也给他埋下了沙场建功立业的种子。他攻文习武，期望重振渤海高氏的荣光。

十九岁时，高适初次西游长安城。在高适心中，长安是个能装下梦的地方。

> 二十解书剑，西游长安城。举头望君门，屈指取公卿。
> 国风冲融迈三五，朝廷欢乐弥寰宇。白璧皆言赐近臣，
> 布衣不得干明主。归来洛阳无负郭，东过梁宋非吾土。
> 兔苑为农岁不登，雁池垂钓心长苦。世人遇我同众人，
> 唯君于我最相亲。且喜百年有交态，未尝一日辞家贫。
> 弹棋击筑白日晚，纵酒高歌杨柳春。欢娱未尽分散去，
> 使我惆怅惊心神。丈夫不作儿女别，临岐涕泪沾衣巾。
>
> ——《别韦参军》

高适有"屈指取公卿"的高昂意气，内心却也知道现实是"白璧皆言赐近臣，布衣不得干明主"。高适的自负与冷峻的现实相碰撞，形成了他特有的悲壮美感。长安容下了万家灯火、千般风情，却独独没有高适的一席之地。盛世的欢歌背后是固化的阶层，逐渐腐败的朝

政，还有龙首原上沉迷声色、不闻人间的君王。

公元 730 年，在一个喧闹的黄昏，高适独自离开了长安城。长安有太多人来来去去了，失意的，得意的，风光的，落寞的，金光门守城的老卒已经见惯了。

> 梁王昔全盛，宾客复多才。
> 悠悠一千年，陈迹唯高台。
> 寂寞向秋草，悲风千里来。

——《宋中十首》（其一）

高适回望长安城，想起了历史上梁孝王广纳人才，然而悠悠千年过去，这一切都成了陈年往事，徒留高台。高适的诗中，总有这种悲风千里而来的慷慨悲壮，然而在悲歌中藏着高适那颗不甘平庸的心。

仕途无望的高适北上蓟门，漫游燕赵，期望走上祖父当年那条沙场立功之路。这是高适第一次到达边塞，蓟门外漫漫黄沙与天相接，高适怀中抱剑遥望，北风在耳边呼啸，落在高适耳中仿佛化为了金戈铁马之声。他似乎看见了汉武帝时期，卫青和霍去病疾驰于大漠之中，兵锋所指之处，匈奴溃败而逃。后来，高适在《淇上酬薛三据兼寄郭少府微》中写下了：

> 北上登蓟门，茫茫见沙漠。
> 倚剑对风尘，慨然思卫霍。

只是高适想学卫霍的理想落了空。在边塞实地体察后，高适发现，唐玄宗连年征战、开边拓疆带来的无上荣耀背后，只是一场帝王与边将的狂欢。对于边关士卒来说，是无尽的痛苦，他们并未从这荣耀中获得属于他们的报酬。将领在帐前歌舞作乐，战士在军前不辨死生。这种鲜明的对比冲击着高适的心灵，也让他的诗歌铺上了苍凉沉雄的底色，创作出了极为震撼人心的长诗《燕歌行》。

汉家烟尘在东北，汉将辞家破残贼。
男儿本自重横行，天子非常赐颜色。
摐金伐鼓下榆关，旌旆逶迤碣石间。
校尉羽书飞瀚海，单于猎火照狼山。
山川萧条极边土，胡骑凭陵杂风雨。
战士军前半死生，美人帐下犹歌舞。
大漠穷秋塞草腓，孤城落日斗兵稀。
身当恩遇常轻敌，力尽关山未解围。
铁衣远戍辛勤久，玉箸应啼别离后。
少妇城南欲断肠，征人蓟北空回首。
边庭飘飖那可度，绝域苍茫无所有。
杀气三时作阵云，寒声一夜传刁斗。
相看白刃血纷纷，死节从来岂顾勋。
君不见沙场征战苦，至今犹忆李将军。

唯有在边塞生活过，才能在盛世中不去赞美战争，而是同情战争。长安城里的文人们都在俯首赞美"九天阊阖开宫殿，万国衣冠拜冕旒"的开元盛景，高适的笔触才真正落到了边关士卒的身上，"少妇城南欲断肠，征人蓟北空回首"。每一个戍边征人的背后都是一个离散的家庭，塞上的黄沙吹断了音信，妻儿在故乡的期盼，身在蓟北的征人又如何能看到？只有一次次的空回首。高适的诗笔是由家及国，由微小到宏大，纵横顿宕，不以华丽的辞章见长，厚重中更显质气。

公元 731 年，高适向东出了卢龙塞，在唐帝国漫长的边境上孤独地巡游。他时年三十一岁，一事无成。一年前，奚族背叛唐帝国，降附突厥。大唐从关内、河内、河南、河北四道征兵备战。边境上烽烟四起，战争的烟尘弥漫北境。中原王朝自古以来都伴生着强大的游牧民族，唐帝国边境上环伺着吐蕃、突厥、奚、契丹、室韦、靺鞨、回纥等众多外族。为了制衡外族，唐帝国或武力攻击，或和亲拉拢。比如，唐太宗时期就有著名的文成公主与吐蕃松赞干布的联姻。然而这些羁縻政策都并非长久之计，中原王朝与草原民族之间千百年来复杂的共生共杀关系如同一团乱麻，多少代明君雄主都未曾解开。

高适在孤独的巡游中提出了自己对唐帝国边境防务的思考，写成了《塞上》一诗：

> 东出卢龙塞，浩然客思孤。
> 亭堠列万里，汉兵犹备胡。
> 边尘涨北溟，虏骑正南驱。
> 转斗岂长策，和亲非远图。
> 惟昔李将军，按节出皇都。
> 总戎扫大漠，一战擒单于。
> 常怀感激心，愿效纵横谟。
> 倚剑欲谁语，关河空郁纡。

公元 733 年，高适听闻故友王之涣流寓至蓟门。十年前，高适曾在长安城与王之涣相识，一别便是十载。这些年来，高适时常与王之涣有书信往来。七年前，王之涣因遭人诬陷诽谤而辞官。拂衣归去的王之涣遍游河山，交谒名士，与王昌龄、高适唱和。

王之涣留存下来的诗仅有六首，其中两首堪称极品。一首是《登鹳雀楼》："白日依山尽，黄河入海流。欲穷千里目，更上一层楼。"另一首便是《凉州词》（其一）："黄河远上白云间，一片孤城万仞山。羌笛何须怨杨柳，春风不度玉门关。"

故人在边塞重逢，十年未见，高适与王之涣皆是寸功未建，理想受挫。黄沙，落日，晚霞，就着浓烈的酒，两人在蓟门城头一醉方休。

> 东山布衣明古今，自言独未逢知音。
> 识者阅见一生事，到处豁然千里心。
> 看书学剑长辛苦，近日方思谒明主。
> 斗酒相留醉复醒，悲歌数年泪如雨。
> 丈夫遭遇不可知，买臣主父皆如斯。
> 我今蹭蹬无所似，看尔崩腾何若为。
>
> ——《送蔡山人》

数日后，在边塞三年苦觅建功机会的高适终究失望了。初冬的边关风很硬，如同密集的巴掌落在脸上，高适也该南归了。他去寻王之涣辞行却不遇。纵然来日方长，再相见又不知何年了。高适留赠了首诗《蓟门不遇王之涣、郭密之，因以留赠》：

> 适远登蓟丘，兹晨独搔屑。贤交不可见，吾愿终难说。
> 迢递千里游，羁离十年别。才华仰清兴，功业嗟芳节。
> 旷荡阻云海，萧条带风雪。逢时事多谬，失路心弥折。
> 行矣勿重陈，怀君但愁绝。

在蓟丘上，高适凝望了许久，一转身带着萧条与风雪南归宋州。高适早期的诗词中充满了诸多怀才不遇的悲慨，生活就像是王小波在《黄金时代》中写的那样："后来我才知道，生活就是个缓慢受锤的过程，人一天天老下去，奢望也一天天消失，最后变得像挨了锤的牛一样。"而高适在《宋中别周、梁、李三子》中也写道："曾是不得意，适来兼别离。如何一尊酒，翻作满堂悲。"

在杯光酒影中，所有的不得意都一饮而尽，却也翻作了满堂的悲伤。其实每个人都如同顽石，任凭时间打磨，可惜不是每个人都是璞玉。

公元735年，高适二人长安应制科试。落第不中，暂住长安。开元年间，长安城名流众多，高适与草圣张旭和颜真卿亦有往来。张旭好饮酒，天下皆知，尤其是他醉酒后的草书，逸势奇壮，连绵回绕，超凡入圣。高适也有诗作留赠张旭——《醉后赠张九旭》：

世上谩相识，此翁殊不然。
兴来书自圣，醉后语尤颠。
白发老闲事，青云在目前。
床头一壶酒，能更几回眠。

明朝李攀龙在《唐诗直解》中评价这首诗："起二句已托出张颠，举止性情真颠人，胸中异常斟酌。"游宴于长安名流之中，高适的诗名渐渐流传开来，坊间、酒馆也有人传唱高适的诗作。这期间，适逢王昌龄、王之涣也在长安，三人时常宴游。

一日，天寒微雪，三人共诣旗亭，贳酒小饮。忽有梨园伶官十数人，登楼会宴。三诗人因避席隈映，拥炉火以观焉。不多时，又有四名珠裹玉饰、摇曳生姿的歌女登上楼来。随即乐曲响起，演奏的都是时下最有名的曲子，于是王昌龄与高适、王之涣私下打赌："我辈各擅诗名，每不自定其甲乙。今者，可以密观诸伶所讴，若诗入歌词之多者，则为优矣。"意思是说，既然三个人都诗名正盛，可惜没分出高下甲乙，今日便听一听这些歌女唱词将谁的诗编入得多，谁便是最优者。

话音刚落，那边便有一歌女开口唱道："寒雨连江夜入吴，平明送客楚山孤。洛阳亲友如相问，一片冰心在玉壶。"王昌龄自得地用手蘸酒在墙壁上画了一道，这正是他的绝句《芙蓉楼送辛渐》。随后一歌女唱道："开箧泪沾臆，见君前日书。夜台今寂寞，独是子云居。"高适也蘸酒在墙壁上画上一道，这词出自他前两年写的那首《哭单父梁九少府》。又一歌女唱道："奉帚平明金殿开，暂将团扇共徘徊。玉颜不及寒鸦色，犹带昭阳日影来。"这是王昌龄的绝句《长信怨》。

王之涣成名已久，却没有一个人唱他的词，面子上有些挂不住，指着最后一位歌女向高适、王昌龄说道："待此子所唱，如非我诗，吾即终身不敢与子争衡矣！脱是吾诗，子等当须列拜床下，奉吾为师！"须臾之间，歌女开口唱道："黄河远上白云间，一片孤城万仞山。羌笛何须怨杨柳，春风不度玉门关。"果真是王之涣的《凉州词》，三人开怀大笑。这就是"旗亭画壁"的故事，是唐代文人薛用弱记录在《集异记》中的一则故事。

在三人的唱和中，高适为王之涣的《凉州词》写下的和作《塞上听吹笛》也是大成之作：

> 雪净胡天牧马还，月明羌笛戍楼间。
> 借问梅花何处落，风吹一夜满关山。

高适在诗中写的落梅是古代笛子曲《梅花落》，羌笛声在明月与戍楼之间随风悠扬而去，一夜之间传遍关山内外，构成了深远阔大的意境。

公元739年，高适返回宋中，开始了他十年的四方漫游、贫困窘迫的岁月。这期间最值得称说的便是公元744年的那个夏天，他在梁宋偶遇李白与杜甫，三人同登琴台、纵猎孟诸，一同去王屋山寻访司马承祯。比较遗憾的是，与李白、杜甫同游的这段时光，高适并没有诗作留存下来。这十年间，高适写了许多送别诗，其中最著名的就是他在公元 747 年写下的组诗《别董大二首》：

其一

千里黄云白日曛，北风吹雁雪纷纷。

莫愁前路无知己，天下谁人不识君？

其二

六翮飘飖私自怜，一离京洛十余年。

丈夫贫贱应未足，今日相逢无酒钱。

　　唐诗中，赠别诗篇多如繁星，大多是凄清缠绵的老调，高适的"莫愁前路无知己"一扫离愁，雄壮豪迈，而"天下谁人不识君"与王勃的"海内存知己"有异曲同工之妙。不过，高适的豪气都赠给友人了，第二首却是在细述自己如今落魄的状况，大有"借他人酒杯，浇自己块垒"的意思。"一离京洛十余年"，十数年的浪游，高适苦求着自己的机遇，然而踏遍南北，穷尽山川，一次次叩响权贵的大门，却落了个"今日相逢无酒钱"的结果。高适此时已经四十六岁了，即将是知天命的年纪。

　　公元 749 年，在睢阳太守张九皋的荐举下，高适参加了有道科考试，终于中第，被授职封丘县尉。根据《大唐六典·三府都护州县官吏》记载："亲理庶务，分判众曹，割断追征，收率课调。"县尉的主要职责是对下催收百姓的课税，对上逢迎长官。高适在《初至封丘作》一诗中表达了自己的苦闷：

可怜薄暮宦游子，独卧虚斋思无已。

去家百里不得归，到官数日秋风起。

　　这里"薄暮"一词，一语双关，既指时令入秋，又指自己岁至暮年，到官数日便起的秋风令高适更添苦闷。高适在封丘县尉任上干了三年，自公元749年至752年。这三年间，高适做得最多的便是将封丘征来的新兵送到边关。公元750年年底，高适送兵到荒寒的蓟北。除夕夜，在旅馆的寒灯下，高适心事凄然，两鬓的白发又添了几缕。待到破晓鸡鸣，他就又添一岁了。

旅馆寒灯独不眠，客心何事转凄然？
故乡今夜思千里，霜鬓明朝又一年。

——《除夜作》

公元752年秋，高适辞官离开了封丘，三入长安城寻求自己人生中最后的机会。他五十出头的年纪，余生已然在倒数。好在高适前半辈子给自己混了个不小的诗名，在长安城也能够挤进权贵名流圈。他与崔颢、王维、储光羲、杜甫、岑参、綦毋潜等人应酬唱和。秋风吹渭水，落叶满长安，唐朝文人历来有秋游登高的传统，高适应邀与杜甫、岑参、储光羲、薛据同游慈恩寺塔。

慈恩寺泯去万物，一经登临，顿觉孤高。蜿蜒渭水从原上淌过，北眺五陵墓，帝王无言，龙首原上的大明宫阙仿佛近在眼前。高适何时才能踏上丹凤门前玉石为阶的御道？登顶慈恩寺的五人皆是沉默不语，与其说是眺远，不如说是望向诡谲莫测的未来。五人皆写诗留念，除了薛据的诗亡佚，其余四首都保存了下来。

秋风昨夜至，秦塞多清旷。
千里何苍苍，五陵郁相望。

——高适《同诸公登慈恩寺浮图》（节选）

秦山忽破碎，泾渭不可求。

......

回首叫虞舜，苍梧云正愁。

——杜甫《同诸公登慈恩寺塔》（节选）

秋色从西来，苍然满关中。

五陵北原上，万古青濛濛。

——岑参《与高适薛据登慈恩寺浮图》（节选）

金祠起真宇，直上青云垂。

地静我亦闻，登之秋清时。

——储光羲《同诸公登慈恩寺塔》（节选）

　　四首诗中，并没有后世耳熟能详的，却是后人窥望那个时代极其珍贵的史料。这些诗写于盛世之时、安史之乱前，高适此时并不知道他所有的等待、积蓄，都是为了在接下来的乱世中建功封侯，杜甫也不了解安史之乱中自己流离破落的动荡人生，岑参更不清楚他后半生起起落落最终流寓成都，卒于他乡的命运。储光羲也看不见在安史之乱中被迫做伪官，脱身归朝后，被远贬岭南，客死贬所的结局。此时，他们都身处同一个秋天、同一个盛世，此后命运将把他们推向不同的路口。了解这些后，再品读这四首诗，似乎有种宿命的味道。

　　初秋慈恩寺的登高散场后，高适受到田梁秋的荐举，到哥舒翰幕府谋职。命运从此时开始画下拐点，高适一路登陇山，至武威，经昌松，过临洮，千里风尘后在西平郡见到了哥舒翰。

　　唐代士子文人对哥舒翰的评价都很高。高适很珍视这次到哥舒翰幕府的机会，在哥舒翰的连番考校之下，高适从容应对。这让哥舒翰对他青睐有加，于是哥舒翰上表奏请朝廷任命高适为左骁卫兵曹，充任哥舒翰幕府掌书记。对此，精神振奋的高适在《送李侍御赴安西》

一诗中写道："功名万里外，心事一杯中。虏障燕支北，秦城太白东。离魂莫惆怅，看取宝刀雄。"

公元 753 年 4 月，高适随哥舒翰进兵吐蕃。7 月，战事宣告大捷，哥舒翰攻下吐蕃洪济、大莫门等城，又收复了黄河九曲诸部落，为唐帝国拓土一千余里。8 月，哥舒翰被封为西平郡王。身为哥舒翰亲信的幕府掌书记，高适的职位和待遇自然也水涨船高。他也亲历了从戎征战时"万鼓雷殷地，千旗火生风"的大场面，纵使他已不再年轻，却依旧热血沸腾。他写下了《塞下曲》（下为节选）：

> 万里不惜死，一朝得成功。
> 画图麒麟阁，入朝明光宫。
> 大笑向文士，一经何足穷。
> 古人昧此道，往往成老翁。

高适的诗词总有种热烈而直白的豪情，是亲历血与火宣泄而出的壮大雄浑。殷璠在《河岳英灵集》中盛赞高适的诗"多胸臆语，兼有气骨"。高适擅长用直抒胸臆的手法来抒情，诗中汹涌奔腾的感情，既峰峦起伏，又一气贯注。感情的洪流愈泻愈强，毫无衰减，如骏马注坡，不可羁勒。

公元 754 年这一年，河西府并无战事，高适多清闲，与故旧书信往来颇多。其中，写给故友颜真卿的诗《奉寄平原颜太守》（下为节选）可以窥探到他此时的心境：

> 虽无汗马劳，且喜沙塞空。
> 去去勿复道，所思积深衷。
> 一为天涯客，三见南飞鸿。
> 应念萧关外，飘飘随转蓬。

此时，高适已经在河西幕府任职三年了，他主要做的还是一些文职工作，有了一些晋升，但距离建立个人功业仍然遥远。时光荏苒，功业未就，而自己身如转蓬，随风飘摇。高适不是在发牢骚，而是在等一个机会。

公元 755 年 11 月，安史之乱爆发，机会就蕴含在这天翻地覆的乱世之中。12 月，朝廷召哥舒翰平叛。高适被迁升为左拾遗，转监察御史，辅佐哥舒翰镇守潼关。

此时的哥舒翰已然不是当年那个"浩荡深谋喷江海，纵横逸气走风雷……一呼三军皆披靡"的常胜将军了，因好饮酒、纵情声色不加克制，他在公元 755 年 2 月中风，身体不能行动。公元 756 年 6 月，潼关失守，哥舒翰被叛军生擒。而高适却在这场败战中敏锐地洞悉了政治形势，他返回长安，面见玄宗，愿亲率死士固守长安。一番恳切激昂的陈词让玄宗皇帝在危难之中看到了高适的赤胆忠心。虽然玄宗并没有采纳高适固守长安的谏言，而是西逃蜀地，但在西逃路上，玄宗嘉许高适，升他为侍御史。

玄宗入蜀后在 7 月分封诸王节制四方，将军政大权皆交付于诸王。高适深知玄宗此举必然造成诸王拥兵自重，朝廷内部分裂。高适极力劝谏玄宗不可分权，玄宗并未采纳。果不其然，同月，太子李亨在灵武自行即位，玄宗被迫成了太上皇。数月后，永王李璘叛乱，恰好印证了高适当初的谏言。因此，高适得到了新皇肃宗的青睐。公元 756 年年末，高适以淮南节度使，领广陵十二郡的封疆大吏身份前往江淮平乱。此时，高适已经五十六岁，岁月催白了鬓角，他当真是用了好多年，才走到了今天这一步。在南下的战船上，高适听闻了许多消息：李白随着永王李璘叛乱了，王维被迫在叛军中担任伪职，杜甫被叛军关押在长安。那些盛世大唐的繁华与诗人们的命运一样，急转直下。

公元 757 年年初，永王李璘不战而溃。在这场平乱之中，高适的故旧李白被擒住下狱。李白曾在浔阳监狱中写信向高适求援，然而高适并没有回应。当年与李、杜同游的情景自然是埋藏在心中的珍贵回忆，高适之所以没有伸出援手，是因为他作为一方节度使，能看清朝堂上的形势。他的援助并不会减免李白的罪责，反而会成为政敌打压他的由头。说不定高适也得陪着李白一同下狱，不回应已然是高适在当下处境最好的回应了。

10月，高适率兵前往睢阳援救。等到高适赶到时，睢阳已经陷落。高适只看到满城的破败，城墙上箭矢、巨石留下的坑洞，还有一团团如墨般的血迹。十个月的睢阳保卫战为大唐保全了天下。

公元758年，在乱世中屡立功勋的高适并没有获得奖赏。因权宦李辅国的诋毁，高适从一方节度使被贬为太子少詹事，留司洛阳，算是赋闲二线。公元760年秋，高适转任蜀州刺史，收到了同在蜀地的杜甫的求助信《因崔五侍御寄高彭州一绝》："百年已过半，秋至转饥寒。为问彭州牧，何时救急难。"从杜甫的来诗中可以看出他处境的困苦和危急。高适对杜甫的态度与李白完全不同，几乎是事事有回应，时常伸出援手救济杜甫。并且，高适晚年在给杜甫的赠诗《人日寄杜二拾遗》中也是情深意长：

> 人日题诗寄草堂，遥怜故人思故乡。
> 柳条弄色不忍见，梅花满枝堪断肠。
> 身在南蕃无所预，心怀百忧复千虑。
> 今年人日空相忆，明年人日知何处。
> 一卧东山三十春，岂知书剑老风尘。
> 龙钟还忝二千石，愧尔东西南北人。

杜甫在草堂接到这首诗的时候"泪洒行间，读终篇末"。这时，高适已经六十岁，而杜甫也近五十岁了。曾经的故旧大多已经凋零，两人早年相识共同见证的开元、天宝盛世，早已如尘烟散去。"今年人日空相忆，明年人日知何处。"身处这乱世之中，今年的人日节彼此还能遥寄书信，共此回忆，然而明年的人日节，他高适、杜甫又将在何处呢？而这首诗是有史料记载的高适寄给杜甫的最后一首诗。后来，杜甫在临终前翻阅书信，再次读到此诗。只是此时高适已经故去五年了，杜甫写下了《追酬故高蜀州人日见寄》（下为节选）：

东西南北更谁论？白首扁舟病独存！

……

长笛谁能乱愁思，昭州词翰与招魂！

公元763年（广德元年）[1]，高适任剑南西川节度使。同年7月，吐蕃侵略如火，先后将陇右、河西之地尽收囊中，兵锋直指长安城。高适率军西进，试图牵制吐蕃兵力，然而提枪跃马的高适却深深地感受到了疲惫。手中随自己征战多年的老伙计似乎比以往重了，即便是挥舞两下，也气喘不止，英雄迟暮。这一战，高适师出无功，并且在吐蕃的反击之下，接连丢失了西山三城。朝廷也觉察到高适的老迈，于是下诏令严武取代了高适的位置。

公元764年3月，高适回到长安，迁升刑部侍郎，加银青光禄大夫，封渤海县侯。六十四岁的高适至此功成名就。转过年，高适去世，被追赠为礼部尚书，谥号"忠"。

读诗的本质其实是在读人，一个个诗人从诗词中来，最终又复归于诗词中。他们如同黑夜中绽放的簇簇烟花，在历史长河中璀璨，却也短暂。翻过岁月的书页，故事似乎也凋萎弥散，只是总有那么一两句诗词曾经触动心弦，永存心中。

---

1. 广德：唐代宗年号，763年至764年。

第八章

韦应物：野渡无人舟自横

大唐国祚共二百八十九年，安史之乱后，唐帝国依旧延续了近一百五十年。然而，唐帝国由极盛转衰，如同凛冽的寒风，刹那间将人们带入了万木凋零的萧瑟秋季。李白、杜甫、王维、高适、岑参、王昌龄等代表着盛唐气象的诗人全部凋零，一个伟大的时代就此转身，一转身便是一去不回。诗坛也从盛唐的昂扬奋进、慷慨雄壮、磅礴自信转变为孤寂落寞的大历诗风。

大历年间是盛唐到中唐的过渡时期，活跃于这个时代的诗人大多是少年时期成长于开元盛世，却也在最意气风发的青年时期眼见山河破碎、锦绣崩塌，恍如隔世。其中，最具代表性的就是刘长卿和"大历十才子"：李端，卢纶，吉中孚，韩翃，钱起，司空曙，苗发，崔峒，耿湋，夏侯审。

大历诗歌有着极为鲜明的特色：在创造力上远不及盛唐的百花齐放，主要传承了王维、孟浩然清空淡雅、隐逸避世的风格，还兼具大历诗词独有的凄清、萧瑟。比如，刘长卿最喜欢写秋风和夕阳，"寒渚一孤雁，夕阳千万山"（《秋杪干越亭》），"帆带夕阳千里没，天连秋水一人归"（《青溪口送人归岳州》）。秋日萧瑟的氛围中点缀着夕阳的余晖，色调凄清、暗淡。这种凄凉衰飒意象的创造和构建在大历诗人的作品中俯拾皆是，比如：

> 出关愁暮一沾裳，满野蓬生古战场。孤村树色昏残雨，远寺钟声带夕阳。
>
> ——卢纶《与从弟瑾同下第后出关言别》（节选）
>
> 世事悠扬春梦里，年光寂寞旅愁中。劝君稍尽离筵酒，千里佳期难再同。
>
> ——钱起《送钟评事应宏词下第东归》（节选）
>
> 暮雨潇潇过凤城，霏霏飒飒重还轻。闻君此夜东林宿，听得荷花几度声。
>
> ——李端《听夜雨寄卢纶》

在大历诗人群体中，韦应物是极其特殊的一位。与刘长卿、"大历十才子"凄清、孤寂的诗风全然不同，韦应物的诗词平和恬静、气韵悠长、清韵秀明。他看破了盛世一去不回的现实，退回到隐逸、宁静的个人生活中，观照山水与自然，所有世俗的苦恼都被隔绝在诗词的屏障之外。比如韦应物在《简卢陟》中写的：

> 可怜白雪曲，未遇知音人。
> 恓惶戎旅下，蹉跎淮海滨。
> 涧树含朝雨，山鸟呼余春。
> 我有一瓢酒，可以慰风尘。

此诗的意境与王维、孟浩然的近似，所以韦应物也和王维、孟浩然，以及后来的柳宗元合称为"王孟韦柳"。韦应物是京兆万年人，大约生于公元737年。京兆韦氏是唐朝一等一的门阀世家，杜甫曾在

《赠韦七赞善》一诗中赞誉韦氏家族"尔家最近魁三象，时论同归尺五天"。韦氏家族自西汉起，历经东汉、魏晋南北朝、隋唐千年发展，已经成为"关中四姓之首"。韦应物的曾祖父韦待价在武则天时期官至宰相，凭借着显赫家族的荫庇，韦应物十四岁入仕成为唐玄宗的近侍，出入宫闱，鲜衣怒马。韦应物的起点是许多文人士子苦苦追求的终点。

少年得意的韦应物干了许多荒唐事，多年以后，他在诗中回忆自己的少年时光：

> *少事武皇帝，无赖恃恩私。*
> *身作里中横，家藏亡命儿。*
> *朝持樗蒲局，暮窃东邻姬。*
> *司隶不敢捕，立在白玉墀。*
> *骊山风雪夜，长杨羽猎时。*
> *一字都不识，饮酒肆顽痴。*
> *武皇升仙去，憔悴被人欺。*

——《逢杨开府》（节选）

诗中说的是韦应物依仗着玄宗皇帝恩宠，挟恩以私，纨绔浪荡，在长安的里巷中横行无忌，家里还藏过亡命之徒。早上掷骰子赌博，晚上就去歌姬处窃玉偷香。司隶校尉们不敢惩治韦应物，因为他是皇帝白玉阶前的侍卫。他曾在骊山风雪夜中随皇帝在长杨宫打猎，那个时候，他大字不识一个，只会饮酒放肆，顽劣且痴蠢。

公元756年，渔阳战鼓杀声震天，安禄山举起马刀杀向长安。不过朝夕之间，盛唐不再，家国动荡，群雄割据。十九岁的韦应物切身体会到了从云端落入尘土的生活。正是在这场巨变之中，韦应物的人生在猝不及防中拐了个弯，他与十五岁的元苹在京兆府昭应县完婚。

元苹如同一束光照在韦应物满是破碎、裂痕的人生中。元苹出身书香世家，温婉而才高。在元苹潜移默化的影响下，"一字都不识"的韦应物开始提笔学诗，浪子回头。在墨香书卷的浸润下，韦应物似乎明悟了以往"朝持樗蒲局，暮窃东邻姬"的人生是何等荒芜无趣。自此后，韦应物"立性高洁，鲜食寡欲，所至焚香扫地而坐"，读书任何时候都不晚。

韦应物和妻子元苹携手度过了那段天翻地覆、风雨飘摇的战乱岁月。公元763年暮秋，韦应物出任洛阳丞。洛阳作为唐帝国的"两京"之一，在安史之乱中几度易手，烽火连绵。韦应物到任洛阳时写诗记录战后场景，《广德中洛阳作》（下为节选）：

> 生长太平日，不知太平欢。
> 今还洛阳中，感此方苦酸。
> ……
> 时节屡迁斥，山河长郁盘。
> 萧条孤烟绝，日入空城寒。

韦应物的仕途不算通达，公元765年，因惩办不法军士而被诉讼，心中不忿的韦应物弃官去职闲居于洛阳同德寺。在一个和煦的春日，故友李胄到同德寺看望韦应物。一壶酒，两盏杯，三言说于四墙间，诸多苦闷在推杯换盏间消融于无形。数日后，在丝丝暮雨之中，两人告别，韦应物写下了《赋得暮雨送李胄》：

> 楚江微雨里，建业暮钟时。
> 漠漠帆来重，冥冥鸟去迟。
> 海门深不见，浦树远含滋。
> 相送情无限，沾襟比散丝。

"微雨"和"暮钟"，韦应物起笔就渲染出了烟雨薄暮之中的离愁别绪，"漠漠帆来重，冥冥鸟去迟"，是韦应物从梁简文帝的"湿花枝觉重，宿鸟羽飞迟"中改化而来的，并且青出于蓝。李胄乘坐客舟人去帆远，暮雨绵绵，直至目不能及。江岸的树枝栖身于暮雨之中，韦应物却迟迟不肯离去。不知何时，眼中的热泪与暮雨混融成"散丝"，沾湿了衣襟。古人的离别往往浓墨重彩，因为古时车马船慢，路遥信远，一个转身往往就是一辈子。即便是挚友知己，一辈子只见上三五面也不足为奇，"生离死别"是那个时代的常态。

公元 774 年，三十七岁的韦应物自洛阳去职辞官后，已经闲居近十年时间了。他也曾南渡江淮谋求差事，却一无所获。在《淮上遇洛阳李主簿》一诗中，韦应物慨叹自己蹉跎的时光：

> 结茅临古渡，卧见长淮流。
> 窗里人将老，门前树已秋。
> 寒山独过雁，暮雨远来舟。
> 日夕逢归客，那能忘旧游。

"窗里人将老，门前树已秋。"人与树互相映衬，窗前将老之人，门前已衰之树，都是岁月流逝的铁证。接着，韦应物又将自己代入寒山中独自飞过的离群之雁，暮雨纷纷中他乡归来的客舟，时光会抹去一切痕迹。雁过无痕，舟过后也无痕，他韦应物的前半生似乎也无痕，壮志消磨，一事无成。他又该走向何处？

这一时期的韦应物依然没有看破世俗功名，时常生出生不逢时、意气消沉之感，倒是和刘长卿与"大历十才子"的诗风笔法近似。韦应物时常以秋风、落叶、夕阳、寒雁、孤舟为客体，来寄物言情。比如，韦应物在跟李主簿相逢后写的另一首诗《自巩洛舟行入黄河即事寄府县僚友》：

夹水苍山路向东，东南山豁大河通。
寒树依微远天外，夕阳明灭乱流中。
孤村几岁临伊岸，一雁初晴下朔风。
为报洛桥游宦侣，扁舟不系与心同。

《山满楼笺注唐诗七言律》对此诗的点评极为到位：一写自巩县之洛水，迤逦而来，不知几许道路，但俯而观水，水则绿也，仰而观山，山则苍也；及志其所向之路，路皆东也，一何潇洒乃尔！二忽然向南，忽然山豁，忽然河通，遂换出一极苍茫浩荡之境界来，只此二语已不是寻常笔墨。三四但见远天之外有景依微，非寒树乎？乱流之中有光明灭，非夕阳乎？此真是乍出口时光景，固不得写向后边也。五六久之而后乃遇孤村，又久之而后又见一雁，此真是岸转风回时光景，固不得写向前边也。要之皆从"扁舟不系"中，匆匆领略其一、二者，如此而亦何尝有所沾滞眷恋于其间哉！七、八为报与游宦诸公，使之猛省，而却借扁舟之不系，轻轻带出"心"字，立言之妙，一至于此。

韦应物在近十年的闲居后，终于返回长安，被任命为京兆府功曹，这是个从七品下的职位。公元776年，不惑之年的韦应物骤然失去了相伴二十年的妻子元苹。元苹去世时，年仅三十五岁。本以为能携手白头的两人，遗憾地天人永隔。韦应物悲恸欲绝，一字一泪亲手为元苹刻下了墓志铭。每一笔刻画下去，脑海里闪过的都是两人二十年来风雨兼程、携手共济的画面：

余年过强仕，晚而易伤。每望昏入门，寒席无主，手泽衣腻，尚识平生，香奁粉囊，犹置故处，器用百物，不忍复视。

韦应物每到晚上总是容易伤感，每每望向空荡的居所、无主的床铺，手拂过元苹旧时穿过的衣物，香奁粉囊仍然放置在原先的地方。居所的每一处都遗留着元苹的生活痕迹，以至于韦应物不忍多看一眼。《元苹墓志》的铭词中写道：

> 少陵原上分霜断肌，晨起践之兮送长归。释空庄梦兮心所知，百年同穴兮当何悲。

对于相爱的人来说，先走的那个是幸运的，因为悲痛都由活着的那个承担。韦应物总是在暮晚宽慰自己，百年之后，与元苹同归一穴时，两人便能永不离散。在后半生，韦应物写下十几首悼念亡妻的诗词。

> 染白一为黑，焚木尽成灰。念我室中人，逝去亦不回。结发二十载，宾敬如始来。提携属时屯，契阔忧患灾。柔素亮为表，礼章凤所该。仕公不及私，百事委令才。一旦入闺门，四屋满尘埃。斯人既已矣，触物但伤摧。
>
> ——《伤逝》（节选）
>
> 俯仰遽终毕，封树已荒凉。独留不得还，欲去结中肠。童稚知所失，啼号捉我裳。即时犹仓卒，岁月始难忘。
>
> ——《送终》（节选）
>
> 昔出喜还家，今还独伤意。入室掩无光，衔哀写虚位。凄凄动幽幔，寂寂惊寒吹。幼女复何知，时来庭下戏。咨嗟日复老，错莫身如寄。家人劝我餐，对案空垂泪。
>
> ——《出还》
>
> 非关秋节至，讵是恩情改。掩翳人已无，委箧凉空在。何言永不发，暗使销光彩。
>
> ——《悲纨扇》

妻子亡故后，五岁的女儿就由韦应物独自抚养。韦应物终身没有再娶，也从不出入烟花之地。他在等女儿长大成人，等与元苹同归一穴的那天到来。公元779年6月，韦应物改任栎阳县令。7月，韦应物以身体有恙辞官，闲居于长安西郊的善福寺。

韦应物一生中时常隐居于山寺中。跟王维不一样的是，他并不信仰佛教，只是不愿在喧闹的城市中久待。他需要一个僻静的空间来独自回味过往，并且与花鸟虫鱼相处不需要耗费太多心神。

> 谷鸟时一啭，田园春雨余。
> 光风动林早，高窗照日初。
> 独饮涧中水，吟咏老氏书。
> 城阙应多事，谁忆此闲居。
> ——《春日郊居寄万年吉少府中孚三原少府伟夏侯校书审》

韦应物和王维有个共同点：两人都是在亦官亦隐后，仕途上反而愈发通达；不问政事，寄情山水，在政坛的暗流涌动中如同圆滑无锋的河底石，岿然不动，稳中有进。公元781年（建中二年）¹4月，韦应物履新尚书比部员外郎，相较于他辞官前的县令之职算是迁升了。两年后，他又迁升为滁州刺史。在滁州，韦应物迎来了自己的创作高峰。

也是在韦应物任职滁州的这一年，公元783年10月，"泾源兵变"爆发。泾源军统帅朱泚称帝并攻占长安，唐德宗李适出逃至奉天。藩镇节度使与唐王朝之间的矛盾日益尖锐，叛乱此起彼伏。韦应物的家人大多在长安，长安城的乱局让韦应物担忧家人安危，因此写下《京师叛乱寄诸弟》：

---

1. 建中：唐德宗年号，780年至783年。

弱冠遭世难，二纪犹未平。羁离官远郡，虎豹满西京。
上怀犬马恋，下有骨肉情。归去在何时？流泪忽沾缨。
忧来上北楼，左右但军营。函谷行人绝，淮南春草生。
鸟鸣野田间，思忆故园行。何当四海晏，甘与齐民耕。

  在滁州任上的一年时间，韦应物深切地体察到了乱局之下百姓的无奈，民生凋敝，国家的前途和个人的命运不知会走向何处。他少年时亲历安史之乱对唐帝国毁灭性的打击，如今藩镇林立、皇权日衰，谁又能预料未来是否还有安禄山那样涂炭生灵的节度使崛起呢？韦应物在给友人李儋和元锡的诗信中如此写道：

去年花里逢君别，今日花开又一年。
世事茫茫难自料，春愁黯黯独成眠。
身多疾病思田里，邑有流亡愧俸钱。
闻道欲来相问讯，西楼望月几回圆。

  世事茫茫中自我的命运何其难料，黯淡的春愁恼得人独枕难眠，反复的疾病让他萌生了归隐田园的念头。对于仕途，韦应物的追求本就不高。他早已没有了济世安民的理想，深知一个王朝的命运根本不是个人微薄的力量所能左右的。只是他身为滁州刺史，一方父母官，拿着百姓缴纳的俸钱，就此归去，有愧于百姓。韦应物深陷于归与留的挣扎中。尤其这两句"身多疾病思田里，邑有流亡愧俸钱"，在宋代受到广泛好评。范仲淹叹为"仁者之言"，朱熹赞其"贤矣"。

  公元784年（兴元元年）[1]冬末，韦应物被免去滁州刺史之职，闲居于滁州西涧。卸任后的韦应物还是时常走入田间地头，关心百姓的

---

1. 兴元，唐德宗年号，784年这一年的年号。

农作物收成，并写诗记录下了百姓的疾苦：

> 微雨众卉新，一雷惊蛰始。田家几日闲，耕种从此起。
> 丁壮俱在野，场圃亦就理。归来景常晏，饮犊西涧水。
> 饥劬不自苦，膏泽且为喜。仓廪无宿储，徭役犹未已。
> 方惭不耕者，禄食出闾里。

——《观田家》

　　"饥劬不自苦，膏泽且为喜"，韦应物提笔写下了百姓的辛劳朴实，然后话锋一转，"仓廪无宿储，徭役犹未已"，写到了耕人纵然辛劳依旧年无余粮，还要负担沉重的徭役。"方惭不耕者，禄食出闾里"这一句则是韦应物的自我反思及愧疚。他作为士大夫阶层，是食禄者却不事生产，而生产者则辛劳又饥寒。韦应物诗中的人文关怀和儒家的民本思想，在后来白居易的诗中表现得更加丰富。

　　隐居在滁州西涧的韦应物年近五十，渐知天命。他的诗笔和思想不再困居于理想与现实的二元世界中，他为自己圈画出了第三元世界，自成一家之体。《寄全椒山中道士》一诗体现了韦应物的第三元：

> 今朝郡斋冷，忽念山中客。
> 涧底束荆薪，归来煮白石。
> 欲持一瓢酒，远慰风雨夕。
> 落叶满空山，何处寻行迹。

　　这首诗无烟火气，已脱离俗世现实，亦无云雾光，即抹去了触不可及如"云雾光"般的理想，一片空明。然而，其中涵盖万象，在有与无之间生出了第三元，即"空"。后来，苏轼读到此诗时亦十分喜爱，并且依照"落叶满空山，何处寻行迹"的韵题诗一句："寄语庵中人，飞空本无迹。"后人对苏轼的题诗评价是不如韦应物的，并不是苏轼才华不如韦应物，而是因为韦应物的那句诗已经是绝唱，盖无超越的可能。

韦应物的诗并不过分用力纠结于造词造景，而是真挚、出之以恬淡之语，诗境明净雅洁而意蕴深远。当然，在滁州，韦应物写下的最好的诗篇便是《滁州西涧》：

独怜幽草涧边生，上有黄鹂深树鸣。
春潮带雨晚来急，野渡无人舟自横。

自古以来，人们对这首诗就有很多种解读。读诗在于此情、此景、此人，景自然是水涧旁生长的幽草，深树中鸣叫的黄鹂，淅淅沥沥的春雨和野外渡口的孤舟。这个场景位于宏大世界的一个角落，这一角被韦应物以诗词为屏障从世界中切割了出来。它不再是世界的一部分，而是独属于韦应物的，即韦应物的第三元世界。而情便是对幽草的独怜，对黄鹂的倾听，对春雨晚来急的猝不及防，对孤舟随风逐浪的自由向往。整首诗中有一个不曾被提及却无法被忽视的人，便是"第三者"韦应物。他是这一方世界唯一的见证者，所有的情感也因他而生。

韦应物因何而独怜幽草？因为他的命运类同幽草，随着岁月而荣枯，而时局就像春潮带雨般猝不及防。他应当如野渡口的孤舟一般，风雨既来，便随遇而安。山水在中国人的艺术审美中占据了无比重要的位置，山水之中藏着华夏古老的灵魂，无形却真实存在。这个古老灵魂凝聚着老子"上善若水，水善利万物而不争"的道韵，孔子"知者乐水，仁者乐山"的人文理想。王维、孟浩然、韦应物、柳宗元的山水诗之所以能千百年不间断地流传下来，正是因为有来自山水间古老灵魂滋养出来的审美共性。

韦应物丧妻后多年独居生活，内心如同注满水的深潭，归于静穆空寂。正如他在《咏声》中所写："万物自生听，太空恒寂寥。还从静中起，却向静中消。"俗世中的烦恼落于韦应物深潭般的内心，激起层层涟漪，从静中起，也从静中消。诗在许多时候正是诗人内心的投射。跟王维一样，韦应物喜爱无人的空山：

> 九日驱驰一日闲，寻君不遇又空还。
> 怪来诗思清入骨，门对寒流雪满山。
>
> ——《休暇日访王侍御不遇》

尾句"门对寒流雪满山"堪称神来之笔。所有访客不遇的遗憾，最终被雪照空山的自然景色填满。此诗的意境与李白的那首《独坐敬亭山》的诗句"相看两不厌，只有敬亭山"相似。滁州的山水极大地激发了韦应物的创作热情，也让他寂寥的心有了安置之处。许多年后，欧阳修也在滁州山水中写下了《醉翁亭记》。韦应物在滁州的隐居岁月很闲适，他在《南园陪王卿游瞩》诗中说："形迹虽拘检，世事澹无心。郡中多山水，日夕听幽禽。"

公元785年（贞元元年）[1] 秋，韦应物的闲居生活结束，他有了新的任命，加朝散大夫，任江州刺史。江州是陶渊明隐居之地，陶渊明对韦应物的影响是自始至终的，学诗之人无有不学陶诗的。韦应物也曾写过《效陶彭泽》："霜露悴百草，时菊独妍华。物性有如此，寒暑其奈何。掇英泛浊醪，日入会田家。尽醉茅檐下，一生岂在多。"

陶渊明喜爱菊花，韦应物便以菊花拟人，赞叹菊花在白露成霜、百草凋敝时，独自绽放芳华。韦应物在仕途上早已没有了进取之心，却从未丢失过为官一方、造福百姓的责任心。到江州月余，他勤勉政

---

1. 贞元：唐德宗年号，785年至805年。

事，巡行属县，督促农事，观省风俗，赈灾济贫。

> 到郡方逾月，终朝理乱丝。宾朋未及宴，简牍已云疲。
> 昔贤播高风，得守愧无施。岂待干戈戢，且愿抚惸嫠。
>
> ——《始至郡》（节选）

韦应物在江州刺史任上不足两年，但是每年开春农事时节，他都会巡行属地。公元 786 年春，他首次巡行，途中憩息于庐山东林寺，作有《春月观省属城，始憩东西林精舍》：

> 因时省风俗，布惠迨高年。建隼出浔阳，整驾游山川。
> 白云敛晴壑，群峰列遥天。嵚崎石门状，杳霭香炉烟。
> 榛荒屡冒挂，逼侧始覆颠。方臻释氏庐，时物屡华妍。
> 昙远昔经始，于兹阅幽玄。东西竹林寺，灌注寒涧泉。
> 人事既云泯，岁月复已绵。殿宇余丹绀，磴阁峭欹悬。
> 佳士亦栖息，善身绝尘缘。今我蒙朝寄，教化敷里鄽。
> 道妙苟为得，出处理无偏。心当同所尚，迹岂辞缠牵。

公元 787 年春，韦应物二次南下巡行属县。经过庐山时，作有《因省风俗访道士侄不见题壁》：

> 去年涧水今亦流，去年杏花今又拆。
> 山人归来问是谁，还是去年行春客。

江州刺史并非什么好差事，相较于中原地区和江淮流域，在唐朝时，江州是贫困之地。多年后，白居易的人生低谷就是被贬为江州司马。只是韦应物不仅安然沉浸于江州巡行路上的僻静风光，还勤政爱

132

民，颇有政绩。

公元 787 年，朝廷因韦应物在江州显著的政绩，封其为扶风县开国男，食邑三百户，入朝为左司郎中。在官与隐之间，韦应物极好地把握到了平衡点。出仕则谋其政，归隐则乐于游。公元 788 年 7 月以后，韦应物由左司郎中改任苏州刺史。在安史之乱后，由于中原地区烽烟四起，流离的百姓唯有南下寻求安身之地，运河之畔的苏州变成收容处，苏州人口在短短数年内突破十万户。

据《吴郡志》引《大唐国要图》中的记录，苏州每年向朝廷缴纳的赋税为 105 万贯钱。当时，两浙地区 13 州，平均每州缴纳 51 万贯，而苏州的税额高达各州平均数量的 2 倍。韦应物到任的十年前，苏州便升格为雄州，跻身唐代"六雄十望"，成为江南地区唯一的雄州。

所以，韦应物此次的苏州刺史相较于江州刺史，仕途上是进了一大步。当然，这也是韦应物人生的最后一站。苏州时局安稳、物阜民丰，吴中名士皆汇于一城。不过，刚到任苏州不久的韦应物就大病了一场。久病初愈后，他在刺史官署中宴请了吴中名士，并赋诗一首《郡斋雨中与诸文士燕集》：

兵卫森画戟，宴寝凝清香。海上风雨至，逍遥池阁凉。
烦疴近消散，嘉宾复满堂。自惭居处崇，未睹斯民康。
理会是非遣，性达形迹忘。鲜肥属时禁，蔬果幸见尝。
俯饮一杯酒，仰聆金玉章。神欢体自轻，意欲凌风翔。
吴中盛文史，群彦今汪洋。方知大藩地，岂曰财赋强。

苏州的灵秀和山水间的温柔让韦应物写下了不少诗篇，收录进了《韦苏州集》，所以后人也多称呼其为"韦苏州"。韦应物曾登上重玄寺一览十里苍茫，湖海气势，写下了《登重玄寺阁》：

时暇陟云构，晨霁澄景光。始见吴都大，十里郁苍苍。
山川表明丽，湖海吞大荒。合沓臻水陆，骈阗会四方。
俗繁节又暄，雨顺物亦康。禽鱼各翔泳，草木遍芬芳。
于兹省氓俗，一用劝农桑。诚知虎符忝，但恨归路长。

　　句尾的"但恨归路长"是吴地秀丽风光下吹不散的乡愁，他深知自己的身体每况愈下，而故乡长安在千里之外。韦应物身为雄州长官，平日交际往来颇多。丘丹是韦应物在苏州最好的朋友，韦应物曾作多首诗赠予他。其中《重送丘二十二还临平山居》最具代表性：

岁中始再觌，方来又解携。
才留野艇语，已忆故山栖。
幽涧人夜汲，深林鸟长啼。
还持郡斋酒，慰子霜露凄。

　　韦应物任职苏州的那些年，有个少年时常往来苏杭，他便是白居易。对于韦应物的诗名以及作品，少年白居易早已装入心中。多年以后，白居易在《题浔阳楼》中追忆韦应物：

常爱陶彭泽，文思何高玄。又怪韦江州，诗情亦清闲。
今朝登此楼，有以知其然。大江寒见底，匡山青倚天。
深夜滋浦月，平旦炉峰烟。清辉与灵气，日夕供文篇。
我无二人才，孰为来其间。因高偶成句，俯仰愧江山。

　　公元790年，五十三岁的韦应物身体越来越差。他已经无法胜任苏州刺史的政务，便辞官寓居永定寺。正史上对韦应物的晚年记录很少，我们只能从他人生中最后两首诗了解他的状况，其一为：

政拙忏罢守，闲居初理生。家贫何由往，梦想在京城。
野寺霜露月，农兴羁旅情。聊租二顷田，方课子弟耕。
眼暗文字废，身闲道心精。即与人群远，岂谓是非婴。

——《寓居永定精舍》

韦应物的家在长安，那里有他的亲人，有亡妻元苹的坟茔。他梦想回到那里，但是为官多年，他竟然没有什么积蓄，就连回长安的路费也凑不齐。他在永定寺租了二顷天田，耕种为生。他的身体状况不容乐观，眼睛几近失明，无法再读书、写诗。韦应物对此很淡然，他觉得失明后反而没那么多闲愁了，眼不见心不烦。在生命之火即将燃尽的最后时刻，韦应物显得相当淡然。他并不恐惧死亡，他在等待死亡。他唯一担忧的，或许是死后与妻子元苹同归一穴的愿望不能实现，他离元苹太远了。

岁末，韦应物的侄子辟强因为开岁有迎娶之喜，特地冒着风雪来苏州告知韦应物。只是侄子看到韦应物清寒的生活状态，十分担忧。韦应物写下了最后一首诗《永定寺喜辟强夜至》安慰侄子：

子有新岁庆，独此苦寒归。
夜叩竹林寺，山行雪满衣。
深炉正燃火，空斋共掩扉。
还将一尊对，无言百事违。

韦应物和侄子辟强在清寒的寺斋中掩上门，共饮了最后一杯酒。他告诉侄子："人生还能有举杯共饮的时候，便要知足了。不用埋怨命运事事不如意，坦然接受便是。"韦应物终究没有熬过那个冬天，在苏州走完了最后的时光。逝世五年后，后人才将他迁葬回长安，与妻子元苹同归一穴，完成了他的遗愿。

多年后，白居易调任苏州刺史，他在《与元九书》中评价道：

韦苏州歌行，才丽之外，颇近兴讽；其五言诗，又高雅闲淡，自成一家之体，今之秉笔者，谁能及之？

第九章
韩愈：文起八代之衰

> 文起八代之衰，而道济天下之溺，忠犯人主之怒，而勇夺三军之帅。
>
> ——苏轼《潮州韩文公庙碑》

韩愈在唐代文坛有着极其独特的地位，在诗歌上，他引领了一整个诗人群体"韩孟诗派"。这个群体包含了孟郊、贾岛、李贺、卢仝、刘叉、张籍等名垂千古的大诗人。他们有着极为明确的创作主张。首先就是韩愈在《送孟东野序》中提出的"不平则鸣"：

> 大凡物不得其平则鸣。草木之无声，风挠之鸣。水之无声，风荡之鸣。其跃也，或激之；其趋也，或梗之；其沸也，或炙之。金石之无声，或击之鸣。人之于言也亦然，有不得已者而后言。其歌也有思，其哭也有怀。凡出乎口而为声者，其皆有弗平者乎！

诗歌本就是情绪的宣泄，或激昂，或悲愤，或怨怼。在命运与苦难的碰撞中产生的"不平",则要在诗歌中痛快抒发。韩愈是激进的，无论是在诗歌、文章还是政治上，他都秉承了"不平则鸣"的本心，如同文坛之怒潮，浩浩荡荡地将八代前朝的浮华洗濯一空。

韩愈生于公元 768 年，父亲韩仲卿于大历五年（770 年）病逝于秘书郎任上。"三岁而孤"的韩愈由大他三十岁的大哥韩会抚养。然而七年后，宰相元载因骄纵贪腐被唐代宗赐死。韩愈的大哥韩会属于元党官员，因此受牵连被贬为韶州刺史，时年十岁的韩愈也随兄嫂踏上了流徙之路。

> 昔余之既有知兮，诚坎轲而艰难；当岁行之未复兮，从伯氏以南迁。凌大江之惊波兮，过洞庭之漫漫；至曲江而乃息兮，逾南纪之连山。嗟日月其几何兮，携孤嫠而北旋；值中原之有事兮，将就食于江之南。始专专于讲习兮，非古训为无所用其心；窥前灵之逸迹兮，超孤举而幽寻；既识路又疾驱兮，孰知余力之不任。
>
> ——《复志赋》（节选）

韩愈后来在上文中回忆了这段南迁之路的艰辛，公元 779 年春天，大哥韩会病逝于韶州任上，时年四十一岁。岭南远乡，长嫂郑氏带着年幼的韩愈，跋涉千里，护送韩会的灵柩返回故乡河南河阳。从小，韩愈遍尝流离死别之苦，然而苦难并未结束，才刚刚开始。

公元 781 年，河北三镇节度使田悦、李正己、李惟岳联合叛乱，欲图马踏中原。三镇叛乱才将将被名将马燧平定，河北各镇兵锋又起，四处掠夺。韩愈的故乡河阳是军事要冲，形势紧张，百姓纷纷举家搬迁。本打算在河阳安居的韩愈一家，在长嫂郑夫人的带领下，南迁至江南宣城。

韩愈到达宣城时十三岁，一直居住到公元 785 年他十七岁时。数年来，全凭长嫂郑夫人辛勤操持，她竭尽全力为韩愈维持着安定的生活环境。郑夫人按照亡夫韩会的遗愿，培养韩愈继承昌黎世家的家风，重新光大门楣。自幼颠沛流离、频遭祸事的韩愈自然清楚，他的未来在青云之上。

公元786年秋，韩愈辞别长嫂，西去长安。十八岁的少年从宣城北上，经当涂，乘船过扬州。两岸蒹葭丛生，芦花似雪，韩愈写诗记下：

> 我年十八九，壮气起胸中。作书献云阙，辞家逐秋蓬。
>
> ——《赠徐州族侄》（节选）

西行途中，韩愈绕道去了一趟中条山，父亲韩仲卿曾在此做过县尉。中条山立于黄河之畔，雄视着湍奔千里的黄河，挟浊浪滔滔东去。中条山巍峨不群，松柏挺立。韩愈写下《条山苍》一诗：

> 条山苍，河水黄。浪波沄沄去，松柏在山冈。

后世学者程学恂在《韩诗臆说》中评价此诗道："寻常写景，十六字中，见一生气概。"苍者自高黄自浊，流俗随波君子独。

韩愈次年抵达长安。在宣城临别时，长嫂郑夫人曾嘱托韩愈到了长安城中可投靠堂兄韩弇。韩弇任朔方节度使掌书记、监察御史。不承想，因吐蕃入寇，连夺盐、夏两州，堂兄韩弇随军西行至战场前线。不久后，韩弇以侍御史随军判官的身份与吐蕃会盟，遭吐蕃背信弃义劫持杀害，以身殉国，时年三十五岁。

堂兄的亡故，边关的战乱，以及长安皇城中不曾停歇的歌舞，令韩愈心中不平：

登高望烽火，谁谓塞尘飞。

王城富且乐，曷不事光辉。

勿言日已暮，相见恐行稀。

愿君熟念此，秉烛夜中归。

我歌宁自感，乃独泪沾衣。

——《烽火》

长安的物价高昂，韩愈所携资费本就不多，数月时间就到了穷不自存的地步。困顿之下，韩愈作诗《出门》以记之：

长安百万家，出门无所之。

岂敢尚幽独，与世实参差。

古人虽已死，书上有其辞。

开卷读且想，千载若相期。

出门各有道，我道方未夷。

且于此中息，天命不吾欺。

长安民户百万，韩愈却举目无亲。他很少出门，因为茫然不知去向何处，唯有闭门读书，苦读经史子集。他认为天命不会辜负有心人，然而现实很快就给他上了生动的一课。唐代科举制度并不完善，人为干预的作用很大，通常门阀世家子弟会通过祖辈的人际关系，行卷干谒权贵，从而干预科场取向。

韩愈虽然出身官宦世家，然而家中长辈大多故去，堂兄韩弇也殉国早逝，人脉断绝，落魄困顿，早已失去了行卷干谒的资本。公元 788 年的春天，贡院揭榜，韩愈不出意料地落榜了。春日的暖阳落在身上，他却感受不到一丝暖意，十三年的苦读和自信在这一刻已然崩塌。韩愈滞留在了长安，他早已没有了归乡的路资。如何在长安

"混"下去成为韩愈首要的生存命题，他与其他落榜的寒门士子抱团取暖。因此，他结识了孟郊，孟郊比韩愈年长十七岁。孟郊的科举之路颇为不顺，曾两试进士不第，直到近五十岁才考中进士。当然，韩愈的科举之路比孟郊的还要曲折。

初夏时节，韩愈每天于穷街陋巷，食者粥汤且过午不食。不过天无绝人之路，转机出现在北平王马燧身上。马燧早年与韩愈的父亲韩仲卿同在泽潞节度使李抱玉门下供职，有同僚之谊，韩愈的堂兄韩弇曾在马燧幕府做幕僚。韩家与马家算是世交，只是韩愈曾数次前往北平王府都被门人挡下。终于有一天，韩愈路遇马燧车驾出行，于是拦路求见。马燧得知情况后，将韩愈带回王府，供给衣食，让两个儿子以宾主之礼善待韩愈。韩愈这才有了安心读书备考的条件。

公元789年，韩愈第二次参加礼部进士试，再次落第。次年清明时节，韩愈回宣城探望阔别四年的长嫂郑夫人和侄儿韩老成。仅仅相聚月余，韩愈便再次返回长安备考功名。返程路上途经郑州，他托人给滑州刺史、义成军节度使贾耽送去行卷。贾耽淳德温厚，名重一时，韩愈期望能得到贾耽的荐举，在《上贾滑州书》中自荐道：

愈儒服者，不敢用他术干进；又惟古执赞之礼，窃整顿旧所著文一十五章以为赞，而喻所以然之意于此曰：丰山上有钟焉，人所不可至，霜既降，则铿然鸣；盖气之感，非自鸣也。愈年二十有三，读书学文十五年，言行不敢戾于古人，愚固泯泯不能自计。周流四方，无所适归。伏惟阁下昭融古之典义，含和发英，作唐德元，简弃诡说，保任皇极，是宜小子刻心悚慕，又焉得不感而鸣哉！徒以献策阙下，方勤行役，且有负薪之疾，不得稽首轩阶；遂拜书家仆，待命于郑之逆旅。伏以小子之文，可见于十五章之内；小子之志，可见于此书。与之进，敢不勉；与之退，敢不从；进退之际，实惟阁下裁之。

行卷干谒后，不知是贾耽没有收到韩愈的投书，还是其他原因，韩愈并没有得到任何回应。公元 791 年，韩愈第三次礼部进士试落第。三考三败的经历不仅令韩愈苦闷，而且给了他难以承受的精神压力。他二十三岁了，苦读十五年依旧一无所成。长嫂的期盼，兄长的嘱托，家族的复兴都压在肩头。在给同榜落第的好友陈羽的诗中，韩愈倾诉了自己的失意。

> 落叶不更息，断蓬无复归。
> 飘飘终自异，邂逅暂相依。
> 悄悄深夜语，悠悠寒月辉。
> 谁云少年别，流泪各沾衣。

——《落叶送陈羽》

公元 792 年，二十四岁的韩愈第四次参加进士考试。这年的主考官是礼部侍郎陆贽，梁肃和王础为副考官。梁肃历来推崇古文创作，韩愈与李绛、崔群等人曾共游梁肃门下。韩愈等人的文章如同新风吹来，梁肃预感到这帮后生或许是一洗百年极尽浮华的文坛生力军。而主考官陆贽素来以正直贤明、文章出色著称。在三人的主持下，韩愈等二十三人同榜登第，这一榜进士也被后世称为"龙虎榜"。其中，李绛、王涯、崔群后来官至宰相，其他人或文名卓著，或各显奇才。

韩愈在鱼跃龙门的喜悦中，却也想起了"点额不成龙，归来伴凡鱼"的落第士子，挚友孟郊就是其中之一。孟郊与韩愈有着相似的命运，少年丧父。孟郊由母亲含辛茹苦养大，他写的《游子吟》后来被天下传诵。韩愈在长安郊外找到了落榜的孟郊，邀他同游雁塔。孟郊不似韩愈想象中那般愁苦，兴致高昂。不久后，孟郊离京归家。韩愈写诗推荐他去拜访马燧的故旧徐州节度使张建封，写下了《孟生诗》（下为节选）：

孟生江海士，古貌又古心。尝读古人书，谓言古犹今。
作诗三百首，窅默咸池音。骑驴到京国，欲和薰风琴。
……

奈何从进士，此路转岖嵚。异质忌处群，孤芳难寄林。
谁怜松桂性，竞爱桃李阴。朝悲辞树叶，夕感归巢禽。
……

子其听我言，可以当所箴。既获则思返，无为久滞淫。
卞和试三献，期子在秋砧。

孟郊对韩愈的雪中送炭深为感动，回诗《答韩愈李观别因献张徐州》以表感谢：

富别愁在颜，贫别愁销骨。懒磨旧铜镜，畏见新白发。
古树春无花，子规啼有血。离弦不堪听，一听四五绝。
世途非一险，俗虑有千结。有客步大方，驱车独迷辙。
故人韩与李，逸翰双皎洁。哀我摧折归，赠词纵横设。
……

公元 792 年冬，韩愈参加了吏部博学宏词科考试。按照唐朝的制度，考中进士只是获得了入仕的资格，还要经过吏部的分科考试才能获得官职。在考试之前，韩愈曾返回故乡河阳，依照家族长辈的安排，与卢氏完婚。

在这次吏部考试中，韩愈落榜。一年后，他参加吏部考试，还是落榜。又一年后，他再度参加吏部博学宏词科考试，再次落榜。进士落榜三次，吏部考试落榜三次，似乎命运就是如此捉弄韩愈。"一举首登龙虎榜，十年身到凤凰池。"说的就是从进士到中书省的路漫长遥远。韩愈当时的处境十分窘迫："今所病者在于穷约，无僦屋赁仆之资，无绲袍粝食之给。驱马出门，不知所之。"

对于失败，韩愈有着极强的承受能力，"行之以不息，要之以至死"。然而，对韩愈更大的创伤还是公元794年夏天长嫂郑夫人的离世。他在长安求仕，历尽艰辛，就是为了赢得功名后奉养长嫂，回报郑夫人的殷切期盼，但他尚未获得一官半职，长嫂就已在贫病交加中去世。悲痛中，韩愈写下了祭文：

> ……禄仕而还，以为家荣。奔走乞假，东西北南。孰云此来，乃睹灵车！有志弗及，长负殷勤。呜呼哀哉！
> 昔在韶州之行，受命于元兄曰："尔幼养于嫂，丧服必以期！"今其敢忘？天实临之。呜呼哀哉！日月有时，归合茔封，终天永辞，绝而复苏。伏惟尚飨。

韩愈在河阳为长嫂守孝五个月，期满后才回长安谋求仕进。屡试不中的韩愈金榜题名后，便不再接受北平王马燧的资助了。三次吏部考试不中，无收入来源的韩愈又回到了饥寒交迫的原点。他放下身段，于公元794年正月至3月，三次上书宰相，述志，求仕，诉苦。这就是后人时常非议韩愈的"三上宰相书"，说韩愈卑辞求仕。然而，韩愈在上书中说得很清楚，他不愿退隐山林、独善其身，他不想一身所学无用武之地，渴望有所作为。

只是韩愈的三次上书皆石沉大海，一无所得。公元795年5月2日，韩愈告别了长安，十年长安忽然而已，二十七岁的韩愈回头望，似乎还能看到十七岁意气风发的自己，"怀书出皇都，衔泪渡清灞"。

回到河阳的韩愈，怀才不遇的郁愤挥之不去。他心有所感，提笔写下了《杂说四·马说》：

> 世有伯乐，然后有千里马。千里马常有，而伯乐不常有。

故虽有名马，祇辱于奴隶人之手，骈死于槽枥之间，不以千里称也。

马之千里者，一食或尽粟一石，食马者不知其能千里而食也。是马也，虽有千里之能，食不饱，力不足，才美不外见，且欲与常马等不可得，安求其能千里也？

策之不以其道，食之不能尽其材，鸣之而不能通其意，执策而临之，曰："天下无马。"呜呼！其真无马邪？其真不知马也！

公元796年7月，汴州兵乱，唐德宗任命亲信大臣董晋为汴州宣武军节度使，宣武军十万虎狼之师，多次因将帅易帜或节度使更迭发生兵乱。董晋与韩愈的叔父韩绅卿是故交，恰好韩愈在谋职，于是他召韩愈入幕府任观察推官。照例朝廷也授予了韩愈官衔，正九品的秘书省校书郎。挚友孟郊在洛阳送别韩愈，写下了《送韩愈从军》（下为节选）：

志士感恩起，变衣非变性。
亲宾改旧观，僮仆生新敬。
坐作群书吟，行为孤剑咏。
始知出处心，不失平生正。

韩愈在幕府中深受董晋信任，公元798年，董晋命韩愈主持汴州的贡生选拔考试，试题也由韩愈亲手拟定。大诗人张籍就是通过这次考试获得荐举入京，次年春进士及第。张籍后来成为韩门弟子，成为"韩孟诗派"中的重要成员。

公元799年初春，董晋不治病逝。董晋在去世前，嘱咐韩愈，他死后必须三日成殓，速归故里埋葬，全家一并归乡，汴州或有兵乱。三日后，韩愈护送董晋的灵柩离开汴州回乡。行至偃师，便听闻了汴州兵变之事，新任节度使陆长源全家被杀，就连幕府官员也都悉数被屠。韩愈这才知道董晋一语成谶，救了自己一命。

数月后，韩愈被徐泗濠节度使张建封召入幕府，任节度使观察推官，太常寺协律郎，属正八品官衔。韩愈在徐州幕府的工作并不如意，为张建封写一些应酬文字，陪他打马球、狩猎，他数次上书劝谏都没有回音。于是，在幕府干了一年多后，韩愈准备辞官离去。这时，张建封派韩愈为幕府赴京朝正。每年幕府都会派人赴京向皇帝贺岁，同时做年终工作汇报。这其实也是张建封给韩愈的一次机会。一年以来，张建封对韩愈的才干是相当欣赏的，只是张建封军旅出身，征战沙场多年，行事作风并不是文人出身的韩愈能够理解的。

在长安，好友国子监助教欧阳詹举荐韩愈任四门学博士。他曾上书国子监祭酒，被驳回。后来，他又率领国子监学生拜伏阙下，仍旧被驳回。此事令韩愈终生难忘，后来在《欧阳生哀辞》中写道：

> 十五年冬，余以徐州从事朝正于京师，詹为国子监四门助教，将率其徒伏阙下举余为博士，会监有狱，不果上。观其心，有益于余，将忘其身之贱而为之也。

公元 800 年初春，在长安依旧一无所获的韩愈怏怏而归。归途中，他行走在暮晚的河堤上，四顾苍茫，衰草黄云，夜卧孤舟，感叹命途多舛，写下《暮行河堤上》：

> 暮行河堤上，四顾不见人。
> 衰草际黄云，感叹愁我神。
> 夜归孤舟卧，展转空及晨。
> 谋计竟何就，嗟嗟世与身。

5月初，韩愈决定辞别张建封，告别幕府，回洛阳暂居。数年的幕府生活并未使韩愈有所作为，他郁屈难展，也屡遭兵乱，藩镇动荡，天下不安。仕途不顺却让韩愈的文学生命蓬勃发展。他结识了一群志同道合的文友——李观、陈羽、李绛、崔群、张籍、李翱，他们组织起来，倡导古文运动，欲开八代之新风。

韩愈离开徐州后不久，节度使张建封病逝。徐州发生兵乱，行军司马及幕府官僚又被悉数屠尽，韩愈又一次阴差阳错地免于死劫。两次脱险，都在旦夕之间。迁家至洛阳的韩愈将居所安置在乡野，"穷居荒凉，草树茂密，出无驴马，因与人绝，一室之内，有以自娱"（《与卫中行书》）。虽然身处陋室，但有妻子卢氏和一子一女相伴，读书写作，倒别有一番趣味。

在洛阳闲居的韩愈，在文学上的名声越来越大。"韩孟诗派"和古文运动的推动，使得青年士子纷纷求教于他。对于韩愈的文学成就，同时代的诗豪刘禹锡赞叹道："高山无穷，太华削成。人文无穷，夫子挺生。鸾凤一鸣，蜩螗革音。手持文柄，高视寰海。权衡低昂，瞻我所在。三十余年，声名塞天。"

公元 800 年冬，韩愈到长安参加吏部铨选，依旧落选。孟郊也同时参加了铨选，被授官溧阳县尉。只是孟郊不愿屈居县尉之职，于是辞官离开。韩愈送别孟郊至灞桥，写下了《将归赠孟东野房蜀客》：

君门不可入，势利互相推。借问读书客，胡为在京师。
举头未能对，闭眼聊自思。倏忽十六年，终朝苦寒饥。
宦途竟寥落，鬓发坐差池。颍水清且寂，箕山坦而夷。
如今便当去，咄咄无自疑。

十六年的求仕经历让韩愈身心疲惫，以至于生出了归隐之心。他在《送李愿归盘谷序》中表达了对官场的愤懑和对隐逸生活的向往：

穷居而野处，升高而望远，坐茂树以终日，濯清泉以自洁。采于山，美可茹；钓于水，鲜可食；起居无时，惟适之安。与其有誉于前，孰若无毁于其后；与其有乐于身，孰若无忧于其心。车服不维，刀锯不加，理乱不知，黜陟不闻，大丈夫不遇于时者之所为也，我则行之。

后来，苏轼在读过《送李愿归盘谷序》后推崇道："欧阳文忠公尝谓晋无文章，惟陶渊明《归去来》一篇而已。余亦谓唐无文章，唯韩退之《送李愿归盘谷序》一篇而已。生平愿效此作一篇，每执笔辄罢，因自笑曰：'不若且放教退之之独步。'"就连苏轼都觉得自己很难超越这样一篇文章，还是让韩愈独步天下算了。

公元801年冬，韩愈第二次参加吏部铨选考试。这些年他考了四次进士试，三次吏部分科考试，两次铨选考试。这次终于获授国子监四门博士，正七品的职位，三十三岁的韩愈终于在长安谋得了官职。

国子监的四门博士虽然职位不低，然而俸禄却很低，甚至不如九品的秘书省校书郎。虽然清贫，却不妨碍韩愈成为良师。韩愈在《师说》中，详尽阐述了为师者的责任：传道，授业，解惑。为师者，不论贵贱、长幼，达者为师（下为节选）。

古之学者必有师。师者，所以传道、受业、解惑也。人非生而知之者，孰能无惑？惑而不从师，其为惑也，终不解矣。生乎吾前，其闻道也，固先乎吾，吾从而师之；生乎吾后，其闻道也，亦先乎吾，吾从而师之。吾师道也，夫庸知其年之先后生于吾乎？是故无贵无贱，无长无少，道之所存，师之所存也。

《师说》本质上是韩愈推动古文运动的一篇战斗檄文。中唐时期，佛老学说兴盛，而韩愈想传播儒学就要扫除时弊，将轻视师道、耻学于师的不良风气荡清，通过师承关系推广儒学和古文。陈寅恪先生在《论韩愈》中述其六功：一曰建立道统，证明传授之渊源；二曰直指人伦，扫除章句之繁琐；三曰排斥佛老，匡救政俗之弊害；四曰呵诋释迦，申明夷夏之大防；五曰改进文体，广收宣传之效用；六曰奖掖后进，期望学说之流传。

公元 803 年，韩愈率学生到长安南郊祭雨。返回家中后，他听闻了侄子韩老成的讣告。韩老成与韩愈虽是叔侄辈分，实际两人年岁相仿，从小一起长大。长嫂郑夫人去世后，韩老成已经是他除妻儿外唯一的亲人了。韩老成走后，韩愈即便以后衣锦还乡，又有谁来见证呢？过往的故事又有谁来共诉？在悲痛中，韩愈写下了千古名篇《祭十二郎文》，字字泣血（下为节选）。

> 呜呼！吾少孤，及长不省所怙，惟兄嫂是依。中年兄殁南方，吾与汝俱幼，从嫂归葬河阳，既又与汝就食江南，零丁孤苦，未尝一日相离也。吾上有三兄，皆不幸早世，承先人后者，在孙惟汝，在子惟吾；两世一身，形单影只。嫂尝抚汝指吾而言曰："韩氏两世，唯此而已！"汝时尤小，当不复记忆；吾时虽能记忆，亦未知其言之悲也。

《古文评注》卷七有言："读诸葛孔明《出师表》而不堕泪者，其人必不忠；读李令伯《陈情表》而不堕泪者，其人必不孝；读韩退之《祭十二郎文》而不堕泪者，其人必不友。"这篇祭文没有骈偶铺排的虚华，通篇都是家长里短的回忆，读之有感同身受的哀伤。

同年秋，两年的四门博士任期届满，韩愈经御史中丞李汶的举荐，出任监察御史。虽然品级仅为正八品上，但监察御史在唐朝是通往宰相之路的快车道，有弹劾百官、论谏皇帝过失的职责，典型的位卑而权重。更何况御史台的同僚还有刘禹锡、柳宗元这样的故交好友，一起共事，实为幸事。韩愈摩拳擦掌，准备做出一番功业：

利剑光耿耿，佩之使我无邪心。

故人念我寡徒侣，持用赠我比知音。

我心如冰剑如雪，不能刺谗夫，使我心腐剑锋折。

决云中断开青天，噫！

剑与我俱变化归黄泉。

——《利剑》

韩愈以剑自喻，当如剑一般光亮，也如剑一般锋利，刺向朝堂中的奸佞之徒。若能刺破层云现晴天，即便剑与自己同归黄泉也无憾矣！

贞元末年，朝堂中派系斗争日趋激烈。以德宗宠信的宦官为首的守旧派，及以太子李诵为首的东宫革新派互相攻讦，朝堂上暗流涌动。御史台作为舆论的风暴中心，自然也是两派争夺的核心，刘禹锡与柳宗元加入了东宫王叔文集团的革新派。而韩愈既反对宦官专权，又不赞同王叔文集团的激进改革。他有自己的主张，期望以振兴儒学来扫荡大唐衰败之风。所以，韩愈与刘禹锡、柳宗元政治立场天然不同。文学上三人互为知己，但政治上三人并非同道。

适逢长安地区夏秋两季大旱，百姓颗粒无收，出现了大范围的饥荒。时任京兆尹的李实却向皇帝隐瞒了灾情，朝廷便不予减免租税，百姓伐树拆屋、变卖家当来缴纳官府赋税。韩愈作为监察御史，闻听消息，即刻奔走于长安属下县乡之间。见到饿殍遍野的惨状，他心急如焚："我时出衢路，饿者何其稠。亲逢道边死，仵立久呻嗽。归舍不能食，有如鱼中钩。"（《赴江陵途中，寄赠王二十补阙、李十一拾遗、李二十六员外翰林三学士》）

回到长安后，韩愈联合御史台同僚张署、李方叔，三人上奏文

《御史台上论天旱人饥状》：

> 右臣伏以今年已来，京畿诸县夏逢亢旱，秋又早霜，田种所收，十不存一。陛下恩逾慈母，仁过春阳，租赋之间，例皆蠲免。所征至少，所放至多；上恩虽弘，下困犹甚。至闻有弃子逐妻以求口食，拆屋伐树以纳税钱，寒馁道途，毙踣沟壑。有者皆已输纳，无者徒被追征。臣愚以为此皆群臣之所未言，陛下之所未知者也。

　　然而，为民请命的三人，年末同时被贬，"俱为县令南方"。韩愈被贬为连州阳山县令，阳山地处岭南之北。对于朝廷的诏命，韩愈大为不解又满腔愤懑。后来韩门弟子皇甫湜在《韩文公神道碑》中写过"专政者恶之，行为连州阳山令"，后世学者猜测，应当是宦官守旧派和王叔文集团革新派都厌恶韩愈，双方共同排挤造成的结果。

　　贬谪途中，愤懑和失意纠结在一起，韩愈走到汨罗江，忽然理解屈原了，在《湘中》一诗中写道：

> 猿愁鱼踊水翻波，自古流传是汨罗。
> 蘋藻满盘无处奠，空闻渔父扣舷歌。

　　公元 804 年早春，韩愈跋涉六十余天，历经三千八百多里，到达了阳山贬所。阳山地处大庾岭山脉之巅，东临韶州，西接贺州。韩愈在《送区册序》中写道（下为节选）：

> 阳山，天下之穷处也。陆有丘陵之险，虎豹之虞；江流悍急，横波之石廉利侔剑戟，舟上下失势，破碎沦溺者往往有之。县郭无居民，官无丞尉，夹江荒茅篁竹之间，小吏十余家，皆

阳山在唐朝时就是这么一处丘壑纵横、虎豹出没、蛮荒落后、刀耕火种的荒僻之地。并且，韩愈与当地人语言不通，只能画地为字。县政府的编制也不齐全，没有县丞、县尉，完全无法运转。韩愈到任后在很短时间内便补齐了丞尉、主簿、司法、典狱的缺口，使县衙缓慢运转起来。韩愈在阳山教化山民，山上种树，山下造田。他既恪守爱民的准则，又恩威并施地约束和训诫半开化的民众。在基层政权的治理中，韩愈真正了解到了大唐的民情民力。

韩愈还时常寻幽探胜，行走于山水之间，曾于阳山县西北七十里处的同冠峡，见落英铺地千尺，游丝飘游万丈，山崖前瀑布轰鸣。

今日是何朝，天晴物色饶。
落英千尺堕，游丝百丈飘。
泄乳交岩脉，悬流揭浪标。
无心思岭北，猿鸟莫相撩。

——《次同冠峡》

韩愈虽远在岭南，但他曾是国子监四门博士，在士子间文名显赫，跋涉千里来阳山求学的学子不少。"匹夫而为百世师"，韩愈清楚自己的使命。在荒山原野中，他带着门生弟子行走于山水之间，阐述着儒家经典。有唐一代，阳山从未有过科举金榜题名之人，而韩愈到达阳山后一年，有个叫齐毛的考生高中进士，后来改名为齐敬韩。韩愈在阳山留下最多的痕迹就是兴学教书，后世将韩愈教书清谈的地方辟为"读书台"，明清两代屡次重修维护。

公元 805 年正月，唐德宗驾崩，太子李诵继位，是为唐顺宗。然而，顺宗 2 月中风卧床，口不能言，朝政由王叔文、王伾等人执掌，开始了轰轰烈烈的"永贞革新"，推行免租税、罢进奉、废宫市、放宫女等改革措施，并且打击权奸、进用贤能。刘禹锡和柳宗元也是这场改革中的先锋官，进入了权力的核心，与此时在湖南郴州衙门等待新任命的韩愈，已是云泥之别。

只是激进的"永贞革新"受到了宦官集团和藩镇的内外抵制，而顺宗虽然刚继位，却已经能看到自己生命的尽头了。仅仅半年后，顺宗被迫禅位于太子李纯。新皇登基，改元"永贞"，废除革新，将王叔文一派，或赐死，或贬为远州司马。刘禹锡和柳宗元分别被贬为朗州司马和永州司马。

世事无常，风云变幻，韩愈这边等来了赦免诏命，但仍然没有官复原职，而是量移江陵府法曹参军。当年同时被贬的张署同样被量移江陵府功曹参军。韩、张两人北归，而刘、柳两人南贬。中秋夜，韩愈就着浅月晚照写下了《八月十五夜赠张功曹》（下为节选）：

纤云四卷天无河，清风吹空月舒波。
沙平水息声影绝，一杯相属君当歌。
君歌声酸辞且苦，不能听终泪如雨。

面对一年中难得的中秋月圆清光，韩愈劝张署别徒唤奈何，享受对月饮酒之乐。这当然也是韩愈的自我安慰，"人生由命非由他"透出了韩愈的无奈。然而这些年来，韩愈经历的苦难和挫折多了去了，他也一步步走到了今天。怨怼也好，旷达也罢，饮酒对月时，莫问前程！

韩愈和张署一行在风雨之中抵达岳阳，受到岳阳刺史窦庠的热情礼待，窦庠在岳阳楼设宴为韩愈接风。人生低谷中的善意总是让人温暖，韩愈临别时写了《岳阳楼别窦司直》一诗。诗的开头赞叹了八百里洞庭的景色，中间感谢了窦庠的礼待，最后写及个人为民请命却受谗言被贬谪的愤懑。诗中也有对当年同为御史台的好友刘禹锡与柳宗元的不满。这两年来，韩愈已然了解到自己的贬谪主要是王叔文的指示，而刘禹锡和柳宗元与王叔文同属一派，又如何能不知道呢？这两年来，两人对他不闻不问，如同对待陌生人。

韩愈离开岳阳，经长江抵达江陵，在此遇上了被贬南下的刘禹锡。韩愈当众将《岳阳楼别窦司直》一诗示于刘禹锡，希望得到一个合理的解释。刘禹锡和诗一首：

> 伊余负微尚，夙昔惭知己。出入金马门，交结青云士。
> 袭芳践兰室，学古游槐市。策慕宋前军，文师汉中垒。
> 陋容昧俯仰，孤志无依倚。卫足不如葵，漏川空叹蚁。
> ——《韩十八侍御见示岳阳楼别窦司直诗因令属和重以自述
> 故足成六十二韵》（节选）

刘禹锡承认自己过去有对不起韩愈的地方，愧对韩愈将自己引为知己，也解释说当年自己也是人微言轻、力不从心，对于韩愈的贬谪无能为力。

两年来满怀愤懑和委屈，如今韩愈终于得到了故交挚友的解释。那一瞬间，他便释怀了。自此后，韩愈、刘禹锡、柳宗元三人依旧维持着深厚的友谊，诗文相和，各自创作了流传千古的不朽名篇。韩愈嘱咐刘禹锡到蛮荒之地要保重身体，期望未来能在长安相聚。

在入冬前，韩愈抵达了江陵府，开始了他为期八个月的法曹参军生涯。这个职位官小位卑不说，主要是在监狱刑讯犯人。昔日的国子监博士、监察御史，都是动笔杆子的，如今成了挥臂抡鞭的狱卒，当真还不如做阳山县令。韩愈闲暇时，便时常思考自己过往的得失、经验教训，并写成了《五箴》，完成了对自我的全面检讨和总结。

公元 806 年春，雨雪杏花，桃李春风，韩愈到江陵城西赏花。张署因病未能同行，于是韩愈写下《李花赠张十一署》一诗（下为节选）：

> 江陵城西二月尾，花不见桃唯见李。
> 风揉雨练雪羞比，波涛翻空杳无涘。
> 君知此处花何似？

同年 6 月，韩愈被召回长安，二进国子监，官授权知国子监博士，正五品。如今韩愈三十八岁了，鬓毛微霜。在国子监，他也是老资历了。难兄难弟张署也回到长安，任京兆尹司录。此时的长安，还有故交孟郊、弟子张籍等人。随着韩愈的回归，"韩孟诗派"也活跃了起来。他们在松风下、郊园外，联句赋诗：

> 离别言无期，会合意弥重。（张籍）
> 病添儿女恋，老丧丈夫勇。（韩愈）
> 剑心知未死，诗思犹孤耸。（孟郊）
> 愁去剧箭飞，欢来若泉涌。（张彻）
> 析言多新贯，摅抱无昔癰。（张籍）
> 念难须勤追，悔易勿轻踵。（韩愈）
> ……

公元 807 年 6 月，韩愈离开长安，调任东都洛阳，仍然担任国子监博士。洛阳自唐高宗于公元 657 年诏告为东都后，便修建了国子监，与长安两地分教，规模也与长安的相仿。然而到了中唐年间，教学活动几乎停止了，存而不废。由于韩愈全家都依赖他个人的俸禄为生，东都洛阳国子监博士待遇微薄，所以韩愈一家生活很清苦："三年国子师，肠肚习藜苋。况住洛之涯，鲂鳟可罩汕。肯效屠门嚼，久嫌弋者篡。谋拙日焦拳，活计似锄刬。男寒涩诗书，妻瘦剩腰襻。"（《崔十六少府摄伊阳以诗及书见投因酬三十韵》）

韩愈家吃野菜是常有的事，要改善伙食只能去洛河捕鱼，妻子也饿得消瘦。韩愈近四十岁，为官数年，也还没有让家人过上富裕的日子。虽然生活越来越清苦，韩愈的文名却越来越大，周围聚集了大量文人名士。他领导的古文运动和新诗派在中唐文坛独占鳌头。多年的教学生涯也让韩愈善于发现人才，奖掖后进。比如，他竭力提携后辈李贺。

李贺少有才名，十八岁时从家乡昌谷来到洛阳，便携诗卷拜谒韩愈。后来，张固在《幽闲鼓吹》一书中记载了这次会见：

李贺以歌诗谒韩吏部。吏部时为国子博士分司。送客归极困。门人呈卷，解带旋读之。首篇《雁门太守行》曰："黑云压城城欲摧，甲光向日金鳞开。"却援带命邀之。

公元809年，韩愈同皇甫湜专门到李贺的住处去见他。李贺惊喜间赋诗《高轩过》记之。

公元810年，李贺参加河南府试，取得了"乡贡进士"的资格。韩愈又劝李贺举进士。只是李贺在参加礼部进士试时，遭到了嫉妒之人的恶意中伤，说他应该避"父讳"，他父亲名"晋肃"，"晋肃"二字与"进士"二字谐音，因此，李贺该遵孝道，不能参加进士考试。韩愈得知此事后，大为愤怒，专门写了一篇《讳辩》为李贺发声。可惜的是，韩愈的文章并未平息甚嚣尘上的舆论，李贺最后也并未参加进士考试。

韩愈不仅提携了李贺，大诗人贾岛也因为韩愈的提携而声名大噪，名满东都。洛阳文坛在韩愈的带领下一度出现了百花齐放的盛况，李贺、贾岛、孟郊、张籍、卢仝、刘叉，甚至元稹也加入其中，群英荟萃，以诗相会。

公元 811 年 9 月，韩愈被任命为职方员外郎，这是个武官职位。然而，韩愈在任上才干了不到半年，就因为卷入一场政治纠纷，发表"妄论"，第三次被打发到国子监任博士。重回长安国子监，见学生齐坐满堂，加上对自己坎坷仕途的回顾，韩愈便写下《进学解》（下为节选）教诲诸生：

> 国子先生晨入太学，招诸生立馆下，诲之曰："业精于勤，荒于嬉；行成于思，毁于随。方今圣贤相逢，治具毕张。拔去凶邪，登崇畯良。占小善者率以录，名一艺者无不庸。爬罗剔抉，刮垢磨光。盖有幸而获选，孰云多而不扬？诸生业患不能精，无患有司之不明；行患不能成，无患有司之不公。"

这也是韩愈教给学生的第一课，他将自己多年沉淀的儒学思想和个人际遇融入时代政治背景中，通过与学子的问答加以解析。从此，"业精于勤荒于嬉，行成于思毁于随"便成为后世学子的名言。

《进学解》在长安流传开来，此文笔力之雄浑、风骨之强健、说理之透辟让当朝宰相欣赏之极。于是，公元 813 年 3 月，韩愈被任命为国史馆修撰，兼任比部郎中，作为史官修撰《顺宗实录》。韩愈如实地记录了顺宗短暂的执政生涯和永贞革新。

公元 814 年 8 月，孟郊在赴山西任上猝然离世，终年六十三岁，灵柩被运往东都洛阳安葬。在长安公务繁忙无法抽身的韩愈只能在家中设灵牌吊唁挚友。韩愈与众友人哭祭三天，并亲手为孟郊写下墓志铭。韩愈写过太多墓志铭了，为长嫂，为韩老成，为孟郊，每一次的墓志铭都如同尖刀扎在韩愈心上。

数月后，韩愈携皇甫湜、李贺、贾岛、卢仝等人，到东都洛阳祭拜孟郊。此时的李贺已经面如枯木、鬓发如雪、瘦骨嶙峋，大口大口地喘着气。韩愈见此，心中更是悲怆。他早已听闻李贺咳血重病，只是没想到会如此严重。两年后，李贺病故。不几日，卢仝又死于非命。

韩愈四十六岁了，他的政治生涯迎来了春天。在公元 814 年 10 月，他迁升考功郎中，主管百官的功过考核。12 月，又兼任知制诰，替皇帝撰写制词，就食于政事堂，可以列席宰相会议，已经接近帝国权力的核心了。他在新年正月，写下了《春雪》一诗：

新年都未有芳华，
二月初惊见草芽。
白雪却嫌春色晚，
故穿庭树作飞花。

白雪嫌春色迟迟不来，便穿庭树化作飞花而来。韩愈在多年的浮沉后，深知命运轮转，如同冬春交替，他仍在等待建功立业的机会。公元 815 年 6 月 3 日，长安发生震动天下的大事，宰相武元衡被刺杀于上朝路上，是藩镇将领于背后谋划所为。几乎同时，御史中丞裴度也遭遇袭击受伤。正是朝廷与藩镇之间的矛盾，致使淄青节度使李师道派刺客刺杀主持讨伐事务的宰相武元衡和御史中丞裴度。

历经此次刺杀后，唐宪宗杀伐果断，对藩镇不再隐忍，任命裴度为宰相主持平乱兵事。韩愈是坚定的主战派，多次上言支持武元衡和裴度。于是在公元 816 年正月，韩愈迁升中书舍人，成为皇帝的侍从和秘书。已是朝廷大员的韩愈，经济情况终于大为改善。近五十岁的韩愈终于在长安靖安里购置了一座屋舍，结束了自己多年的"京漂"生活。他写诗《示儿》陈述了自己寒门出身，靠辛勤读书走到了今天（下为节选）：

始我来京师，止携一束书。辛勤三十年，以有此屋庐。此屋岂为华，于我自有余。中堂高且新，四时登牢蔬。

公元817年8月，淮西叛乱已三年有余，大唐腹心之患已成恶疾。唐宪宗亲自将平淮大军送出长安城，并将天下一统之愿望寄托在了三位主将身上：宰相兼淮西宣慰招讨处置使裴度、宣慰副使马总以及御史中丞兼行军司马韩愈。

行军司马是高级军事行政长官，总理军政，拟定战法，主管器械、粮秣、赏赐、军籍等事项，相当于参谋总长。沙场建功是无数大唐男儿心之所向，随大军出征的韩愈心潮澎湃，看旌旗猎猎，山河内外，欣然赋诗：

旗穿晓日云霞杂，山倚秋空剑戟明。
敢请相公平贼后，暂携诸吏上峥嵘。

——《奉和裴相公东征途经女几山下作》

大军行至洛阳。因汴州节度使韩弘态度不明，而汴州又是九州腹地，屯兵十万之众，既是战略要地，又南接吴元济，北临王承宗等叛将，一旦韩弘临时变节，那么大唐瞬息间便会滑向悬崖边缘。于是，裴度命韩愈前往汴州，劝说节度使韩弘出兵协助讨伐淮西，也探明韩弘的真实立场。韩愈赴汴州途中，路过鸿沟。当年项羽和刘邦便是以鸿沟为界，以西者为汉，以东者为楚。如今，大唐又一次走到了山河分裂的时刻。唐宪宗集九州之兵共讨淮西，战争的结果将决定唐帝国未来的走向。倚马鸿沟边上的韩愈吟咏道：

龙疲虎困割川原，亿万苍生性命存。
谁劝君王回马首，真成一掷赌乾坤。

——《过鸿沟》

这是李氏皇族与藩镇之间"一掷赌乾坤"的惊天棋局，在这棋局上，韩愈已经成为执棋手了。韩愈的汴州之行颇具成效，汴州节度使韩弘虽归服朝廷多年，却素怀异志，疏以人臣之礼。韩弘重名节和权力，韩愈便投其所好，将宪宗御赐之物转赠予韩弘，又将国之重臣的高帽戴在韩弘头上，终于说服韩弘派儿子韩公武率一万两千人协同作战，会于淮西，并且献粮三百万斛、马五千匹、绢三十万匹。韩弘的协作使得淮西平叛的前景明朗，8月下旬，讨逆大军到达郾城，距离叛将吴元济盘踞的蔡州不过一百八十里。韩愈多方走访，勘察叛军动向，得知吴元济将主力部队均部署于郾城方向的防御上，老巢蔡州守军不足千人，多是些老弱病残。因此，韩愈向裴度请命，以三千精兵奇袭蔡州，生擒吴元济。这个计划最终并没有由韩愈执行，而是负责西线战事的李愬趁着风雪，夜袭蔡州，擒下吴元济。叛军全线瓦解，持续四年的淮西叛乱最终以官军完胜宣告结束。

岁末，韩愈随大军班师回朝，途经襄城，天气虽然寒冷，凯旋的大军却昂扬，想必回到长安时，会受到热烈欢迎：

四面星辰著地明，散烧烟火宿天兵。

不关破贼须归奏，自趁新年贺太平。

——《同李二十八员外从裴相公野宿西界》

12月26日，讨逆大军回到长安，百姓夹道相迎。韩愈因功迁升为尚书省刑部侍郎，正四品下，掌管大唐刑法，已然是手握权柄的朝廷重臣了。

公元818年正月初一，宪宗接受百官朝拜。此时，诸藩镇皆因淮西之战深受震慑，对朝廷恭顺有加，四海升平，元和中兴。群臣请刻石纪功，宪宗欣然应允，诏命韩愈撰写《平淮西碑》。

受命之后，韩愈经过两个月时间琢磨，以碑文朴实详尽地承载了淮西之战的全过程：裴度君前立命，请战督军，挽狂澜于既倒；李愬雪夜进蔡州，立下不世奇功；韩弘等人倾力襄助。《平淮西碑》写成后受到宪宗嘉赏，却也引发了一场风波。李愬认为碑文并未凸显他夜袭蔡州生擒吴元济的头功，于是指使部属石忠孝推倒石碑，并将守碑人打死。宪宗考虑到日后还要倚重李愬，于是下诏将韩愈所写碑文磨去，命翰林学士段文昌重新撰写一篇碑文刻石。

虽然韩愈的碑文被磨去，后世却自有公道评价，李商隐盛赞韩愈的碑文"古者世称大手笔""濡染大笔何淋漓"。北宋苏轼更是在《记临江驿站小诗》中写道："淮西功业冠吾唐，吏部文章日月光。千载断碑人脍炙，不知世有段文昌。"

碑文风波带给韩愈的是耻辱和沉郁，他并没有为自己辩白，多年的政坛浮沉使他越来越明白"退之"二字的含义。这是他的字，也是一门深刻的政治哲学。他独自于秋风中垂钓，一日结束，空手而归，有沮丧，亦有失望：

> 秋半百物变，溪鱼去不来。
> 风能坼芡觜，露亦染梨腮。
> 远岫重叠出，寒花散乱开。
> 所期终莫至，日暮与谁回。

——《独钓四首》（其四）

公元 819 年，自淮西平定后，唐宪宗自认为天下太平，于是懈怠朝政，渐生骄奢之心，并且一心修道，妄图寻求长生不老之药。韩愈写《华山女》，讽刺道教虚妄。法门寺藏有佛骨舍利的地宫三十年一开，宪宗对佛家有深厚的感情，深信迎佛骨入京便能换来自己延年益寿，国家风调雨顺、长治久安。于是，宪宗诏告长安，全城动员，迎佛骨舍利入京。百姓奔走相告，万人空巷。一时间，长安崇佛的热潮沸腾，百姓纷纷施舍钱财。更有甚者，为表达虔诚，废业破产捐赠，烧顶灼臂，割肤劈面，蹈火焚身，只为求佛关注，陷入疯狂。

韩愈见长安满城癫狂，夜不能寐。他深知迎佛骨是帝王之意，他本该"退之"，只是当黎明之光如同利剑刺破夜色时，韩退之认为这次不能退了。他写下了《论佛骨表》直陈宪宗礼佛事佛的弊端（下为节选）：

> 孔子曰："敬鬼神而远之。"古之诸侯行吊于其国，尚令巫祝先以桃茢祓除不祥，然后进吊。今无故取朽秽之物，亲临观之，巫祝不先，桃茢不用，群臣不言其非，御史不举其失，臣实耻之。乞以此骨付之有司，投诸水火，永绝根本，断天下之疑，绝后代之惑，使天下之人知大圣人之所作为，出于寻常万万也，岂不盛哉！岂不快哉！佛如有灵，能作祸祟，凡有殃咎，宜加臣身，上天鉴临，臣不怨悔。无任感激恳悃之至，谨奉表以闻。臣某诚惶诚恐。

五十一岁的韩愈历经数十年奋斗，才换来一身功名。他很清楚这封谏表会将他大半生的努力摧毁，然而他依然义无反顾，在"群臣不言其非，御史不举其失"的静默中，宁鸣而死，不默而生。

宪宗看完奏章后，勃然大怒。韩愈在谏表中公然说自东汉以后，奉佛的皇帝都短命，无异于说宪宗礼佛也活不长了。宪宗当即召集群臣，要将韩愈罢官处死以泄恨。在宰相裴度、崔群等人的劝解下，缓和下来的宪宗下令：

> 其命可赦，其罪必惩，速旨中使，流迁万里，永不返京！

公元 819 年正月，韩愈在风雪中接受了远贬潮州的诏命。潮州距离长安七千六百多里，而且韩愈是"即驰驿发遣"。也就是即刻上路，并且家眷不许留在长安，财产家私一律封存，只准带细软行囊、寒暑衣物，即便父母亲属病故也不得停留。韩愈是贬官，也是罪人。他从手握权柄的刑部侍郎变成了失去人身自由的犯官，仅仅是因为他的不退。韩愈的四女儿病重在床，弥留之际，也要跟着南谪跋涉。眼看着幼女生机流散，后来他在《祭女挐女文》中回忆道："昔汝疾极，值吾南逐。苍黄分散，使女惊忧。我视汝颜，心知死隔。汝视我面，悲不能啼。"

韩愈南行过秦岭，至蓝田关，侄孙韩湘风雪中追赶而来，陪伴韩愈南下。韩湘就是后来神仙故事中的"八仙"之一韩湘子。韩愈在感动之余，深知岭南路遥，此一去又不知何时能归，或许就埋骨他乡了。于是，韩愈写下《左迁至蓝关示侄孙湘》一诗：

> 一封朝奏九重天，夕贬潮州路八千。
> 欲为圣明除弊事，肯将衰朽惜残年？
> 云横秦岭家何在？雪拥蓝关马不前。
> 知汝远来应有意，好收吾骨瘴江边。

此诗的悲壮之气堪称唐诗之最，韩愈满腔的浩然正气、无所畏惧、义烈之气掷地有声。他不惜衰朽残年，也要为心中道义除去天下之弊。他面对远贬潮州的不测前途，已将生死看淡。

韩愈在韶州过始兴江口时，想到了数十年前大哥韩会被贬韶州。那时韩愈才十岁，如今大哥韩会、长嫂郑夫人、侄儿韩老成都已不在人世了，往事种种浮上心头，孤独之感油然而生：

> 忆作儿童随伯氏，南来今只一身存。
> 目前百口还相逐，旧事无人可共论。

—— 《过始兴江口感怀》

在柳州贬所的柳宗元听闻了韩愈远贬潮州的消息，托元集虚带了书信慰问韩愈。患难之时更见真情，韩愈回信一封，希望柳宗元保重身体，等待回京之日。若是余生有机会，再斟一杯酒，话两语三言。遗憾的是，两人余生再未见过面，柳宗元不久后病逝于柳州。

公元819年4月25日，韩愈抵达潮州贬所。实际上，韩愈在潮州的任期只有不到一年时间。然而，潮州百姓在韩愈离任后，几乎将他尊奉为神，为他建立祠堂，塑像祭拜。一直到千年后的今天，韩文公庙依旧香火鼎盛。韩愈在这近一年的任期内，以文坛领袖之身为潮州打通了文脉，兴办县学，整治州学，将自己的全部俸禄拿出来作为办学资本，解决学生求学费用问题。自韩愈始，潮州文脉如水般延续不断，人才辈出。

初到潮州的韩愈并没有遇上一个好时节，夏、秋两季淫雨如注，竟日不停，"水浸禾花，犹如抄家"。岭南一带向来崇敬鬼神，但凡有灾变，身为长官的刺史是否亲自祭拜神灵，便是当地百姓判断刺史心中有无百姓的标志。于是，不信佛、不信道，坚定的儒学卫道者在百姓面前退了一步。韩愈一连祭神五次，并写下了《潮州祭神文五首》，顺应民心，与潮州百姓共度灾患。

韩愈又听闻潮州郡西湫水有鳄鱼为害，湫水与江海相连，潮水一涨，鳄鱼便肆虐，不仅吞食百姓的家畜，还时常将人溺于水底吞食，当地民众也是"谈鳄色变"。百年以来，鳄患难除。于是，韩愈命属下备好祭品，亲自作《祭鳄鱼文》于恶溪当场宣读，命令鳄鱼迁出潮州地界。千年后的我们已无法获知韩愈祭文驱鳄的真相了，已知的事实是："咒之夕，有暴风雷起于湫中。数日，湫水尽涸，徙于旧湫西六十里。自是潮人无鳄患。"这则故事至今仍在潮州流传。为了纪念韩愈驱鳄，后人将与湫水相连的东江改名为"韩江"。

公元820年正月二十七日，宪宗因常年服食丹药积毒暴毙。穆宗继位，大赦天下，韩愈因此获准量移袁州刺史。在转迁袁州的路上，韩愈听闻了柳宗元病逝的消息。他活着离开潮州贬所了，而柳宗元却长眠于柳州。柳宗元将身后事托付给了两位挚友——刘禹锡和韩愈。柳宗元嘱托刘禹锡料理自己的后事和抚养长子，嘱托韩愈抚养自己的次子。刘禹锡因先丧母，后又丧挚友，精神崩溃，又是丁忧之身，便将柳宗元的丧事托付于韩愈全权处理。

韩愈在烛光和悲痛之中为柳宗元写下了祭文《柳子厚墓志铭》。在往后余生中，韩愈又多次写文纪念柳宗元，并将柳宗元托付的幼子抚养成人，完成了亡友的遗愿。

同年 9 月，穆宗下诏迁韩愈为朝散大夫，国子监祭酒。这已经是韩愈第四次入国子监了，国子监祭酒一职地位尊崇，非硕儒不授，基本都是由文坛领袖来担任。穆宗还是太子时，韩愈曾任太子右庶子，君臣两人也算是旧相识了。

10 月，韩愈领家眷经洪州坐船西归。故友王仲舒此时任洪州刺史，于是请韩愈写下了《新修滕王阁记》。在夕阳下，两人辞别。他们早已不再年轻，日子已经倒着数了。在落霞与孤鹜齐飞的绝美背景下，韩愈写诗赠别王仲舒：

凭高试回首，一望豫章城。
人由恋德泣，马亦别群鸣。
寒日夕始照，风江远渐平。
默然都不语，应识此时情。

——《次石头驿寄江西王十中丞阁老》

公元 821 年（长庆元年）[1]7 月，韩愈由国子监祭酒改任兵部侍郎。他一上任就遇上了河北镇州发生叛乱，镇州成德军兵马使王庭凑杀死

---

1. 长庆：唐穆宗年号，821 年至 824 年。

了节度使田弘正及其家眷，自称留后，上奏请朝廷承认他为节度使。8月，王庭凑又攻占了冀州，杀刺史王进岌，随后又重兵包围深州。河北、河东两地陷入兵乱之中。穆宗效仿当年宪宗的手法，派裴度讨逆平乱。然而，因粮草不足，寸功未立。不得已，穆宗唯有采取绥靖政策，赦免了王庭凑的罪，并任命他为成德节度使。

然而，朝廷派谁去乱军阵前宣谕成了大问题，嗜杀的王庭凑会不会将朝廷钦差斩杀于大营以威慑朝廷难以预料。穆宗将这要命的任务指派给了韩愈：一来韩愈是兵部侍郎，本就掌管天下武官选用授职；二来韩愈曾经在平定淮西之战中立过功，有与叛军对峙的经验；三来韩愈是穆宗太子时旧臣，忠心耿耿。

接到诏命的韩愈没有丝毫迟疑，打马上路，直奔镇州。翰林学士元稹听闻韩愈要去河北宣谕，立马上奏穆宗，认为韩愈此去九死一生，而韩愈身为文坛领袖、肱股之臣，若是死于叛军屠刀之下，何其冤枉，又何尝不是朝廷的重大损失呢？穆宗深感后悔，于是又传口谕八百里加急追上韩愈，命其见机行事，不一定要去王庭凑军营中宣诏。只是韩愈早已做好了慷慨赴死的心理准备。当年德宗派孔巢父到李怀光军中宣谕被乱军砍成肉泥，颜真卿到李希烈军中传旨被缢杀，叛军杀钦差在中唐时期不是什么新鲜事。

虽然韩愈收到穆宗劝阻的口谕，却毅然踏马直奔王庭凑军营而去，留下了这样的话："止，君之仁。死，臣之义。安有受君命而滞留自顾！"韩愈胸中的浩然之气足以荡清死亡的恐惧，面对叛军，岂能退之？韩愈奔赴镇州途中题诗一首：

衔命山东抚乱师，日驰三百自嫌迟。

风霜满面无人识，何处如今更有诗。

——《镇州路上谨酬裴司空相公重见寄》

韩愈以迟暮之身，肩负苍生安危，一日驱马奔驰三百里依旧嫌慢。韩愈星夜兼程飞驰入镇州，如同鸟雀入笼，生死由人。全副武装的甲兵，剑拔弩张，将韩愈团团围住。韩愈却面不改色，踏着沉稳的步子走进了中军大营。好在王庭凑一是忌惮与朝廷彻底决裂，二是对韩愈的声名早有耳闻，心中不免有几分敬重。韩愈此行以宣谕、安抚为主，对王庭凑晓之以理，动之以情，历数当年那些叛乱节度使的结局，安禄山、史思明、李希烈、朱泚、吴元济、李师道等叛将如今子孙无一人活在世上。而叛军作乱是因为前任节度使田弘正刻薄，如今田弘正全家都被叛军诛杀，叛军也已达到了泄恨的目的。在韩愈的因势利导下，王庭凑不仅设宴盛情款待了韩愈，还撤军解了深州之围。

韩愈的勇气和魄力以及乱局之中的大智慧被《新唐书》和李翱的《韩公行状》记载了下来，后世苏轼也盛赞他"勇夺三军之帅"。河北乱局一时间平静了下来，韩愈回到长安复命。正是春暖花开之时，韩愈写下一首诗：

> 别来杨柳街头树，摆弄春风只欲飞。
> 还有小园桃李在，留花不发待郎归。
>
> ——《镇州初归》

趁着长安的春风，韩愈邀张籍、白居易同游曲江。白居易未能赴约，于是韩愈游玩过后，将所见所想写成一首诗寄给白居易：

> 漠漠轻阴晚自开，青天白日映楼台。
> 曲江水满花千树，有底忙时不肯来？
>
> ——《同水部张员外籍曲江春游寄白二十二舍人》

在诗中，韩愈嗔怪白居易到底有什么要紧事不肯一同尽兴游玩。

很快，白居易回诗一首：

小园新种红樱树，闲绕花行便当游。

何必更随鞍马队，冲泥踏雨曲江头。

——《酬韩侍郎张博士雨后游曲江见寄》

白居易更爱红泥小火炉，小园独游，不愿前呼后拥，鞍马随行，冲泥踏雨，跑去曲江游览。

公元 822 年 9 月，穆宗诏命韩愈为吏部侍郎，转年 6 月又改任为京兆尹，10 月复为兵部侍郎，十五日后又改任吏部侍郎。一年不到，换诏四次。有着淮西平乱、镇州宣谕之功的韩愈本该有更高的职位，乃至拜相也不为过。然而，从穆宗四次调任韩愈，便能知道皇帝心中的犹豫不决。因为韩愈一旦入阁拜相，与裴度联结，朝堂势力便会失衡。

公元 824 年正月，穆宗也因服食金石丹药驾崩，太子李湛继位，是为敬宗。开春后，韩愈便足踵溃肿，无法行走，于 5 月告百日长假到长安城南的韩庄别墅养病。张籍和贾岛两人时常探望，为韩愈的病中生活添了许多乐趣。只是到 8 月，病假满百日后，韩愈的病情依旧不见好转。按照律例，假满百日后仍不能复朝者，需辞任告老。于是，韩愈结束了半生仕宦生涯。

岁末，12 月 2 日凌晨，韩愈深知他等不到来年了。他这一生历经了少年之困苦，青年求仕之坎坷，中年宦海之浮沉，晚年病痛之煎熬，似乎也到了该解脱的时候。韩愈告诉好友，他很知足了。他的祖辈亲人似乎都有寿限短暂的命运，他已经比德行高尚、擅长医理的大哥韩会多活十五年了。况且他得以终老家中而非他乡，比柳宗元病故柳州好上许多了。他这五十六年见过了、告别了太多故友亲朋，他在昏暗中似乎看到了骑驴的孟郊、执笔的柳宗元、天宫白玉楼上的李贺、大哥韩会、长嫂郑夫人、侄子韩老成、小女韩挐，另一个世界有着太多他牵挂的人。当曙光穿透黎明落在韩愈苍老的脸庞上时，老人再也没有了气息。韩愈溘然长逝，浩然之气弥散于江河湖海之中，百世传颂，千古不朽。

第十章

柳宗元：独钓寒江雪

柳宗元和韩愈是中唐时期两个不可或缺的段落，各自谱写了璀璨的章句，各有所长，最后都成了大唐长卷中的文坛宗师。只是相比于同时代的韩愈、刘禹锡、白居易、元稹，柳宗元的人生更具悲剧性。这也造就了他别开一宗的诗文风格。北宋欧阳修曾在《永州万石亭》中如此评价柳宗元：

天于生子厚，禀予独艰哉。超凌骤拔擢，过盛辄伤摧。
苦其危虑心，常使鸣声哀。投以空旷地，纵横放天才。
山穷与水险，下上极沿洄。故其于文章，出语多崔嵬。

柳宗元的一生都在与天命抗争，他深信"天与人交相胜"。这种与命运抗争的蓬勃活力积攒于他的诗文之中，如同从旧时代的废墟中绵延千年的枝丫，时至今日，依旧抖动着生长的渴望。

公元773年，柳宗元出生于京城长安。柳氏一族的故乡是河东之地（今山西运城）。早在北朝时期，柳氏一族便与薛、裴两姓并称为"河东三著姓"，家族内世代有高官重臣、宰相公侯。至唐高宗李治时，柳氏家族内先后有四人官拜宰相，入阁尚书省的达二十余人，已是唐帝国政坛上不可忽视的政治门阀。只是由于李氏皇族的权力斗争，尤其是高宗李治与长孙无忌、褚遂良等人的政治斗争，柳宗元的堂高伯祖柳奭被卷入武则天与王皇后的废立之争中。最终，武则天被封后，柳奭被下狱处死。此后，柳氏一族气运急转直下，从皇亲国戚、宰相门第沦为普通官僚家族。柳宗元的曾祖父只做到沧州清池县令，祖父柳察躬也仅是湖州德清县令。到了父亲柳镇一辈，更是在史书上没留下什么痕迹了。"五、六代以来，无为朝士者。"

柳宗元幼年时期的启蒙教育几乎是由母亲卢夫人一手包办的，卢夫人出身于唐帝国五姓七望中的范阳卢氏，深厚的家族底蕴塑造了卢夫人一流的品行和学识。柳镇曾评价卢夫人：

吾所读旧史及诸子书，夫人闻而尽知之无遗者。

柳宗元后来也在《先侍御史府君神道表》中盛赞母亲卢夫人：

实有全德，为九族宗师。

在卢夫人的操持下，柳氏家族在战乱艰苦的岁月中相互扶持，苦而不孤。

公元 779 年岁末，父亲柳镇守孝期满后，外任宣城令。外派做官俸禄会高一些，可以养活柳氏一族的大家庭。十一岁时，柳宗元便随父亲去了夏口（今湖北武汉），之后便随着父亲柳镇的宦游生涯，踏遍了荆州和江西两地的大部分地区。他既读万卷书，也行万里路。他胸中装下了万里长江的澎湃，也有八百里洞庭的浩荡。江河湖海本就是世上最动人的锦绣文章，最终也将流淌于柳宗元笔下。

柳宗元的少年时期是中唐最为动荡的岁月。柳宗元六岁时，唐帝国各地节度使纷纷开始实行父死子承的世袭惯例，拥兵自立、割据一方。

柳宗元八岁时，唐德宗对各地节度使的割据发动了大规模的讨逆战争，却使各地节度使抱团联盟，在混乱中逐渐坐大。

柳宗元十岁时，参与讨逆的淮宁军节度使李希烈倒戈，切断了讨逆大军的陆运粮道，继而引发了朝廷的经济崩盘。战争机器的快速消耗，补给的中断，朝廷将一切后果都转嫁给了百姓。先是"括富商钱"，随后又向"凡蓄积钱帛粟麦者，皆借四分之一"，继而向民间摊派间架税和除陌钱。

柳宗元十一岁时，目睹了夏口之战，拆房放火，焚烧城池，人们惶恐四窜。藩镇战争带来了动荡与残杀。后来，河中节度使李怀光的反叛更是逼得德宗皇帝逃至梁州。历时五年多的大战，烽火燃遍了关中、河南、河北和江淮流域。藩镇越打，势力越大，朝廷最终妥协、退让才得以息战。

柳宗元作为时代的亲历者，旁观了这一系列你方唱罢我登场的热闹大戏。乱世之中，他又该扮演什么角色呢？是随着时代的浪潮浮沉消逝，还是匹夫敢为天下先以身入局？熟读儒学经史的少年心中早已有了个模糊的答案。

公元 789 年，十六岁（虚岁十七岁）的柳宗元第一次参加科举考试，落第不中。这其实不算意外，唐朝的科举本就是个独木桥，每次科举赴考人数动辄三五千，甚至上万，而考中者不过二十余人。屡试不第的情况比比皆是，韩愈在这一年已经是第三次科举落榜了。

柳宗元与韩愈面对科举都有个极大的劣势，就是虽然出身于官宦世家，但都是小官僚家庭，并没有走权贵干谒、荐举的人脉和财力。所以，他们只能凭着毅力坚持科考，等待那个转瞬即逝的转机。跟韩愈一样，柳宗元也是考了四次，才在 793 年得中进士。柳宗元在《与杨诲之第二书》中写道："吾年十七，求进士，四年乃得举。"

公元 793 年的进士共三十二人，其中还有柳宗元一生的挚友刘禹锡。柳、刘两人的命运在冥冥之中捆绑在了一起，此后的岁月中，两人的宦海浮沉如同对镜相看。刘禹锡比柳宗元大一岁，刘禹锡是"少年负志气，信道不从时"的积极乐观，柳宗元则是"致大康于民，垂不灭之声"的沉着冷静。两人如同日月，刘禹锡热烈，柳宗元清冷，然而日月相互辉映，共生共存。

刘禹锡的仕途要比柳宗元先进一步，刘禹锡于中进士当年便再中博学宏词科。等到数年后，柳宗元考中博学宏词科时，刘禹锡已经在太子校书的职位上一年有余了。刚中进士的柳宗元就体会到了丧父之痛，五十五岁的父亲柳镇历经四方宦游奔波，积劳成疾离开了人世。

柳氏一族的气运到柳镇这里早已衰微，柳镇纵然奋斗数十载，依旧没有混出个名头。他如同那个时代的大多数人一样，终究会归于虚无。所幸柳镇在离世前看到了柳宗元高中进士，他好似看到柳氏家族枯败残枝上又发出了新芽。柳镇对柳宗元说了句"吾目无涕"后，含笑而终。

柳宗元依制家居丁忧三年。公元 796 年，二十三岁的柳宗元迎娶了十九岁的杨氏。杨氏柔顺淑茂，端明惠和。两人的新婚生活鱼水和谐、笙磬同音，然而人间好事难长久，彩云易散琉璃脆。婚后第二年，杨氏早产一男婴，仅存活一日便夭折了。婚后第三年，二十二岁的杨氏因病亡故。年轻的柳宗元过早地经历了太多生离死别，悲剧的底色涂抹在了他命运之中。

也正是在儿子夭折、妻子亡故期间，柳宗元考取了博学宏词科，被授予集贤殿书院正字一职，正式开始了他的政治生涯。集贤殿乃是唐帝国典籍经书所藏之所，相当于国家图书馆，而柳宗元的职责便是撰写誊录经史、整理修补残卷。天下典籍尽在眼前，柳宗元从这浩瀚的经史中汲取先贤智慧，沉潜其间，书海浮沉。

柳宗元文思纵横，与士子文人相聚清谈，"凡谈者无出其左，论者无出其右"。后来，韩愈在《柳子厚墓志铭》中回忆青年柳宗元：

> 俊杰廉悍，议论证据今古，出入经史百子，踔厉风发，率常屈其座人，名声大振，一时皆慕与之交。诸公要人，争欲令出我门下，交口荐誉之。

公元 801 年，柳宗元调任京畿蓝田县尉。唐朝对进士出身的储备官员的培养是极其重视的，尤其是柳宗元这类年轻且文才出众的新晋官吏。大多是先授予集贤殿正字或者秘书省校书郎等文职工作，再下派到京城下属的县级政府历练两年，积累基层工作经验，再调回中央政府机构，担任谏官，比如左、右拾遗，监察御史之类的。刘禹锡、柳宗元都是按照朝廷的安排走的仕途快车道。

柳宗元的两年蓝田县尉甚至还没有到任，他就被京兆尹韦夏卿借用在幕府担任文书。由此也能看出柳宗元当时在达官显贵中确实文名不小，以至于京兆尹亲自点名借用。在这期间，柳宗元写了许多表、奏、祭文等应制文章，例如《为京兆尹作祭崔太常文》《为韦侍郎贺布衣窦群除右拾遗表》《为京兆府请复尊号第一表》等。这些文章对柳宗元的天赋和才华并不是消耗，而是一种积累——一种政治生活的积累。古代文人无论是通达还是落魄，都会在某个时期积极参与到政治生活中，因此对于世间万物的体察也有了多元视角。

柳宗元深知"致大康于民"的理想就藏在这繁重冗杂的往来文书中，空谈理想无益于社稷。公元 803 年 10 月，柳宗元从蓝田尉转任监察御史里行。御史台位于大明宫建筑群内，这里是帝国之眼，监察百官，肃正纲纪。作为见习监察御史，柳宗元透过错落有致的宫阁角楼，似乎能窥见朝堂上起伏不断的纷争。他踩着银杏树下的苔痕，一步步靠近自己的理想。御史台还有知己好友在等着他——刘禹锡和韩愈，虽然三人仕途或顺畅，或坎坷，但终究聚到了一起。韩愈最年长三十五岁，刘禹锡次之三十一岁，柳宗元三十岁。三颗璀璨新星短暂交会过后，又将沿着各自的轨道运行。柳宗元和刘禹锡走上了同一条道路。早在八年前，刘禹锡担任太子校书一职时，便结识了同在东宫任职的太子侍读王叔文。王叔文深受太子李诵信任，在刘禹锡的引荐下，柳宗元也与东宫集团越走越近，最终逐渐形成了以王叔文、王伾、刘禹锡、柳宗元为首的青壮派革新集团，也被简称为"二王刘柳"。

韩愈则对革新主张持保守态度。此时的唐帝国有着太多隐痛，内有宦官逆乱，外有强藩威压，朝堂上佞臣当道，步入黄昏的德宗皇帝无精打采地守着自己的皇位。对于天下之事，他也曾雄心壮志，试图力挽天倾，然而被藩镇联合迎头一击后便衰颓了，甚至出现了"仕进道塞，奏请难行，东省数月闭门，南台唯一御史"的瘫痪景况。

韩愈因为民请命写下《御史台上论天旱人饥状》得罪了权臣李实，又因为政治立场保守、中立，被当权者远贬岭南。柳宗元与刘禹锡则更频繁地往来于御史台与东宫之间。禁宫之中早已有些微妙的消息流传出来，德宗老迈多病的身体寿元不多了。柳宗元并不确定太子李诵就一定是昏暗时局中的曙光，但他别无选择，他和刘禹锡只能将匡扶乱世的希望以及身家性命赌在太子身上。

史书上对李诵的评价不低，史学家刘昫在《旧唐书》中写道：

史臣韩愈曰：顺宗之为太子也，留心艺术，善隶书。德宗工为诗，每赐大臣方镇诗制，必命书之。性宽仁有断，礼重师傅，必先致拜。从幸奉天，贼泚逼迫，常身先禁旅，乘城拒战，督励将士，无不奋激。

李诵性格宽厚仁和，德行也高，并且喜好艺术，写得一手好字。在做太子的二十五年中，他亲身经历藩镇之乱，并且时常身先士卒，在前线督战，激励将士。对于朝政，他冷静旁观了二十余年，积累了丰富的政治经验。

然而遗憾的是，二十五年的储君生活对李诵来说是场难以醒来的噩梦，他与父亲德宗相处并不和谐。德宗生性多疑，尤其是在787年发生了郜国公主事件之后。郜国公主本是太子李诵的岳母，因为行厌胜巫蛊之术被揭发，德宗盛怒之下将郜国公主连同她的五个儿子和女儿太子妃萧氏一同诛杀。即便如此，德宗仍余怒未消，以至于提出废除太子李诵，改立舒王李谊。舒王李谊并不是德宗的亲儿子，而是侄子，可见德宗对太子李诵的不满。最终，在元老重臣李泌的再三劝说下，李诵的太子之位才保住了。

自此后，李诵便常年生活在恐慌之中。他不知道何时天威一怒，东宫便易主，自己也灰飞烟灭。李诵战战兢兢、如履薄冰地在漫长岁月中等待着。

公元804年9月，暑热还未消散，闷热的长安急需一场清爽的秋雨。德宗皇帝衰弱的身体已经难以执掌朝政了，太子李诵及以"二王刘柳"为核心的东宫改革集团在朝堂上影响力越来越大。大多数朝臣都在观望，等待着新老交替的时刻。

当长安第一场秋雨倾泻而下时，柳宗元收到了一个让人通体透凉的消息：太子李诵突发风症，瘫痪在床，口不能言，神志昏聩。若不是施救及时，说不定太子李诵会走在老皇帝前面。命运随意的拨弄，将革新派一干人等的前途带到了迷雾重重的岔路口。他们所有的筹划都建立在李诵登基的基础上，如今地基塌陷，一步踏错，便是万劫不复。

柳宗元如同薄冰负重，在忧虑之中度日如年。公元805年正月二十三日，六十三岁的唐德宗李适驾崩于会宁殿。皇帝已死，太子病重，一时间唐帝国陷入权力真空，手握重权的宦官集团别有所图。最终，翰林学士卫次公力挺太子继位：

> 皇太子虽有疾，地居冢嫡，内外系心。必不得已，当立广陵
> 王……若有异图，祸难未已。

——《资治通鉴·唐纪·五十二卷》

郑絪在一旁附和，东宫派系的大臣凌准、王伾等极力策应。最终太子李诵众望所归，以病弱垂危之身结束了自己二十五年的太子生涯，灵前即位，是为唐顺宗。连绵秋雨暂时停歇，浮躁的群臣也平静了下来。

新皇顺宗经历了登基大典和德宗的丧事后，本就残弱的身体更是出气多，进气少。在政务上，顺宗更像是精神领袖，革新派"二王刘柳"等二十余人高效运转起来，维持着大唐这驾随时都会崩塌散架的马车。永贞革新便是在这样的先天不足中强行铺展开来：

革新派中王叔文迁升起居舍人，充翰林学士，还兼任度支盐铁副使，握住了人事任命、诏书起草以及财税大权；

韦执谊为尚书左丞，同中书门下平章事，入阁拜相，总理六部；

柳宗元从监察御史越级提拔为礼部员外郎，负责德宗皇帝国丧事务；

刘禹锡任屯田员外郎兼判度支盐铁案，协助王叔文掌控天下财税。

至此，永贞革新的大局以王叔文为决策主导，王伾为居间调度，韦执谊为执行，柳宗元、刘禹锡为协办的人事架构形成。

永贞革新的第一刀便是由柳宗元起草的，将后宫宫女三百人及教坊歌舞乐女六百人放归，令其与家人团聚。又废除宫市和五坊小儿，这些打着皇室名义在长安欺压和劫掠百姓的白望者、架鹰引犬者、支罗张网者、持蛇游荡者一时间销声匿迹，百姓欢呼。

一条条新政密集出台，朝野震惊，免除杂税乱赋，惩处佞臣李实，直到王叔文和柳宗元、刘禹锡等人将藩镇问题提上日程。对于藩镇之乱，柳宗元有着切身感受，他在《封建论》一文中详细论述了自

己的观点：

> 周之事迹，断可见矣。列侯骄盈，黩货事戎。大凡乱国多，理国寡。侯伯不得变其政，天子不得变其君。私土子人者，百不有一。失在于制，不在于政，周事然也。
>
> ......
>
> 汉兴，天子之政行于郡，不行于国，制其守宰，不制其侯王。侯王虽乱，不可变也；国人虽病，不可除也。及夫大逆不道，然后掩捕而迁之，勒兵而夷之耳。大逆未彰，奸利浚财，怙势作威，大刻于民者，无如之何。......
>
> 今国家尽制郡邑，连置守宰，其不可变也固矣。善制兵，谨择守，则理平矣。......

意思就是，周朝的情形，如今已经可以下断论：诸侯骄横，贪财好战，大致是政治混乱的国家多，治理得好的国家少。诸侯的霸主不能改变乱国的政治措施，天子无法撤换不称职的诸侯国君主，真正爱惜土地、爱护人民的诸侯，百不存一。造成这种弊病的原因在于制度，不在于政治。周朝的情况便是如此。

汉朝建立的时候，天子的政令只能在郡县推行，不能在诸侯国推行；天子只能控制郡县长官，不能控制诸侯王。诸侯王尽管胡作非为，天子也不能撤换他们；诸侯王国的百姓尽管深受祸害，朝廷却无法解除他们的痛苦。只是等到诸侯王叛乱造反，才把他们逮捕、流放或率兵讨伐，从而灭掉他们。当他们的罪恶尚未充分暴露的时候，尽管他们非法牟利、搜刮钱财，依仗权势作威作福，给百姓造成严重的伤害，朝廷也不能对他们怎么样。

今天，国家完全实行郡县制，不断地任命郡县长官，这种情况绝不能改变。只要好好地控制军队，慎重地选择地方官吏，政局就能安定了。

　　柳宗元的策略思路不能说错，但是忽略了一个极其重要的问题：对于藩镇来说，兵权是各节度使的禁忌核心，一旦触碰，便是战火滔天，生灵涂炭。革新派在朝堂上仍立足未稳，要想解决藩镇乱局无异于天方夜谭。王叔文、柳宗元、刘禹锡等人未曾预料到的是，他们视藩镇为肉中刺，藩镇也视革新派为眼中钉，并且各藩镇已在看不见的暗处磨刀霍霍了。

　　革新派唯一的依仗便是顺宗皇帝，然而顺宗的身体每况愈下，肉眼可见的衰弱，革新派费尽心思构建起的阵营风声四起。手握神策军的权宦，各镇拥兵十万的节度使，摇摆不定的朝臣，渐渐不再对顺宗抱有耐心和忌惮，所有人都知道顺宗已经时日无多了。

　　柳宗元隐隐觉察到了四伏的危机，革新派内部也并非铁板一块。宦官集团逐渐控制了病重的顺宗皇帝，王叔文、刘禹锡、柳宗元等人已经无法进入内廷与顺宗沟通。事已至此，永贞革新大势已去，事实上已经失败了。

　　公元805年（永贞元年）[1]6月，权宦俱文珍联合三镇节度使上表要求太子监国，主持军国政事。仅一个月后，顺宗下诏书禅位于皇太子李纯。革新派的底牌彻底被抽掉，失去依仗，等待他们的将是残酷的政治清算。

　　9月13日，新皇宪宗李纯下诏，贬礼部员外郎柳宗元为邵州刺史，贬屯田员外郎刘禹锡为连州刺史，贬神策行军司马韩泰为抚州刺史……革新派八名核心成员均被贬为远州刺史。短暂而激进的革新仅仅进行了一百八十六天便宣告失败，王叔文、王伾以死亡为革新画下了鲜红的句点。其实更为悲剧的恐怕还是顺宗李诵，二十五年的太子生涯换来的是仅一百八十余天的皇位，算下来仅半年时间，并且以极

---

1. 永贞：唐顺宗805年的年号。

快的速度从皇帝变成太上皇，成为太上皇五个月后便去世了。

在新皇登基的欢呼声中，柳宗元带着母亲及家眷踏上了贬谪之路。他回眸望向雄城长安，一切似乎像是一个盛大的梦境，他飘浮在匡扶乱世的理想之中，直至梦境破碎，脚下似乎仍然轻飘飘的，人与事在风云变幻中模糊不清。

贬谪的路途是艰辛的，尤其是柳宗元带着年老的母亲卢氏、体弱的幼女。按照唐朝的规定，贬官要在一天内奔驰十个驿站，由官差押送。每到驿站，打卡画押。而柳宗元一行人老病幼弱，一天顶多就能走两三个驿站，所以时常为了赶路星夜兼程。过了商洛后，进入汉水，由陆路转水路，这才轻松了些。只是柳宗元的母亲卢夫人经长途颠簸已难以正常行走了，柳宗元深感自责和内疚，却无法付之于口。今日所遭受的一切，不过是家人为自己失败的政治追求所偿还的代价罢了。

柳宗元一家人渡过荆门往南而去，半途中又接到从长安快马加急而来的诏命。自然不是好消息，"邵州刺史柳宗元转任永州司马，连州刺史刘禹锡转任朗州司马"。在贬谪途中再次被贬，从远州刺史降为远州小吏，永州较之邵州更加偏远、荒芜。过洞庭湖，转入湘江，大湖连大江，浪打船舷声声哀鸣，山林猿啼如泣如诉，山水之间满溢开来的是柳宗元巨大人生感恨所形成的凄怆。一路走来，柳宗元反复在内心追问："革新，错了吗？"一遍遍追问，又一遍遍思索。最终，他在《惩咎赋》中回答了自己：

哀吾生之孔艰兮，循《凯风》之悲诗。罪通天而降酷兮，不殛死而生为！逾再岁之寒暑兮，犹贸贸而自持。

柳宗元慨叹生命多艰难，他体会到了《凯风》中所讲到的祸及家人的伤痛。他有滔天的罪行，也受到了严酷的惩罚，但偏偏不让他死去，而是让他这样活着。即便寒来暑去，思虑许多，但是他依旧要守着自己的理想直至死去。

所有深刻的自我反思，心中的愧欠和疲惫都被柳宗元深藏于心。他是家中的支柱，他仍然需要供给家人生存下去的精神和物质力量。

永州位于湖南南部，下辖零陵、祁阳、湘源、灌阳四县，地处湘桂交界，远离中原核心统治区，边远贫瘠，人口稀少。柳宗元在永州的职务全称是"永州司马员外置同正员"，意思便是，虽是官吏，却不得干预政务，并且俸禄不及正常官吏，住所也需自行解决。

好在时任湖南观察使兼潭州刺史的恰好是柳宗元的岳父杨凭，虽然妻子杨氏亡故多年，柳宗元与杨凭之间却从未断过联系。杨凭为柳宗元一家提前安排了住处，潇水东安的一处古寺——龙兴寺。古寺虽然荒凉，但胜在宽敞清静，四周青山，溪涧环绕。寺中的重巽和尚学识渊博、佛法精深，时常与柳宗元谈佛论道。释家的智慧温养着柳宗元干涸的精神世界，他写下《晨诣超师院读禅经》，记录了他在清晨静听重巽和尚读禅经的感悟：

汲井漱寒齿，清心拂尘服。
闲持贝叶书，步出东斋读。
真源了无取，妄迹世所逐。
遗言冀可冥，缮性何由熟？
道人庭宇静，苔色连深竹。
日出雾露余，青松如膏沐。
澹然离言说，悟悦心自足。

在永州龙兴寺朝听禅音、夕洒笔墨的柳宗元，在初春听闻了太上皇顺宗驾崩的消息。宪宗正式改年号为"元和"，这一年也被称为"元和元年"（806 年）。按照唐朝惯例，新皇登基或者年号更始，都会大赦天下，韩愈就是因此获得赦免，返回长安任国子监博士的。而柳宗元没有等到赦令，他和刘禹锡均不在"量移之限"。新皇对永贞革新派的厌弃已经到了大赦天下也不赦免他们的程度。

母亲卢夫人闻此后，豁达地宽慰柳宗元："明者不悼往事，吾未尝有戚戚也。"意思是，明智之人从不纠结于过往那些不幸之事，遭此劫难，我一老妪都没有凄然之感。

5 月，永州的气温骤然攀升，草木间的瘴疠之气将年迈的卢夫人困在病榻之上。贬谪路上的千里颠簸早已让老人气血双亏，再加上水土不服和气温骤升、邪气侵袭，她的病情日益严重。永州小城无良医，寻来几服偏方草药也无济于事。数日后，母亲卢夫人便撒手人寰。

母亲的离世远比贬谪永州更让柳宗元悲痛，在肝肠寸断的别恨中，柳宗元用掺着血和泪的文字写下了祭文《先太夫人河东县太君归祔志》：

> 灵车远去而身独止，玄堂暂开而目不见。孤囚穷絷，魄逝心坏。苍天苍天，有如是耶？而犹言犹食者，何如人耶？已矣已矣！穷天下之声，无以舒其哀矣。尽天下之辞，无以传其酷矣。

正在柳宗元深陷丧母悲痛之际，挚友刘禹锡从朗州寄来了一首长诗《武陵书怀五十韵》，这是一首百句长诗。在长诗中，刘禹锡表现得旷达开朗，仕途的断绝、贬谪的艰困并没有击倒天生乐观的他。刘禹锡的乐观也感染了柳宗元，在这凉薄的人世间，他仍然有同道之人。

不久后，柳宗元在永州新结识了一位朋友吴武陵。吴武陵，公元807 年的进士并拜翰林学士，但是在 808 年得罪了权臣李吉甫，被流放永州。一到永州，他便登门拜访了柳宗元。一直到公元 812 年，吴武陵和柳宗元来往甚密，两人相似的境遇以及见解使他们成为知己。

只是悲剧并没有就此放过柳宗元。自从迁入龙兴寺居住，柳宗元已经一连遭遇了四场大火，女儿小和娘自卢夫人病逝后也染疾不消，眼看着精神萎靡、身体虚弱。似乎这永州之地要将柳宗元的至亲之人全部吞噬，独留他一个孤家寡人才肯罢休。

为了使小和娘身体好转，柳宗元甚至让女儿削发为尼，拜入佛门，以求得到佛祖的庇佑。然而遗憾的是，小和娘还是病夭，年仅十岁。他给女儿写下了《下殇女子墓砖记》：

> 下殇女子生长安善和里，其始名和娘。既得病，乃曰："佛，我依也，愿以为役。"更名佛婢。既病，求去发为尼，号之为初心。元和五年四月三日死永州，凡十岁。其母微也，故为父子晚。性柔惠，类可以为成人者，然卒夭。敛用缁褐，铭用砖甓，葬零陵东郭门外第二岗之西隅。铭曰：孰致也而生？孰召也而死？焉从而来？焉往而止？魂气无不之也，骨肉归复于此。

一年来，柳宗元相继失去了母亲和女儿。"麻绳专挑细处断，厄运专挑苦命人。"他已无法静心读书听禅了。一旦闲下来，他总会被母亲和女儿离世时的无力感侵扰。他终日四处游荡，上高山，入深林，穷回溪，幽泉怪石，无远不到。到则披草而坐，倾壶而醉。

正是在这永州山水之中，生命的空虚被自然万物的浩瀚填充饱满。柳宗元开始理解王维、孟浩然、韦应物笔下的山水，他迈入了一个新的人生境界。他在西山上望着青山萦回、白水缭绕，天地辽阔无垠，生死之事似乎都是这无尽岁月中的一朵浪花。母亲如此，和娘如此，他柳宗元亦如此。在暮色如浪潮般将天幕笼罩之时，柳宗元什么也看不见了，他的思想消失了，形体也消失了。他似乎与自然万物融为一体，同万物荣枯，同日月轮转。这种玄奇的体悟被柳宗元写入了《始得西山宴游记》中，是他千古名作《永州八记》的第一篇。

今年九月二十八日，因坐法华西亭，望西山，始指异之。遂命仆人过湘江，缘染溪，斫榛莽，焚茅茷，穷山之高而止。攀援而登，箕踞而遨，则凡数州之土壤，皆在衽席之下。其高下之势，岈然洼然，若垤若穴，尺寸千里，攒蹙累积，莫得遁隐。萦青缭白，外与天际，四望如一。然后知是山之特出，不与培塿为类，悠悠乎与颢气俱，而莫得其涯；洋洋乎与造物者游，而不知其所穷。引觞满酌，颓然就醉，不知日之入。苍然暮色，自远而至，至无所见，而犹不欲归。心凝形释，与万化冥合。然后知吾向之未始游，游于是乎始……

柳宗元笔下的山水是充满命运气息的，是与柳宗元个人命运和所有失意之人相似的，在所有阔达的文字之下是浓郁的幽清悲凉色彩。北宋苏轼对柳宗元的评价是："忧中有乐，乐中有忧。"

一日，柳宗元与吴武陵等人同游潭西小丘，从小丘向西一百二十步左右，出现了一片竹林，隐约听到流水淙淙之声，如玉石相击。于是，柳宗元趋步前往，忽见石崖之下有一处清透见底的小石潭。石潭边上有苍翠的藤蔓缠绕勾连，错落的枝条下垂飘荡。清澈的水中有百十条鱼儿游动，如同悬浮在虚空中。鱼儿静止时，如同一幅画。然而，当鱼儿迅疾游动起来时，一潭清水似乎又活了过来。柳宗元凝望着潭水，思绪飘飞。困居永州的他当真似这潭中鱼儿，永远也游不出这方天地。当亲友故去，他便无依无靠了。凄清的潭水带给柳宗元彻骨之寒，他不愿在此处久留，遂起身离去。数日后，柳宗元提笔将当时的体悟记录下来，写成《至小丘西小石潭记》：

从小丘西行百二十步，隔篁竹，闻水声，如鸣珮环，心乐之。伐竹取道，下见小潭，水尤清冽。全石以为底，近岸，卷石底以出，为坻，为屿，为嵁，为岩。青树翠蔓，蒙络摇缀，参差披拂。潭中鱼可百许头，皆若空游无所依。日光下澈，影布石上，佁然不动；俶尔远逝，往来翕忽，似与游者相乐。潭西南而望，斗折蛇行，明灭可见。其岸势犬牙差互，不可知其源。坐潭上，四面竹树环合，寂寥无人，凄神寒骨，悄怆幽邃。以其境过清，不可久居，乃记之而去。

……

自被贬谪起，四年以来，柳宗元一家一直寄居在龙兴寺。北归遥遥无期，柳宗元便打算在永州修建属于自己的住所，于是在西山脚下买下两块风景清幽之地，开始筑亭修房，以冉溪为轴线拓建家园。某日，柳宗元独坐冉溪，突然想为溪水更名。他自嘲天下大概没有比自己更愚蠢的人了，飞蛾扑火地去参与永贞革新，因此遭贬谪。不仅改变了自己的命运，连带着母亲和女儿也受牵连亡故。都说"智者乐水"，他却是"愚者乐水"。于是，柳宗元将冉溪更名为"愚溪"，后来又将他住宅的许多处所都以"愚"命名。比如愚丘、愚泉、愚亭、愚池，满目皆"愚"。

柳宗元花了两年时间将愚溪四周打造成颇具规模的私家园林，在愚园之中，柳宗元开始将永州的山水写成游记，陆续写出了《石涧记》《小石山城记》《石渠记》等《永州八记》。这是独属于柳宗元的山水，关于命运，关于人生，关于自然万物。柳宗元将自己的心灵放逐于山水之中。

岁暮初雪，一年又将结束，不知来年又是何样光景？命运又会如何捉弄他呢？柳宗元的心中尽是悲哀，他戴上斗笠，披上蓑衣，拿上渔具，迎着初雪到江边垂钓。天地之间一片苍茫，人迹罕至，鸟雀匿踪。柳宗元如同愚者般静止不动，这一刻，岁月似乎也静止了。柳宗元与天地同归于寂，于是成就了千万孤独的那首《江雪》：

千山鸟飞绝，万径人踪灭。

孤舟蓑笠翁，独钓寒江雪。

诗成后，百代以来，无人能忘却独钓寒江的孤舟蓑翁，那一叶扁舟永恒地在岁月乱流中浮沉摇曳。

公元 813 年以后，韩愈与柳宗元的书信往来开始频繁。原先韩愈怀疑自己的阳山之贬是柳宗元和刘禹锡落井下石，后来韩愈与刘禹锡在江陵见面后，彼此坦诚相待，冰释前嫌。如今，韩愈官至比部郎中、史馆修撰，而柳宗元困居永州，备尝艰难。所以，韩愈给柳宗元写信时会关心问候。在两人的信件往来中，还有关于天命的讨论。并且，柳宗元还写了一篇文章《天说》与韩愈辩论。后来刘禹锡也加入这场大辩论中，写下了两千余字的《天论》。柳宗元和刘禹锡对天命论有着共识：

天之能者生植也，人之能者法制也……法制与悖乱，皆人也……

柳、刘认为自然有自然的规律，国家有国家的规律，二者没有关联，人间的祸乱与大治均来自人，统治阶层总是将功劳揽于自身，将过失推诿给天命。柳宗元后来把自己关于天命论的思索和论析陆续创作成了《时令论》《天对》等一系列文章，构筑了一套完整的唯物主义哲学理论。

在永州，柳宗元听当地人说山野中有一种毒蛇，人被咬到必死，但这种毒蛇是一味疗伤奇药，将其风干后可入药治疗麻风、脓肿、毒疮等。因为这种毒蛇稀有，并且捕捉危险性极大，皇宫内御医为了获得这种蛇药，便向永州发布了征购令，当地人可以捕捉这种蛇来充抵税赋。于是，永州人纷纷冒着生命危险深入山林捕蛇上供，而被毒死的人不计其数。柳宗元曾询问捕蛇人，为何不顾生死捕蛇抵税？捕蛇人的回答则让柳宗元感受到彻骨之寒。"朝廷税赋凶猛毒辣胜过毒蛇，捕蛇或许会死在未来的某一天，而不捕蛇的话，早就被税赋逼得活不下去了。"

柳宗元将自己的见闻和对国家弊政的思考写成了《捕蛇者说》（下为节选）：

余闻而愈悲。孔子曰："苛政猛于虎也。"吾尝疑乎是，今以蒋氏观之，犹信。呜呼！孰知赋敛之毒，有甚是蛇者乎！故为之说，以俟夫观人风者得焉。

在公元 814 年这一年，柳宗元创作了上百篇传世之作，其中就有他的经典寓言作品《三戒》。这一组寓言包括《临江之麋》《黔之驴》《永某氏之鼠》，其中《黔之驴》最负盛名。

柳宗元一直有个心结，便是子嗣传承的问题。他年逾四十，身体逐渐衰弱，但是连一个子嗣都没有。夫人杨氏已经逝世多年，曾经生下的一个男婴仅活了一日便夭折了。后来，柳宗元与一女仆生下了女儿和娘，和娘也在永州病夭。如今，他孤身一人，或许未来客死永州，他这一脉的世系便就此断绝了。于是，在永州当地一落魄书生的撮合下，他续娶了一房妾室。

算起来，柳宗元被贬永州已十年时光，他几乎已不再对北归抱有任何期望了。他在永州有属于自己的愚园，有新娶的妾室，似乎终老异乡也是个不错的归宿。公元 815 年正月，差役毫无预兆地出现在愚园门外，向柳宗元宣读了宪宗的诏命，诏柳宗元、刘禹锡等当年在永贞革新中被贬谪的"八司马"幸存五人回京。

这一消息如春雷炸响，一时让柳宗元呆立当场，难以相信。在仓促收拾行装之后，柳宗元携家眷北归，临别之际作诗《离觞不醉至驿却寄相送诸公》：

> 无限居人送独醒，可怜寂寞到长亭。
> 荆州不遇高阳侣，一夜春寒满下厅。

　　虽然得以北归回京，但是朝廷又将如何处置永贞革新的残党们呢？未来依旧晦暗不明，前途未必就如春日景明，也许是另一场不幸。"一夜春寒满下厅"道出了柳宗元心中的忐忑，永州十年的遭遇早已使他不敢对未来抱有乐观态度了。

　　望着北归途中的美好风光，柳宗元的兴致也提了起来。十年前，他南贬途经汨罗江，写过一篇《吊屈原文》，那时情绪已低落至谷底。如今北归再度舟行汨罗江口，未来再糟糕也不会比永州十年更艰困了，似乎也该到柳暗花明的时候了。于是，柳宗元写下了《汨罗遇风》：

> 南来不作楚臣悲，重入修门自有期。
> 为报春风汨罗道，莫将波浪枉明时。

　　只是柳宗元还是乐观得太早了，他的人生悲剧远没到落幕的时候。柳宗元与刘禹锡在朗州会合，两人早已书信约定一同入京。2月底，柳宗元与刘禹锡两人抵达长安郊外的都亭驿，各自写下了一首诗，作为十年而归的纪念。

> 雷雨江山起卧龙，武陵樵客蹑仙踪。
> 十年楚水枫林下，今夜初闻长乐钟。
> ——刘禹锡《元和甲午岁诏书尽征江湘逐客，余自武陵赴京》

> 十一年前南渡客，四千里外北归人。

诏书许逐阳和至，驿路开花处处新。

——柳宗元《诏追赴都二月至灞亭上》

此时的朝堂相较于十年前已经大有改观，宪宗已经当了十一年皇帝，相较于德宗更有作为。宪宗任用裴度、李绛等贤能为相，对藩镇也有所约束制衡。此时，诏柳宗元和刘禹锡等人回京，自然是有起用人才之意。然而朝廷却迟迟没有明确柳宗元和刘禹锡等人的新任命，自然是朝野上下有分歧。

在这敏感时期，乐观的刘禹锡纵情游玩，他赶在桃花盛开的3月去了玄都观赏花。十年前，他离开长安前也曾到过玄都观，那时可没有这些繁盛的桃树。十年岁月，世事变幻，朝堂上也是一代新人换旧人。当年永贞革新进行得如火如荼之时，他也曾是炙手可热的新贵。十年后，又是哪些新贵活跃于朝堂呢？真可谓"十年河东，十年河西"。刘禹锡写诗抒发自己的感慨：

紫陌红尘拂面来，无人不道看花回。

玄都观里桃千树，尽是刘郎去后栽。

——《元和十年自朗州召至京，戏赠看花诸君子》

这首诗本是赏花之作，本无讽刺之意，却在传遍长安城后，被刘禹锡的冤家对头，如今如日中天的权贵武元衡读到了。武元衡对刘禹锡的成见极深，两人的梁子早在贞元末年便结下了，这次朝廷对于柳宗元、刘禹锡等人的新任命迟迟不下，便是因为以武元衡为首的朝臣极力反对刘禹锡、柳宗元留京任职。武元衡便以刘禹锡这首玄都观赏花诗大做文章，向宪宗证明永贞革新派众人对朝廷不满，语涉讥刺。于是3月14日，朝廷下诏：柳宗元改任柳州刺史，刘禹锡改任播州刺史。职级提升了，但是任所更加偏远了，实际上是变相贬惩了。

播州是当时有名的穷山恶水，况且刘禹锡的母亲已经八十多岁了，若是经此长途跋涉，恐怕客死途中。柳宗元经历过丧母、丧女之痛，他深知恶劣的环境对老幼之人有多大的伤害。于是，柳宗元不假思索地上书御史中丞裴度，要求与刘禹锡互换贬所。在奏表中，柳宗元句句恳切："禹锡有母年高，今为郡蛮方，西南绝域，往复万里，如何与母偕行。如母子异方，便为永诀。吾与禹锡为执友，胡忍见其若是？"孝道是唐代统治者最为推崇的，再加上裴度居中辩护，宪宗也不愿落个不成全刘禹锡孝心的骂名，于是将刘禹锡从播州改任连州。

柳宗元与刘禹锡回京仅一月余，便又要各奔天涯，两人再次结伴离京。在衡阳，于湘水西畔，柳宗元与刘禹锡分道扬镳，这也是两人最后一次分别，滚烫的泪水从两人的眼角滑落。柳宗元早已写好一首诗赠别刘禹锡：

> 十年憔悴到秦京，谁料翻为岭外行。
>
> 伏波故道风烟在，翁仲遗墟草树平。
>
> 直以慵疏招物议，休将文字占时名。
>
> 今朝不用临河别，垂泪千行便濯缨。
>
> ——《衡阳与梦得分路赠别》

刘禹锡因诗文招致祸端，柳宗元劝他"休将文字占时名"，以后当谨言慎行。刘禹锡对此感慨万千，柳宗元也是受自己牵连，于是回诗一首：

> 去国十年同赴召，渡湘千里又分歧。
>
> 重临事异黄丞相，三黜名惭柳士师。
>
> 归目并随回雁尽，愁肠正遇断猿时。

桂江东过连山下，相望长吟有所思。

——《再授连州至衡阳酬柳柳州赠别》

柳州与连州有桂江相连，往后的岁月，刘禹锡总会凝望桂江，吟诵《有所思》。柳宗元与刘禹锡挥泪而别。

柳宗元过湘江再次转入烟波浩渺的洞庭湖，客船行过永州，他遥望西山，曾经十年的岁月连同和娘的坟茔一同埋葬在了那里。柳宗元不知道的是，他的人生也即将进入最后一程。

好在湘江水，今朝又上来。
不知从此去，更遣几年回。

——《再上湘江》

自此一去，柳宗元再未踏上归途。柳州比起永州，地理位置更远，也更加荒蛮，长安离这里水陆相加共五千四百七十里。这座小城当时仅一千余户，人口万余人。在《寄韦珩》一诗中，柳宗元记录了柳州的风物（下为节选）：

初拜柳州出东郊，道旁相送皆贤豪。
回眸炫晃别群玉，独赴异域穿蓬蒿。
炎烟六月咽口鼻，胸鸣肩举不可逃。
桂州西南又千里，漓水斗石麻兰高。
阴森野葛交蔽日，悬蛇结虺如蒲萄。
到官数宿贼满野，缚壮杀老啼且号。
饥行夜坐设方略，笼铜袍鼓手所操。
奇疮钉骨状如箭，鬼手脱命争纤毫。
今年噬毒得霍疾，支心搅腹戟与刀。

迩来气少筋骨露，苍白浠泪盈颠毛。
君今砣砣又窜逐，辞赋已复穷诗骚。

柳州不仅土地贫瘠，百姓还十分迷信，笃信巫术。柳宗元与他们语言不通，处理公务、了解情况十分艰难，好在永州十年已经磨炼了柳宗元对恶劣环境的适应能力。到柳州不久后，续妾便为柳宗元产下了一个男孩，取名为柳告，小名为周六。短暂的喜悦过后，柳宗元在连日的阴雨中心情烦闷，便登上柳州城楼眺远。莽莽荒原一望无际，如海天般的愁思漫卷而来，狂风暴雨敲击着城墙上的薜荔，层层叠叠的远山如同屏障遮住了远眺的视线。柳江九转回肠，同遭贬谪的好友们依旧没有音讯。

城上高楼接大荒，海天愁思正茫茫。
惊风乱飐芙蓉水，密雨斜侵薜荔墙。
岭树重遮千里目，江流曲似九回肠。
共来百越文身地，犹自音书滞一乡。

——《登柳州城楼寄漳汀封连四州》

诗中没有故作哀愁的无病呻吟，有的是销魂的别离，以及遥无际涯的愁思和哀怨。后人评价柳诗："柳五言诗犹能强自排遣，七言则满纸涕泪。"

公元 816 年暮春，多年来一直跟随柳宗元的从弟柳宗一，终于谋得荆州之职，于是辞别兄长北去赴任。在江上辞行时，柳宗元作诗《别舍弟宗一》送行：

零落残魂倍黯然，双垂别泪越江边。
一身去国六千里，万死投荒十二年。

桂岭瘴来云似墨，洞庭春尽水如天。
欲知此后相思梦，长在荆门郢树烟。

在永州时，柳宗元便已学会藏心于山水之间，如今在柳州亦如此。他曾登上柳州附近的一座怪山，于山顶的清冷寂寥之境，尽情纾解内心的幽愤、寂寞和孤直。

海畔尖山似剑铓，秋来处处割愁肠。
若为化得身千亿，散上峰头望故乡。

——《与浩初上人同看山寄京华亲故》

对柳州的治理，柳宗元与韩愈在潮州的做法相似。首先是修葺孔庙，复兴儒学，大兴教化，开启民智。柳宗元推行儒学，也不排斥佛教。他主持修缮了四座佛寺，使州民信仰趋同，不再乱立神祠、笃信巫术。其次，柳宗元召集州民开挖水井，解决饮水问题。至今，柳州依然流传着"三川九漏"的故事。最后，柳宗元写了《童区寄传》，为穷孩子立传，也是为下层人民呐喊。

柳宗元在西北荒山种黄柑，在柳江畔种柳，亲自带领州民开荒拓土。柳州当地处处传诵着"柳州柳刺史，种柳柳江边。谈笑为故事，推移成昔年。垂阴当覆地，耸干会参天。好作思人树，惭无惠化传"。当柳州人民从柳树下走过时，便会想起那位兢兢业业、为政为民的柳刺史。

在柳宗元三年多的治理下，柳州政通人和、百业兴旺。公元815年6月3日，宰相武元衡遇刺身亡，御史中丞裴度也遇刺受伤。事发后，所有人都知道是藩镇所为，然而朝野上下群臣噤声。时任左赞善大夫的白居易上疏请求严惩乱贼，却遭到了贬谪，被外放为江州司马。柳宗元在柳州也密切关注着天下的动向，自公元814年至817年，淮西之乱一直没有平定。直到后来朝廷派裴度亲赴前线督战，韩愈为行军司马，李愬雪夜入蔡州生擒吴元济，才将淮西之乱平定。柳宗元写下多篇文章颂扬平乱之功，如《平淮夷雅二篇》《献平淮夷雅表》等。

武元衡死后，裴度拜相，主持朝政。对于永贞革新众人，裴度并无成见，反而欣赏柳宗元、刘禹锡的才华已久。柳宗元在永州的旧友吴武陵被召回长安得到宰相裴度重用后，没有忘记身处蛮荒之地的好友，多次上疏请求朝廷召回柳宗元，并且声泪俱下地向裴度诉说柳宗元的不幸：

> 古称一世三十年，子厚之斥十二年，殆半世矣！霆碎电射，天怒也，不能终朝；圣人在上，安有毕世而怒人臣邪？且程刘二韩皆已拔拭，或处大州剧职，独子厚与猿为伍，诚恐霆露所婴，则柳氏无后矣！

朝堂上召回起复柳宗元的呼声越来越大，然而柳宗元的身体却越发衰弱，他深感"心绪绝劣，则自知不寿"。在公元 818 年的一场聚会上，柳宗元向友人们伤感告别："吾弃于时，而寄于此，与若等好也。明年吾将死……"他预感到了自己寿限将至，他想落叶归根，回到他的出生地长安。

公元 819 年 7 月，在裴度和崔群等大臣的劝谏下，宪宗皇帝下诏令柳宗元归京。然而长安路遥，诏命需走五千四百七十里路，而柳宗元已经等不到了。他已经很难分清现实与虚幻，也不知自己是醒是梦，枯竭的皮囊已经裹不住他飘摇的灵魂了。在难得清醒的间隙，柳宗元交代了自己的身后事。多年的贬谪生涯，他并无多少家财。他过世后，留下的姜室和两女两子难以维生，他需要将他们托付给友人。在柳宗元的脑海里，有两位足以信赖的挚友——刘禹锡和韩愈。刘禹锡是他的患难兄弟，而韩愈人品担当有口皆碑。他将长子柳周六托付给了刘禹锡，次子柳周七托付给了韩愈，两女和妾室托付给了表弟卢遵。而他自己留给这世间最珍贵的礼物便是他一生创作的诗歌和文章，全部都交托给刘禹锡，委托他整理编纂。

柳宗元自然对人间有着诸多不舍，但死亡或许是一种解脱，从一生纠缠不息的悲剧中解脱。他太累了，逆着命运走了四十六年。公元819年10月8日，柳宗元结束了他短暂的一生。柳州人为这位受人尊崇的刺史建庙塑像，供奉为"柳子菩萨"。韩愈应柳州百姓之邀，亲笔为供奉柳宗元的罗池庙写下碑文《柳州罗池庙碑》，在末尾用骚体诗记之：

> 荔子丹兮蕉黄，杂肴蔬兮进侯堂。侯之船兮两旗，度中流兮风泊之待，侯不来兮不知我悲。侯乘驹兮入庙，慰我民兮不嚬以笑。鹅之山兮柳之水，桂树团团兮白石齿齿。侯朝出游兮暮来归，春与猿吟兮秋鹤与飞。北方之人兮，为侯是非。千秋万岁兮，侯无我违。福我兮寿我，驱厉鬼兮山之左。下无苦湿兮，高无干秔，秔稌充美兮，蛇蛟结蟠。我民报事兮，无怠其始，自今兮钦于世世。

北宋年间，苏轼又亲笔书写此碑文，由匠人刻石成碑。韩愈的文章，柳宗元的故事，苏轼的书法，三位文坛巨匠共同铸就了举世罕见的"三绝碑"。千年之后，柳宗元的神像依旧伫立于柳州，泽被后世，文耀千秋。

第十一章
刘禹锡：二十三年弃置身

　　刘禹锡和柳宗元有着近乎相似的人生，但却有着截然不同的性格。我们从诗歌上就可以看出来，同样是面对萧瑟的秋天，刘禹锡写的是"自古逢秋悲寂寥，我言秋日胜春朝"，而柳宗元写的则是"海畔尖山似剑铓，秋来处处割愁肠"。同样面对半生的贬谪，刘禹锡远比柳宗元乐观，大概也因此，刘禹锡活到了七十岁，而柳宗元仅仅活到四十六岁。对天命的抗争，刘禹锡比柳宗元更加彻底，他用七十载岁月向后世展现了他于逆境之中永不言败的生命活力，傲视忧患，超越苦难。

　　公元 772 年，浙西从事、盐铁副使刘绪在不惑之年得一子。由于早年间生育的子女大多不幸夭折，为了给幼子讨个吉利，便给他取名"禹锡"。古时，"锡"通"赐"，意思便是先圣大禹赐子，以求神灵庇佑。刘绪一家是因安史之乱两京沦陷而流落江南的，寓居于苏州嘉兴（今浙江嘉兴）。后来，刘禹锡写《子刘子自传》自述：

　　　　子刘子，名禹锡，字梦得。其先汉景帝贾夫人子胜，封中山王，谥曰靖，子孙因封为中山人也。

刘禹锡自称是西汉景帝之子中山靖王刘胜的后代，跟三国时期刘备的说法一致。由于中山靖王刘胜有着难以计数的子孙后代，已经难以考证其真实性了。安史之乱后，北方大量士子文人、名门望族避祸江南。大历间，江南活跃着诸多名士文豪，例如刘长卿、颜真卿、顾况、卢纶、皎然等，以至于大历年间形成了两大诗人群体——以长安、洛阳两京为中心的"十才子"和以江南为中心的刘长卿、韦应物诸文宗。由于刘绪盐铁副使的官身，少年刘禹锡得以与江南名流交流。八九岁时，刘绪便时常带着刘禹锡到吴兴（今浙江湖州）的妙喜寺拜访诗僧皎然。皎然乃是晋代名士谢灵运的十世孙，不仅佛法精深，而且在茶道上，皎然与茶圣陆羽齐名，在诗词上，皎然被江南诗人视为楷范，韦应物、颜真卿、顾况等人都曾与皎然来往唱和。

自小，刘禹锡就时常在诗僧皎然的身边静听禅法、茶道、诗艺。皎然蕴积多年的文人气韵熏陶着刘禹锡。对于读书，刘禹锡不仅天赋极高，还异常刻苦，涉猎广泛。

公元789年，杜佑调任淮南节度使。杜佑是后来大诗人杜牧的祖父，也是博古通今的史学家，他耗费三十六载撰写的《通典》是中国第一部典章制度专史。杜佑到任江淮地区不久后，就请时年不到二十岁的刘禹锡代笔写了一篇奏文《为淮南杜相公论西戎表》。因这篇文章，刘禹锡在江淮地区小有文名，也获得了参加礼部进士试的资格。

公元793年正月，数以千计的各地乡贡举子齐聚长安，二十一岁的刘禹锡和二十岁的柳宗元也在其中。这次科举共三十二人考中进士，刘禹锡与柳宗元同榜进士及第。年岁相近的刘禹锡与柳宗元有着相同的经世报国之志，两人的命运悄然间捆绑在一起。

依照唐朝选官制度，考中进士后还需参加吏部授官考试。柳宗元因父亲柳镇病故，居家守丧，不能参加考试。刘禹锡在考中进士同年再中博学宏词科，连登两科，仕途前景光明。公元795年，刘禹锡被授予太子校书一职，成为东宫属官，也因此结识了太子侍读王叔文，命运的轮盘在这一刻开始转动。在东宫任职一年后，因父亲刘绪病故，刘禹锡奔父丧离开长安，前往扬州，依制居家守孝三年。

刘禹锡宅家读书，闲暇时独自看晚霞流散，也关注着唐帝国时局。公元 800 年 5 月，徐泗濠节度使张建封病逝后，其子张愔自立为节度留后，并拒绝接受朝廷委派的行军司马，想世袭父职，割据一方。唐德宗盛怒之下，加淮南节度使杜佑为同中书门下平章事，即为宰相，同时兼任徐泗濠节度使，主持讨伐张愔战事。杜佑一时职权增大，急需人才扩充幕府，便召守孝期满的刘禹锡任节度使掌书记，负责文书工作。然而，杜佑的讨逆战事进展得不顺，以失败告终。朝廷只能采取绥靖政策，被迫承认了张愔的节度使身份。刘禹锡在繁乱冗杂的公文中了解到一场藩镇战争所消耗的钱粮、器械、士卒。藩镇之乱如同大唐之瘤，吞噬着帝国的命数。

杜佑虽然赏识刘禹锡，但是短时间内刘禹锡在幕府也很难有晋升之机。在一夜酒后，刘禹锡骑马奔驰于星夜之下，写下了：

> 寂寂独看金烬落，纷纷只见玉山颓。
> 自羞不是高阳侣，一夜星星骑马回。
> ——《扬州春夜李端公益张侍御登段侍御平路……以志其事》

晚风和星光将酒意催醒后，刘禹锡便向杜佑说了请调的想法。两年的幕府生涯，杜佑深知刘禹锡之才应当放于更广阔的天下，幕府终究太小了。于是，刘禹锡辞别杜佑，带着母亲北归，调补京兆渭南县主簿。渭南位于长安西北，属于长安辖区。京畿辖县的主簿、县尉，都需要进士出身的人担任，属于仕途捷径。在刘禹锡调任不久后，柳宗元也调到京畿辖县蓝田任县尉。实际上，柳宗元并未到任蓝田县，而是被京兆尹韦夏卿留在了幕府充当文书。刘禹锡时常出入京兆府。两人在进士登科后一别，已过九年，才再次相遇。

公元 803 年 2 月，淮南节度使杜佑被召入朝中任检校司空，同中书门下平章事，入阁拜相。老上司杜佑没忘记幕府时期的得力助手刘禹锡，拜相执政后仍旧将重要的文章奏状委托刘禹锡代笔，京兆尹韦夏卿也多次请刘禹锡撰写表状。一时间，刘禹锡文名渐盛。这些应制文章没白写，同年 10 月，刘禹锡从渭南主簿调任御史台监察御史，成为纠察百官、肃整朝仪的实权谏官。当时还流传着"监察御史提举百司纲纪，名曰'八品宰相'"的说法。

在御史台，刘禹锡还见到了早年就认识的韩愈。韩愈的仕途远比刘禹锡、柳宗元两人坎坷。韩愈四考科举，三考吏部取士科，两任幕府，蹉跎十数年，才走到监察御史的职位上。不久后，柳宗元从蓝田县尉调任为监察御史里行，品级要比刘禹锡和韩愈低一等。三位文坛新星或坎坷，或通达，终究会聚在了同一轨道上，这也成了三人此生中为数不多的交汇点。这一年，白居易和元稹刚赴长安参加书判拔萃科考试，而杜牧降生于长安。

然而韩愈与刘禹锡、柳宗元的同僚生涯并未持续很久，便发生了变故。

当时因为饥荒的问题，韩愈联合御史台同僚张署、李方叔为民请命。韩愈的一片赤诚被朝廷辜负，韩愈因言获罪，被远贬岭南。韩愈心中对刘禹锡和柳宗元有所怀疑，认为两人或许是他获罪的帮凶。在诗中，韩愈多有埋怨和指责。

当然，韩愈仅是怀疑，没有实证。只是自此后，韩愈与刘禹锡、柳宗元两人的关系便生疏了。刘禹锡和柳宗元仍在御史台，而御史台迎来了新任长官——御史中丞武元衡。公元 804 年，刘禹锡既任监察御史，又兼任监祭使，负责祭礼的后勤监督。职权扩大，也让刘禹锡接触到了更多的人，其中京兆水运使薛謇与刘禹锡来往甚密。并且，薛謇见刘禹锡三十二岁仍未成家，便将自己的大女儿许配给刘禹锡，从同僚晋升为岳父。

贞元末年，唐德宗老迈昏聩，任用宦官兼管禁军，并将贤相陆贽贬出朝堂，李实这样的佞臣大行其道。少壮派中，刘禹锡、柳宗元、韩愈、白居易、元稹、王涯、李绛、裴度等人虽有心革除弊政，奈何位卑品低，并无话语权。

刘禹锡和柳宗元在寻求着机会，在与太子侍读王叔文的频繁往来中，逐渐确定了政治立场。两人搭上了东宫的马车，与王叔文、王伾、韦执谊、吕温、韩泰、凌准等人抱团，形成了东宫革新政治集团。而政坛上分为几股政治势力，其一是深受德宗宠信的宦官集团，其二是贵族士大夫集团，其三是出身寒门却锐意进取的少壮派，也就是东宫革新集团，其四是割据的藩镇集团。刘禹锡与柳宗元两人选择站在东宫一边，拥护太子李诵，自然也瞒不过上司御史中丞武元衡。武元衡作为贵族出身的官员，对刘禹锡与柳宗元的政治站队自然不满，心生猜忌。

公元 805 年，德宗病亡。经过多方政治博弈，最终由太子李诵继承皇位，是为唐顺宗。然而唐顺宗早在登基前便身患风症，卧病在床，口不能言。

一朝天子一朝臣，新皇登基，原先受德宗宠信的宦官和李实等官员失去了凭靠，而革新派王叔文、刘禹锡、柳宗元等人迅速崛起，成为红极一时的新贵。通过一系列人事任命，革新派逐渐掌握了执政大权。但政坛上的其他三股势力根深蒂固，远比革新派底蕴深厚，只是暂时隐忍，等待时机。革新派实际上有着先天不足，他们的权力来自皇帝顺宗，而顺宗的身体却像在风中摇曳的烛火。

革新派王叔文等人也尝试过拉拢御史中丞武元衡等贵族士大夫，却遭到拒绝，武元衡有着自己的政治主张。为了扫除革新阻碍，王叔文将武元衡的御史中丞职务罢免，调任东宫右庶子，成为太子李纯的侍从官。武元衡也因此事对革新派心生嫉恨，尤其是自己曾经的下属刘禹锡和柳宗元。革新派一面火速提拔与自己政见相同的官员，一面罢免反对者。这样党同伐异的做法让大量朝臣不满，以至于宦官集团、贵族士大夫集团以及藩镇集团开始抛却成见，暗中联合。在革新派如日中天的澎湃大潮之下暗流涌动，刘禹锡和柳宗元并不知道危险正在暗处酝酿。

革新派出台了一系列惠民政策，令百姓拍手称快。刘禹锡从监察御史迁升屯田员外郎，兼任判度支盐铁案，这两个职位权力极大，屯田员外郎掌管天下屯田，盐铁更是国家财政命脉。履新不久后，刘禹锡便遭到了侍御史窦群的弹劾。窦群说："屯田员外郎刘禹锡，挟邪乱政，不宜在朝廷任职。"窦群与武元衡关系密切，明眼人都知道这是贵族士大夫集团对革新派发起的进攻。

顺宗继位两月有余，身体每况愈下，就连朝会都无法亲临，大量朝臣便提出早立太子。革新派王叔文等人极力阻拦，深知立太子是宦官集团主导的，目的是趁顺宗病危，让太子监国，夺回政权。最终在宦官集团和武元衡等贵族的联合下，4月拥立广陵王李纯为皇太子。此时，刘禹锡、柳宗元才觉察到危险已经从四面八方侵袭而来。革新派王叔文仍旧在维持着局面，他想让太子李纯支持新政，于是派陆质担任太子侍读。除了给李纯讲经义，陆质还见缝插针地向李纯灌输革新思想，结果遭到了李纯的怒斥。经此事后，革新派便知道若是太子李纯继位，革新派必然遭到各方政治势力的联合清算。

5月，在宦官集团和贵族士大夫联合组织下，王叔文突然被罢免翰林学士之职。6月，王叔文与韦执谊因羊士谔一案，从政治盟友变为冤家，革新派内部出现分化。在反对势力一浪接一浪的攻势下，命运给了革新派致命一击。王叔文的母亲在此时去世，照惯例要守孝三年，去职居家，不得过问政事。革新派领袖王叔文丧失权力，就意味着新政的失败。7月，太子李纯监国。8月，顺宗禅位，改称太上皇，李纯继承皇位，是为唐宪宗。这也意味着革新派的灾难即将来临。9月，宪宗下诏将刘禹锡、柳宗元、韩泰、韩晔等八人贬为远州刺史。

诏命下来的第二天，刘禹锡和柳宗元便带着家眷和细软，在秋风之中离开长安城，踏上漫长而坎坷的贬谪之路。深秋的官道古树凋零、枯叶满地，南飞的大雁掠过头顶，留下凄厉的鸣叫。刘禹锡在人生的前三十三年并没有遭遇过什么挫折，年少成名，科场顺遂，仕途通达，却在盛极之时从青云落入谷底，政治理想被不可抗拒地击碎。即便他再乐观也不免心生凄然，途经荆州官道上的南朝宋台梁馆遗迹，他想起当年庾信被俘北方的故事，感慨之下吟诵了一首新诗：

> 南国山川旧帝畿，宋台梁馆尚依稀。
> 马嘶古道行人歇，麦秀空城野雉飞。
> 风吹落叶填宫井，火入荒陵化宝衣。
> 徒使词臣庾开府，咸阳终日苦思归。

——《荆门道怀古》

赋得新诗后，刘禹锡又想起了两年前被贬连州阳山的韩愈。如今，刘禹锡所贬之地也是连州，步了韩愈的后尘。此时刘禹锡并不知道韩愈已从连州北归，量移为江陵法曹参军。两人一个南下，一个北归，恰好在江陵相会。两年不见，刘禹锡和韩愈无限唏嘘，感慨万千。此时韩愈心中仍有当年被贬阳山的芥蒂，他一直怀疑刘禹锡和柳宗元两人在背后落井下石。此时，当着刘禹锡的面，韩愈问出了郁积心中许久的问题。刘禹锡在写给韩愈的和诗中做出了解释：

> 伊余负微尚，夙昔惭知己。出入金马门，交结青云士。
> 袭芳践兰室，学古游槐市。策慕宋前军，文师汉中垒。
> 陋容昧俯仰，孤志无依倚。卫足不如葵，漏川空叹蚁。

——《韩十八侍御见示岳阳楼别窦司直诗……六十二韵》（节选）

刘禹锡说自己空有孤高的志向，却没有能依赖之人。向日葵还能用叶子遮蔽根脚，他却连自身都难以保全，堤坝崩溃，只能感叹自己如同蝼蚁一般。韩愈有与刘禹锡同样的心境，他也并非狭隘之人，两年前所有的不快全部消散，剩下的是历经时间发酵后醇澈的友谊。人生能有几个知己？更遑论刘禹锡、柳宗元这等人杰。韩愈再三叮嘱刘禹锡在连州保重："吾尝同僚情可胜，具书目见非妄征。"

刘禹锡在江陵刚告别韩愈，便接到了朝廷新的诏命，改任刘禹锡为朗州（今湖南常德）司马，柳宗元为永州（今湖南零陵）司马。这是朝廷对革新派众人的进一步清算和打压。然而，刘禹锡对此事看得很开，连州和朗州都是荒僻之地，相比连州，朗州离京城还近一些。至于刺史和司马，作为贬官，待遇也相差不大。

唐朝州县分为上、中、下三等，朗州属于下等州，人口不到两万户，下辖仅武陵和龙阳两县。刘禹锡虽是司马，却因为是贬官，并无参政权力，也不具备施展政治抱负的空间，他只是被圈禁在朗州罢了。刘禹锡在朗州度过了新年，公元806年正月十九，内禅的太上皇顺宗驾崩。对于顺宗的死因，刘禹锡和柳宗元都有着自己的猜测，只是这些猜测如今已毫无意义了。顺宗驾崩后，宪宗便改年号为"元和"。照惯例，改年号皇帝都会大赦天下，只是刘禹锡一直等到8月都没等来赦令，反而等到了王叔文被赐死的消息，以及宪宗的新诏令：

> 左降官韦执谊、韩泰、陈谏、柳宗元、刘禹锡、韩晔、凌准、程异等八人，纵逢恩赦，不在量移之限。

意思便是，永贞革新外贬的八司马，即便天下大赦，也不在赦免的行列之内。由此可见宪宗以及执政大臣们对革新派有多大的成见。一纸诏命后，刘禹锡就断绝了自己北归回京的想法，随遇而安，过好自己在朗州的生活。既然仕途无望，就干脆醉心于山水风物、诗文创作。刘禹锡与柳宗元在文学创作上像是硬币的正反面：刘禹锡天生乐观、豪放，如同喷涌的火焰；柳宗元幽冷悲观、内敛，如同石潭深水。这种特点也反映在他们的诗歌创作上，比如刘禹锡初到朗州创作的诗歌依旧有不平之气昂扬外扩。

> 少年负志气，信道不从时。
> 只言绳自直，安知室可欺？
> 百胜难虑敌，三折乃良医。
> 人生不失意，焉能慕己知？

——《学阮公体三首》（其一）

后来受朗州民间祭神舞曲的启发，他创作了千古名篇《秋词二首》（下为其一）：

> 自古逢秋悲寂寥，我言秋日胜春朝。
> 晴空一鹤排云上，便引诗情到碧霄。

在朗州这等荒僻之地，秋风萧瑟之下，仕途断绝之时，刘禹锡笔下却一反先前诗人悲秋的传统。自宋玉开始，"悲哉，秋之为气也！萧瑟兮草木摇落而变衰"，此后，悲秋一直是文人吟唱的基调。而刘禹锡用奔腾不息的生命活力和超越苦难的乐观精神硬生生在秋悲中写出了昂扬。

公元 807 年冬，白居易从长安寄了一百篇诗给刘禹锡。白居易与刘禹锡同岁，只是白居易中进士比刘禹锡晚了七年。刘禹锡在御史台任监察御史时，白居易便结识了当时的政坛新星刘禹锡。如今，刘禹锡成了贬官罪臣，而白居易已迁升为翰林学士，前途无量。白居易仍然毫不避讳地与刘禹锡诗信来往，足以见得他当真是把刘禹锡引为知己。而刘禹锡在读过后，回了一首七律：

吟君遗我百篇诗，使我独坐形神驰。
玉琴清夜人不语，琪树春朝风正吹。
郢人斤斫无痕迹，仙人衣裳弃刀尺。
世人方内欲相寻，行尽四维无处觅。

——《翰林白二十二学士见寄诗一百篇因以答贶》

也正是与白居易的诗信唱和激发了刘禹锡的诗歌创作热情。朗州有着与中原地区全然不一样的风俗，尤其是 5 月，当地百姓为了纪念屈原，每年 5 月 5 日便会竞渡。举楫划桨的人们会喊起奇异的调子，刘禹锡由此写出了《竞渡曲》：

沅江五月平堤流，邑人相将浮彩舟。
灵均何年歌已矣，哀谣振楫从此起。
扬桴击节雷阗阗，乱流齐进声轰然。
蛟龙得雨鬐鬛动，蟆蛛饮河形影联。
刺史临流褰翠帏，揭竿命爵分雄雌。
先鸣余勇争鼓舞，未至衔枚颜色沮。
百胜本自有前期，一飞由来无定所。
风俗如狂重此时，纵观云委江之湄。
彩旗夹岸照蛟室，罗袜凌波呈水嬉。
曲终人散空愁暮，招屈亭前水东注。

到了秋日，武陵的马陵湖盛产紫菱，姑娘们便纷纷到湖中采菱。这是一场女子之间的竞赛，姑娘们婀娜多姿的身影和头上的钗环倒映在一碧如洗的湖中，甚是好看。小木桨轻轻推开的水波激荡在刘禹锡的心湖，他想起《诗经》中也有女子采集芣苢群歌唱和的场景，如今采菱的画面也不遑多让。诗兴所至，刘禹锡写下了《采菱行》：

> 白马湖平秋日光，紫菱如锦彩鸾翔。
> 荡舟游女满中央，采菱不顾马上郎。
> 争多逐胜纷相向，时转兰桡破轻浪。
> 长鬟弱袂动参差，钗影钏文浮荡漾。
> 笑语哇咬顾晚晖，蓼花绿岸扣舷归。
> 归来共到市桥步，野蔓系船萍满衣。
> 家家竹楼临广陌，下有连樯多估客。
> 携觞荐芰夜经过，醉踏大堤相应歌。
> 屈平祠下沅江水，月照寒波白烟起。
> 一曲南音此地闻，长安北望三千里。

在朗州谪居的日子里，刘禹锡一边采民风，一边作诗歌。别人的贬谪充满着消极情绪，他却乐在其中，将异地风情化作人生难得的体验。公元808年，刘禹锡和柳宗元在被贬谪一年后，终于恢复了通信。他收到了从永州寄来的书信，以及柳宗元的新作。刘禹锡在《答柳子厚书》中评价道：

> 余吟而绎之，顾其词甚约，而味渊然以长。气为干，文为支，跨跞古今，鼓行乘空。附离不以凿枘，咀嚼不以文字。端而曼，苦而腴，佶然以生，癯然以清。……

刘禹锡、柳宗元、韩愈三人虽身处三地，然而三人都在力倡古文运动。在他们相互交流中，产生了大量传世名篇，其中关于天命，三人进行了大论战，并各自著书立说。柳宗元写下了《天说》，而刘禹锡写下了《天论》上、中、下三篇，比韩愈和柳宗元的文章论证都要丰富。刘禹锡认为：

> 大凡入形器者，皆有能有不能。天，有形之大者也；人，动物之尤者也。天之能，人固不能也；人之能，天亦有所不能也。故余曰：天与人交相胜耳。
>
> ——《天论上》（节选）

后世学者对刘禹锡的《天论》评价极高，认为他是反对天命论的唯物主义哲学家。公元809年，永贞革新"八司马"中的程异被召回长安任侍御史，打破了宪宗当年的诏命"纵逢恩赦，不在量移之限"。刘禹锡深知程异的起复得益于朝中有人，事实上刘禹锡的岳父薛謇跟大宦官薛盈珍是同族。在薛盈珍的运作下，薛謇如今官至福建观察使。若是刘禹锡托岳父薛謇请薛盈珍疏通的话，刘禹锡有极大的可能回京任职。然而，刘禹锡对宦官集团抱有极深的敌意。当年，永贞革新的第一刀就是往宦官集团造成的弊政砍去的，刘禹锡的政治追求就是为唐帝国消除宦官之祸。如今，为了个人前途而依附宦官，怕是要被世人耻笑。

公元810年，元稹因为与宦官仇士良、刘士元在驿馆"争厅"被打了一顿，并且仇士良诬告元稹失礼，宪宗因此将元稹贬为江陵府士曹参军。在朗州的刘禹锡听闻此事后，愤然写诗勉励元稹：

> 文章似锦气如虹，宜荐华簪绿殿中。
> 纵使凉飙生旦夕，犹堪拂拭愈头风。
>
> ——《赠元九侍御文石枕以诗奖之》

元稹收到刘禹锡的赠诗和文石枕后，回赠了刘禹锡一条贵重的壁州鞭。此后刘禹锡与元稹唱和频繁，南北相应。公元812年，与刘禹锡相濡以沫的妻子薛氏骤然病故。九年的婚姻，薛氏为刘禹锡养育了两儿一女，如今子女尚还幼小，贤妻却已离世。刘禹锡睹物思人，心如刀绞。尤其是每当幼子幼女半夜在睡梦中惊醒，呼唤母亲时，刘禹锡总是潸然泪下。他写下了《伤往赋》悼念亡妻（下为节选）：

> 我入寝宫，痛人亡兮物改其容。宝瑟僵兮弦柱绝，瑶台倾兮镜奁空。寒炉委灰，虚幌多风。隙驹晨转，窗蟾夜通。步摇昏兮网粘翡翠，芳褥掩兮尘化蛣蜋。阅刀尺之余泽，见巾箱之故封。玩服俨兮犹具，繁华谢兮焉从。想翻仙于是非，求倦察与冥蒙。信奇术之可致，嗟此生兮不逢。徒注视以寂听，恍神疲而目穷。还抱影以独出，纷百哀而攻中。

丧妻之后，刘禹锡情绪低落，独自抚养三个孩子。他深知朗州之荒僻不利于孩子的学习成长，于是对于量移回京愈发急切。刘禹锡在朝堂上有许多故旧，例如新任宰相李绛是当年御史台的同僚，还有老上司杜佑。然而就在刘禹锡给杜佑写信求助时，七十七岁的杜佑还未收到信件便离世了。这一年，刘禹锡有多位故旧离世，他也写了许多篇墓志铭。

公元814年腊月，刘禹锡毫无预兆地接到了朝廷诏令，诏刘禹锡、柳宗元、韩泰、韩晔等人回京。对此，刘禹锡兴奋得一夜未眠。回长安是他数年以来苦苦追求的愿望，多方求告无果，如今不抱希望时却天降喜讯。离开朗州之际，刘禹锡回顾自己九年的谪居生活，写了《谪九年赋》以记之（下为节选）：

> 古称思妇，已历九秋。未必有是，举为深愁。莫高者天，莫浚者泉。推以极数，无逾九年。伊我之谪，至于数极。长沙之

悲，三倍其时。廷尉不调，行当跌而。天有寒暑，闰余三变。朝
有考绩，明幽三见。顾尧之民兮，亦昏垫而有叹。叹息兮偶佯，
登高高兮望苍苍。

水陆兼程两月余，公元 815 年 2 月，刘禹锡才抵达长安近郊的都
亭驿。此时他与永贞革新的难兄难弟们时隔十年齐聚一处，万千感慨
以诗记之：

雷雨江山起卧龙，武陵樵客蹑仙踪。
十年楚水枫林下，今夜初闻长乐钟。
——《元和甲午岁，诏书尽征江湘逐客，余自武陵赴京，宿
于都亭，有怀续来诸君子》

十年岁月，长安的街市风貌有了不小的改变，朝堂政局随着新旧
交替、人事更迭也变了模样，如今的执政大臣是与刘禹锡有宿怨的宰
相武元衡。当然，朝堂上也有许多与刘禹锡交好的重臣，比如御史中
丞裴度、礼部尚书李绛、刑部尚书权德舆、户部侍郎崔群。这次刘禹
锡、柳宗元等人被征召回京，算是意料之中，又在意料之外。朝堂上
对几人往后的人事安排也是争论不休，一方面裴度等人力主起复刘禹
锡等人，因为十年贬谪对永贞革新等人的惩罚已经足够了，况且朝廷
如今急需人才，将这些才干出众之人闲置在荒僻之地并非明智之举。
而另一方面，武元衡对永贞革新众人的成见并未随时间而削弱，尤其
是对刘禹锡，所以一直反对刘禹锡等人回京任职。

朝堂上的博弈刘禹锡并未理会，他沉浸在归京的喜悦中，拜访故
旧，游宴聚会，并与好友同游桃花盛开的玄都观。在十里环绕的桃花
群中，他作了一首七绝《元和十年自朗州召至京，戏赠看花诸君子》。

这首诗很快就盛传于长安，与刘禹锡有旧怨的宰相武元衡也是诗

词好手，只是这首音律清朗的诗落在武元衡的眼中似乎变了味道，尤其是结尾那句"尽是刘郎去后栽"，让他隐隐感受到了讽刺之意。他又回忆起早年间，刘禹锡在御史台对他不敬，又让他从御史中丞的职务上被罢免。若不是他后来跟对了如今的宪宗——当年的太子李纯，说不定如今他武元衡与刘禹锡的处境便会逆转。

于是在武元衡的谏言下，宪宗将刘禹锡委任到更远、更蛮荒的播州任刺史，柳宗元也被安排到更荒僻的柳州。就连与刘禹锡交好的元稹也跟着倒了霉，再次被贬为通州司马。

刘禹锡心生戚然，他家有幼童和八十来岁高龄的母亲。远贬朗州的十年，就独留母亲一人在洛阳，他并未尽到孝道，如今刚回京一月，又被外派播州，若是此次再分别，此生恐无相见之日。挚友柳宗元也清楚刘禹锡的困境，于是上疏请求与刘禹锡交换任所。这份肝胆相照的情谊令朝中大臣无不动容，在裴度等朝臣的劝说下，宪宗将刘禹锡从播州改任连州。十年前永贞革新失败，刘禹锡便是被贬为连州刺史，后来半途中又改任朗州司马。十年后，他再次被贬为连州刺史，当真是因果循环。

刘禹锡在洛阳接上母亲，辞别亲友，南下连州，临行前在送别筵席上写诗酬谢亲友：

> 谪在三湘最远州，边鸿不到水南流。
> 如今暂寄樽前笑，明日辞君步步愁。
>
> ——《赴连州途经洛阳，诸公置酒相送，
> 张员外贾以诗见赠，率尔酬之》

柳宗元知道刘禹锡此次南谪带着年迈的母亲和幼子幼女，便与之同行帮忙照顾，一直到湘江西岸，他们分别于衡阳。分别后，两人三赠三回共写下了六首诗。除了前文提到的柳宗元写给刘禹锡的《衡阳

与梦得分路赠别》和刘禹锡写给柳宗元的《再授连州至衡阳酬柳柳州赠别》，还有下面四首：

> 二十年来万事同，今朝岐路忽西东。
> 皇恩若许归田去，晚岁当为邻舍翁。
>
> ——柳宗元《重别梦得》

> 弱冠同怀长者忧，临岐回想尽悠悠。
> 耦耕若便遗身老，黄发相看万事休。
>
> ——刘禹锡《重答柳柳州》

> 信书成自误，经事渐知非。
> 今日临岐别，何年待汝归？
>
> ——柳宗元《三赠刘员外》

> 年方伯玉早，恨比四愁多。
> 会待休车骑，相随出罻罗。
>
> ——刘禹锡《答柳子厚》

刘禹锡翻越桂岭便抵达连州贬所了，连州当时属于湖南辖，境内有民户十万之众，气候宜人。刘禹锡此次作为一州长官，待遇要比当年在朗州好上许多。在刘禹锡离开长安后不久，发生了震惊天下的大事，宰相武元衡被藩镇派出的死士刺杀于上朝路上，并被砍下头颅。御史中丞裴度也遭遇刺杀，所幸堕马跌入沟中躲过了致命一击，负伤逃脱保住了性命。对于老冤家武元衡的死，刘禹锡并不感到痛快。相反，藩镇明目张胆于长安刺杀帝国宰相，让刘禹锡感到悲哀，藩镇之瘤已经让唐帝国如此衰落。

秉烛朝天遂不回，路人弹指望高台。
墙东便是伤心地，夜夜流萤飞去来。

——《代靖安佳人怨二首》（其二）

自公元 818 年初春起，母亲的身体便每况愈下，尤其是气候变化诱发旧疾。待到连州酷热的夏季来临，母亲卢氏终于不堪热浪的折磨而病故了。刘禹锡在悲痛中暂时移交公务，扶着母亲的灵柩回洛阳。奔丧队伍行至衡阳时，刘禹锡又接到柳州来信，是挚友柳宗元的讣告。一时间，在母丧与友丧双重打击下，刘禹锡失声痛号，陷入魔怔。母亲之死是年过九十的喜丧，而柳宗元年仅四十六岁（公元 819年）。数年前在衡阳分别时，两人还相约归隐后比邻而居。如今，所有的约定都在柳宗元去世后作不得数了。刘禹锡翻开柳宗元的遗书，开头便是：

我不幸，卒以谪死，以遗草累故人……

柳宗元委托刘禹锡为他编纂整理一生文稿，并希望刘禹锡能够抚养他的幼子柳周六。在湘江畔，湘水奔流不息，数年前刘禹锡与柳宗元共看湘水，如今徒留他一人。弦断，更有谁听？刘禹锡在呜咽中，对湘江诉说：

元和乙未岁，与故人柳子厚临湘水为别。柳浮舟适柳州，余登陆赴连州。后五年，余从故道出桂岭，至前别处，而君没于南中，因赋诗以投吊。
忆昨与故人，湘江岸头别。
我马映林嘶，君帆转山灭。
马嘶循古道，帆灭如流电。

千里江蓠春，故人今不见。

——《重至衡阳伤柳仪曹》

公元 820 年正月，回到洛阳的刘禹锡居家服母丧。柳宗元已去世两月余，刘禹锡情绪依旧没有平复。他在烛光下无数次删改追念柳宗元的祭文，终于完成了《祭柳员外文》（下为节选）：

维元和十五年，岁次庚子，正月戊戌朔日，孤子刘禹锡衔哀扶力，谨遣所使黄孟苌具清酌庶羞之奠，敬祭于亡友柳君之灵。

呜呼子厚！我有一言，君其闻否？惟君平昔，聪明绝人。今虽化去，夫岂无物！意君所死，乃形质耳；魂气何托？听余哀词。

……南望桂水，哭我故人。孰云宿草，此恸何极！

呜呼子厚！卿真死矣！终我此生，无相见矣。何人不达？使君终否。何人不老？使君天死。皇天后土，胡宁忍此！知悲无益，奈恨无已。子之不闻，余心不理。含酸执笔，辄复中止。誓使周六，同于己子。魂兮来思，知我深旨。尚飨。

在祭文中，刘禹锡向柳宗元承诺将柳周六视同己出。后来，柳周六在唐懿宗咸通年间[1]与韩愈的孙子韩绲同榜进士及第。刘禹锡并未辜负柳宗元的托付。公元 820 年正月二十七，宪宗暴毙，死因众说纷纭。然而，宪宗之死对刘禹锡来说，并非坏事。一朝天子一朝臣，新皇穆宗登基后，永贞革新便成了陈年旧事，执政者不再对此抱有成见。当然，刘禹锡身处服丧期，只能在洛阳旁观政局变动，他把更多的精力投入到了为柳宗元编纂文集上。在繁重的文稿整理工作中，从永州

1. 咸通：唐懿宗年号，860 年至 874 年。

来了一僧人拜访。僧人告知刘禹锡，当年柳宗元在永州西山下修筑的愚园、愚溪等都已残破损毁、荒凉破败。一时间，悲痛的情绪再度涌上刘禹锡心头，亡友在世上留下的痕迹随着岁月的流逝，逐渐消散。于伤感之际，刘禹锡一连写下三首《伤愚溪》：

其一

溪水悠悠春自来，草堂无主燕飞回。

隔帘唯见中庭草，一树山榴依旧开。

其二

草圣数行留坏壁，木奴千树属邻家。

唯见里门通德榜，残阳寂寞出樵车。

其三

柳门竹巷依依在，野草青苔日日多。

纵有邻人解吹笛，山阳旧侣更谁过？

公元 821 年，因新皇穆宗改元，照惯例大赦天下。永贞革新的"二王八司马"如今只剩下四人——刘禹锡、韩泰、韩晔、陈谏，其余人都已亡故了。刘禹锡因为丁忧服丧，未得新职，其余三人都量移履新。第二年，服丧期满的刘禹锡也得到新的任命，调任夔州（今重庆奉节）刺史。夔州为上州，军事要地，地处长江三峡，从连州调任夔州，实际上对刘禹锡来说已经是迁升了。这一年刘禹锡五十岁，到知天命的年纪了，对于仕途，早已不复当年的热情。

夔州赴任途中，经过鄂州，故旧李程在此任鄂州刺史。李程在803 年与刘禹锡、柳宗元、韩愈三人同为监察御史，属于老交情了。再次相见，李程当然盛情款待。两人回忆起了往事，也谈到了柳宗元，不知不觉间便大醉了。翌日，在长江畔，李程送别刘禹锡，在风雪中挥手告别。他们已经到了故旧凋零的年纪，此时的送别，是真正意义上的送别。刘禹锡写下两首五绝酬赠李程：

> 昔为瑶池侣，飞舞集蓬莱。
> 今作江汉别，风雪一徘徊。
>
> 嘶马立未还，行舟路将转。
> 江头暝色深，挥袖依稀见。

——《答表臣赠别二首》

　　刘禹锡到任夔州，他向来有考察民风的习惯，在夔州也不例外。当地人人会唱《竹枝》，刘禹锡了解后，一连写下十一首《竹枝词》，至今仍在夔州流传，尤其是第十首，闻名天下：

> 杨柳青青江水平，闻郎江上唱歌声。
> 东边日出西边雨，道是无晴却有晴。

　　刘禹锡对他到任各州的民歌改造贡献极大，这也是他文学成就中重要的组成部分。在夔州，刘禹锡不仅创作了《竹枝词》，还有《浪淘沙》九首：

其一
> 九曲黄河万里沙，浪淘风簸自天涯。
> 如今直上银河去，同到牵牛织女家。

其八
> 莫道谗言如浪深，莫言迁客似沙沉。
> 千淘万漉虽辛苦，吹尽狂沙始到金。

在公务之余，除了自己的诗文创作外，还有柳宗元的文集编撰。耗费数年时间，刘禹锡终于将《柳河东集》编写完成，并在文首作序一篇纪念：

八音与政通，而文章与时高下。三代之文至战国而病，涉秦汉复起。汉之文至列国而病，唐兴复起。夫政庞而土裂，三光五岳之气分，大音不完，故必混一而后大振。初，贞元中，上方向文章。昭回之光，下饰万物。天下文士，争执所长，与时而奋，粲焉如繁星丽天。而芒寒色正，人望而敬者，五行而已。河东柳子厚，斯人望而敬者欤！

——《唐故尚书礼部员外郎柳君文集纪》（节选）

刘禹锡了却了老友遗愿，长安又传来了剧变——唐穆宗于824年正月二十二日因服食丹药病发暴毙，年仅二十九岁，在位四年不到。继位的是时年十五岁的唐敬宗李湛。短短四年时间，皇权更迭如走马灯，实际上唐帝国的最高权力已经落入宦官集团之手。远在夔州的刘禹锡对此唯有叹息，他时常于夔州城内蜀先主庙游逛。先主刘备于乱世之中艰难建国，蜀国却又在后主刘禅手中衰亡，二世而终，朝代兴废似乎是历朝历代都避免不了的。

天地英雄气，千秋尚凛然。
势分三足鼎，业复五铢钱。
得相能开国，生儿不象贤。
凄凉蜀故妓，来舞魏宫前。

——《蜀先主庙》

多年前，杜甫也曾登临白帝城，写下了"三分割据纡筹策，万古云霄一羽毛"。刘禹锡与杜甫所站的角度不同，刘禹锡认为国家兴亡不在于天命，而是在于人为。如今唐帝国的衰落，不是天命所弃，而是治国之人无德。新皇敬宗登基，照例天下有大的人事变动。9月，刘禹锡调任和州（今安徽和县）刺史。和州是帝国上州，离东都洛阳不远。相比夔州，刘禹锡算是又进了一步。乘舟顺长江东去，行至西塞山，刘禹锡靠船登临。在云雾之中，刘禹锡似乎看到了宏大的历史画面。西晋时，王濬奉晋武帝司马炎之命，征战东吴，一战定鼎，三家归晋。刘禹锡的诗歌创作开启了新的主题——怀古。他写下了《西塞山怀古》：

> 王濬楼船下益州，金陵王气黯然收。
> 千寻铁锁沉江底，一片降幡出石头。
> 人世几回伤往事，山形依旧枕寒流。
> 今逢四海为家日，故垒萧萧芦荻秋。

9月，刘禹锡抵达和州上任。岁末，忽然传来了韩愈病逝的讣告，岁月无情催人老。刘禹锡对韩愈的感情是复杂的：在政治立场上，他与韩愈分属两派；在文章上，他的《天论》正是为反驳韩愈而作。似乎方方面面两人都在对立，然而他们却有着极好的私交，互相敬重。刘禹锡为韩愈写下《祭韩吏部文》以示纪念（下为节选）：

> 君自幽谷，升于高岑。鸾凤一鸣，蜩螗革音。手持文柄，高视寰海。权衡低昂，瞻我所在。三十余年，声名塞天。

刘禹锡在祭文中肯定了韩愈文坛领袖的地位，"手持文柄，高视寰海"。

和州离金陵不远，刘禹锡时常在城楼上眺望六朝古都金陵。以金陵为都城的都是些短命王朝，那些王朝如今已经化为历史片段存于古籍之中，王侯将相也都成了一抔黄土。感怀之下，他作了五首怀古诗《金陵五题》。他从历史中获取灵感，对时局进行批判。

石头城

山围故国周遭在，潮打空城寂寞回。

淮水东边旧时月，夜深还过女墙来。

乌衣巷

朱雀桥边野草花，乌衣巷口夕阳斜。

旧时王谢堂前燕，飞入寻常百姓家。

台城

台城六代竞豪华，结绮临春事最奢。

万户千门成野草，只缘一曲后庭花。

生公讲堂

生公说法鬼神听，身后空堂夜不扃。

高坐寂寥尘漠漠，一方明月可中庭。

江令宅

南朝词臣北朝客，归来唯见秦淮碧。

池台竹树三亩余，至今人道江家宅。

公元 826 年（宝历二年）[1] 冬，朝廷下诏令刘禹锡回东都洛阳待诏。自永贞革新被贬，又遭玄都观诗案二贬，刘禹锡在他乡漂泊已历二十三年。刘禹锡在北归之前去游了一趟金陵，他虽写过《金陵五题》，但踏足金陵还是头一遭。在金陵，刘禹锡巧遇了白居易，白居易也是从苏州刺史任上被召回洛阳待诏。故人相遇多话往事，两人说

---

1. 宝历：唐敬宗年号，825 至 827 年。

起了这些年的经历。白居易在公元 815 年因武元衡遇刺案上疏言事被贬为江州司马，蹉跎五年时光。而刘禹锡则更凄惨，白居易被贬时，刘禹锡已经被外放十年时间了，先朗州，再连州，又夔州，后和州，巴山楚水。酒过三巡，白居易唏嘘之中写下《醉赠刘二十八使君》：

> 为我引杯添酒饮，与君把箸击盘歌。
> 诗称国手徒为尔，命压人头不奈何！
> 举眼风光长寂寞，满朝官职独蹉跎。
> 亦知合被才名折，二十三年折太多！

是啊，二十三年折得太多，刘禹锡已经五十四岁了，人生已过大半。柳宗元、韩愈已经故去，他早已释然，并不想余生活在哀怨之中，于是豪气傲然地回赠白居易一首《酬乐天扬州初逢席上见赠》：

> 巴山楚水凄凉地，二十三年弃置身。
> 怀旧空吟闻笛赋，到乡翻似烂柯人。
> 沉舟侧畔千帆过，病树前头万木春。
> 今日听君歌一曲，暂凭杯酒长精神。

12 月 8 日，唐敬宗被宦官刘克明杀死，绛王李悟监国。只是枢密使王守澄等人对敬宗之死抱有怀疑，于是率禁军杀死刘克明，改拥李昂为帝，是为唐文宗。次年，唐文宗大赦天下，改元大和。在洛阳待诏的刘禹锡对此并不陌生，宪宗、穆宗、敬宗三代帝王之死的背后都有宦官集团的影子。宦官专权势大，已经能废立君王了。公元 827 年（大和元年）[1] 3 月，白居易迁升从三品秘书监，获赐金鱼袋。刘禹锡依旧待诏在家，

---

1. 大和：唐文宗年号，827 年至 835 年。

乐得自在。他在花间饮酒，月下抚琴。

> 十年江海守，旦夕有归心。
> 及此西还日，空成东武吟。
> 花间数杯酒，月下一张琴。
> 闻说功名事，依前惜寸阴。

——《罢郡归洛阳闲居》

刘禹锡闲居洛阳期间，与白居易有着诸多唱和诗作存世。比如，白居易离开洛阳去长安赴任刑部侍郎与刘禹锡惜别时，写诗留别：

> 扬子津头月下，临都驿里灯前。
> 昨日老于前日，去年春似今年。
>
> 谢守归为秘监，冯公老作郎官。
> 前事不须问着，新诗且更吟看。

——《临都驿答梦得六言二首》

白居易诗中充满着对刘禹锡赋闲不用的可惜，以及对朝堂上各派政治集团明争暗夺的鄙夷。刘禹锡深有同感，于是写诗回赠：

> 北固山边波浪，东都城里风尘。
> 世事不同心事，新人何似故人。

——《答乐天临都驿见寄》

公元 828 年 2 月末，刘禹锡受宰相裴度荐举，起复主客郎中，赴长安履新。又是一年桃花盛开的季节，十四年前便是在玄都观赏桃花作诗被贬，如今又回到长安，还是这个时节。刘禹锡再次来到玄都观，只是此地已无桃树，只剩野草摇曳，世事变迁。刘禹锡写下《再游玄都观》：

> 百亩庭中半是苔，桃花净尽菜花开。
> 种桃道士归何处？前度刘郎今又来。

这首诗作并未让刘禹锡再遭受贬谪之难，当年刘禹锡的冤家对头们早已坟茔草深数尺了。活得长的好处便是，所有讨厌他的人和他讨厌的人都会被时间带走。公元 829 年，刘禹锡已经官至礼部郎中兼集贤殿学士了。不久后，白居易病重，难以胜任朝中官职，便请辞回洛阳养老。闲暇时，白居易将与刘禹锡的一百三十多首唱和诗编纂成《刘白唱和集》。早年间，白居易与元稹交好，并称为"元白"。白居易晚年再获挚友，与刘禹锡又称"刘白"。刘禹锡丧失了挚友柳宗元，又获得挚友白居易，在文坛上成就了一段佳话。

白居易在《刘白唱和集解》的序言开篇写道：

> 彭城刘梦得，诗豪者也。其锋森然，少敢当者。予不量力，
> 往往犯之……

由此，刘禹锡获得"诗豪"之名。公元 831 年 10 月，刘禹锡有了新的任命——苏州刺史。自安史之乱以后，江南地区人口激增，经济繁荣，尤其以苏杭为中心形成了南方文化经济中心。所以，苏州刺史的品级很高——从三品，与以往的连州、夔州、和州等地刺史不可同日而语。在送别的宴席上，来送行的故旧和慕名而来的文人士子很多，刑部郎中姚合写诗记录了当日的盛况：

> 三十年来天下名，衔恩东守阖闾城。

初经咸谷眠山驿，渐入梁园问水程。

霁日满江寒浪静，春风绕郭白蘋生。

虎丘野寺吴中少，谁伴吟诗月里行。

州城全是故吴宫，香径难寻古薛中。

云水计程千里远，轩车送别九衢空。

——《送刘禹锡郎中赴苏州七言二首》（节选）

去苏州的路上，刘禹锡特意去洛阳看望白居易。两人都已年近六十，苍苍白发，垂垂老矣。几个月前，元稹病逝于武昌，属于他们的时代已在缓缓落幕。白居易对时局，对朝政，乃至对人生都抱有消极的态度。刘禹锡写了首五律，提振白居易的情绪：

一别旧游尽，相逢俱涕零。在人虽晚达，于树似冬青。

痛饮连宵醉，狂吟满坐听。终期抛印绶，共占少微星。

——《赠乐天》

刘、白两人对饮数日后，在初雪中挥手告别。白居易久久地看着刘禹锡的马车消失在官道上。公元832年2月，刘禹锡才抵达苏州。作为州官，刘禹锡有着丰富的治理经验。苏州在去年刚遭遇了一场水灾，刘禹锡一到任便先减免赋税，再从官仓放粮十二万石，安置流民，使其投入春耕之中。又在夏季暴雨来临之前疏浚河道，经过一年的治理，到了公元833年，苏州迎来了丰收。刘禹锡在苏州的政绩也为各州县之最，朝廷赐刘禹锡金紫鱼袋。

这一年，刘禹锡还为自己编撰了一本文集。元和中兴以来，中唐文坛群星荟萃，有韩愈、柳宗元、白居易、元稹、刘禹锡这五大家，其次张籍、王建、孟郊、贾岛、李贺、薛涛、李绅、姚合、令狐楚也是名盛一时。如何让自己的诗文在浩若烟海的唐诗中不被湮没，流传下去，最好的方式便是结集出版，传于天下。刘禹锡精心审定，选择了自己诗文的四分之一，集成四十卷，成就了《刘氏集略》。

公元 834 年 7 月，刘禹锡调任汝州刺史兼御史中丞。然而刘禹锡仅仅在汝州任上十四个月，就转任同州刺史。两地同在渭南之北，离长安很近，刘禹锡赴任路上经过洛阳，再次与白居易相聚。此时，七十岁的四朝宰相裴度退居二线，留守东都洛阳，三人便在裴度的居所饮酒聚会。公元 835 年，长安发生了一件载入史书的惨案——"甘露之变"。唐文宗本想联合宰相李训和凤翔节度使郑注将把持朝政的宦官仇士良等人诛杀，岂料走漏了风声，反被宦官仇士良等人劫持，仇士良等人还指挥禁军将参与此事的朝臣杀死，受牵连而被诛杀的多达一千余人。自此，宦官更加势大，文宗彻底沦为傀儡。

甘露之变的第二年，文宗改年号为"开成"。公元 836 年（开成元年）[1]秋，刘禹锡因足疾向朝廷告病。于是，朝廷让这位六十四岁的老臣退居二线，改任太子宾客，分司东都洛阳。对此安排，刘禹锡甚是满意，洛阳城里故旧不少，有白居易、裴度、李德裕等人。刘禹锡开始了与白居易游宴唱和的悠闲晚年生活，或作新词，或唱新声。两人都曾任过苏州刺史，对于江南风光仍时时怀念。公元 838 年，白居易谱成三首新词《忆江南》：

其一

江南好，风景旧曾谙。日出江花红胜火，春来江水绿如蓝。能不忆江南？

其二

江南忆，最忆是杭州。山寺月中寻桂子，郡亭枕上看潮头。

---

1. 开成：唐文宗年号，836 年至 840 年。

何日更重游?

其三

江南忆,其次忆吴宫。吴酒一杯春竹叶,吴娃双舞醉芙蓉。早晚复相逢?

刘禹锡依着白居易的曲谱也填了两首《忆江南》词:

其一

春去也,多谢洛城人。弱柳从风疑举袂,丛兰裛露似沾巾。独坐亦含嚬。

其二

春去也,共惜艳阳年。犹有桃花流水上,无辞竹叶醉尊前。惟待见青天。

公元 840 年正月,文宗病亡,唐武宗李炎继位。从德宗朝入仕,经历了顺宗、宪宗、穆宗、敬宗、文宗,到如今的武宗,六十八岁的刘禹锡已经是七朝老臣了,属于一等一的老资历,并且在多个州治中政绩显赫。新皇登基后,在刘禹锡原有的职位上,加封检校礼部尚书。尚书是六部最高长官,虽然刘禹锡获得的是虚衔,但也算完成了他显达天下的夙愿。他时常为早逝的挚友柳宗元惋惜,柳宗元经历了所有的苦难,最终也没得到一个圆满的结局。

刘禹锡如今已经不能久坐看书、写诗了,他深知自己的人生要走到头了,时常在白日春光下躺在摇椅上做梦。他梦到公元 793 年他与柳宗元同榜进士,同游曲江,题名雁塔,意气风发。醒来后,他艰难地写诗给白居易:

曾向空门学坐禅,如今万事尽忘筌。

眼前名利同春梦，醉里风情故少年。

——《春日书怀寄东洛白二十二杨八二庶子》（节选）

公元 841 年，白居易与刘禹锡共同迈入了七十岁[1]，古稀之年。对于衰老，白居易时而乐观，时而又悲观。情绪低落时，白居易便写诗向刘禹锡寻求心理安慰：

与君俱老也，自问老何如？

眼涩夜先卧，头慵朝未梳。

有时扶杖出，尽日闭门居。

懒照新磨镜，休看小字书。

情于故人重，迹共少年疏。

唯是闲谈兴，相逢尚有余。

——《咏老赠梦得》

刘禹锡则呈现出一种老树发新芽的活力，虽然身如朽木，但是心似漫天彩霞。

人谁不顾老，老去有谁怜？

身瘦带频减，发稀冠自偏。

废书缘惜眼，多灸为随年。

经事还谙事，阅人如阅川。

细思皆幸矣，下此便翛然。

莫道桑榆晚，为霞尚满天。

——《酬乐天咏老见示》

1. 古人一般说虚岁，这一年，两人实岁六十九岁，虚岁七十岁。

尤其最后两句，堪称妙笔——黄昏之时，正是霞光铺满天空之际。

时间来到公元842年（会昌二年）[1]，刘禹锡已将人生的大部分事情完成。柳宗元去世后，有韩愈和刘禹锡为他作传，而刘禹锡活到这个年纪，知道自己去世后，已无人可委托了。于是在7月，刘禹锡强撑着风中残烛般的躯体，一笔一画地写起了《子刘子自传》（下为节选）：

> 子刘子，名禹锡，字梦得……一年，加检校礼部尚书兼太子宾客。行年七十有一，身病之日，自为铭曰：
> 不夭不贱，天之祺分；重屯累厄，数之奇分。天与所长，不使施分；人或加讪，心无疵分。寝于北牖，尽所期分；葬近大墓，如生时分。魂无不之，庸讵知分！

刘禹锡在自传上画下句号后，他的人生也走到了终点。白居易是最早得到消息的，他于悲痛之中写下《哭刘尚书梦得二首》悼念（下为其一）：

> 四海齐名白与刘，百年交分两绸缪。
> 同贫同病退闲日，一死一生临老头。
> 杯酒英雄君与操，文章微婉我知丘。
> 贤豪虽殁精灵在，应共微之地下游。

刘禹锡七十年的人生本身就是一首漫长的诗歌，起承转合，在段落中欢欣，又在段落中哀鸣；在哀鸣中昂扬，又在昂扬中沉淀，直到终句落笔，猛然回首，才惊觉何等绚烂。壮阔的生命史诗，描摹着独属于刘禹锡一人的风光。

---

1. 会昌：唐武宗年号，841年至846年。

第十二章
白居易：江州司马青衫湿

　　白居易在中国诗史中有着极其独特的地位，他有着近三千首诗作留存，这个数量是李白、杜甫、王维、李商隐、杜牧等人远远不及的。白诗数量庞大且品类繁多，通俗易懂而流传甚广。白居易诗名远播海外，对日本的影响尤为深远，日本将白居易奉为士大夫文人典范。他既仕途显达，又诗传天下。

　　白居易在《与元九书》中，明确地区分了自己的诗歌种类：

　　　　仆数月来，检讨囊帙中，得新旧诗，各以类分，分为卷目。自拾遗来，凡所适所感，关于美刺兴比者；又自武德讫元和，因事立题，题为《新乐府》者，共一百五十首，谓之"讽谕诗"。又或退公独处，或移病闲居，知足保和，吟玩情性者一百首，谓之"闲适诗"。又有事物牵于外，情理动于内，随感遇而形于叹咏者一百首，谓之"感伤诗"。又有五言、七言、长句、绝句，自一百韵至两百韵者四百余首，谓之"杂律诗"。凡为十五卷，约八百首。异时相见，当尽致于执事。

讽喻、闲适、感伤、杂律是白居易为自己的诗歌划分的四大类，其中最受白居易重视的是讽喻诗和闲适诗：讽喻诗代表着他"奉而始终之"的兼济天下之志，闲适诗代表着他独善其身之道。如此明确的创作理念造就了白诗"质而径""直而切""核而实""顺而肆"的特点。

杜甫在湘江病逝两年后，公元 772 年正月二十日，白居易出生在河南新郑。祖父白锽官至巩县县令，父亲白季庚时任宋州（河南商丘）司户参军。祖、父两代人均为河南中层官吏。跟柳宗元一样，白居易的启蒙教育也是由母亲完成的。母亲陈氏同样出身于官宦世家，精通诗书，五岁教白居易学作诗，九岁教他解声韵。

公元 772 年是个群星降世的年头：诗豪刘禹锡；官至宰相，写下流传千古《悯农》的李绅；载入史册的中唐贤相崔群；还有白居易。后来，四人相识并将友谊维系至死。当然，大历年间出生的群星都是在藩镇之乱中成长起来的。白居易的父亲白季庚在 780 年转任彭城（今徐州铜山）县县令后，徐州节度使李纳起兵叛乱割据，白季庚和徐州刺史李洧召集民壮千余坚守徐州四十二天。援兵赶到后，击溃叛军。白季庚由此立下大功，迁升徐州别驾，赐绯鱼袋。

公元 782 年，因淮西节度使李希烈拥兵自立，战火绵延至河南新郑，为避兵祸，白居易一家往白季庚任所徐州迁移。白居易晚年在《宿荥阳》一诗中回忆道（下为节选）：

生长在荥阳，少小辞乡曲。
迢迢四十载，复向荥阳宿。
去时十一二，今年五十六。
追思儿戏时，宛然犹在目。

白居易到徐州时应当是十一二岁，白季庚将妻儿安置在小城符离。不久后，各地藩镇与朝廷兵戈再起，"九月徐州新战后，悲风杀气满山河"(《乱后过流沟寺》)。东南地区陷入混乱，白季庚又将妻儿送往越中（今浙江绍兴）。在"渔阳鼙鼓动地来，惊破霓裳羽衣曲"（《长恨歌》）的安史之乱后，江南地区收容了大量北方避祸而来的文人士子。

少年白居易迁至越中后，时常旅居于苏杭。此时，苏州刺史为名满天下的文豪韦应物。可惜的是，白居易当时年少无名，无法参与到韦应物的游宴之中。这一段回忆被白居易记载于《吴郡诗石记》中：

贞元初，韦应物为苏州牧……时予始年十四五，旅二郡，以幼贱不得与游宴……

公元 787 年春，十五岁的白居易在练习科举试帖诗时，以《赋得古原草送别》为题，从《楚辞·招隐士》的名句"王孙游兮不归，春草生兮萋萋"中获得灵感，肆意挥洒之间写成了千古名作。

离离原上草，一岁一枯荣。
野火烧不尽，春风吹又生。
远芳侵古道，晴翠接荒城。
又送王孙去，萋萋满别情。

关于这首诗还有一个传说，十五岁的白居易赴长安游学，以此诗拜谒大诗人顾况。顾况听闻"白居易"这三个字，调侃道："长安百物皆贵，居大不易。"而后读到"野火烧不尽，春风吹又生"时，又赞叹道："有句如此，居天下亦不难。"意思是说，白居易有如此诗才，在长安立足也很容易。这段故事在《唐摭言》《全唐诗话》中有多个版本，真实性难以考证了。

白居易家族十分庞大，他在同族同辈兄弟中排第二十二。只是在藩镇之乱中，"关内阻饥，兄弟离散，各在一处"。白居易后来写过《望月有感》，将家族的分离之痛与时代之殇融于一体：

> 时难年荒世业空，弟兄羁旅各西东。
> 田园寥落干戈后，骨肉流离道路中。
> 吊影分为千里雁，辞根散作九秋蓬。
> 共看明月应垂泪，一夜乡心五处同。

在乱世中成长起来的大历一代诗人都十分早熟，刘禹锡如此，柳宗元如此，白居易也如此。公元 790 年，十八岁的白居易从越中回到符离。在江南游学的七年间，经史子集成为白居易的影子，昼夜相随。对于这段苦读岁月，他后来在《与元九书》中回忆道：

> 十五六，始知有进士，苦节读书。二十已来，昼课赋，夜课书，间又课诗，不遑寝息矣。以至于口舌成疮，手肘成胝。既壮而肤革不丰盈，未老而齿发早衰白；瞥瞥然如飞蝇垂珠在眸子中者，动以万数，盖以苦学力文之所致，又自悲矣。

十五六岁时，他知道要匡扶天下、救世济民必须宰执天下，然而要做官先要考进士，于是苦读经书。近二十年来，他昼写文赋，夜读经书，其间还练习写诗词，连歇息的时间都没有，以致口舌生疮，手肘磨出老茧，皮肤也干瘪，齿发未老先衰白，眼睛里似乎有万千飞虫晃动。这都是刻苦学习所导致的，自己也时常感到悲哀。

白居易的勤奋伴随他一生，也让他的诗作数量冠绝唐代。白居易中小官僚家庭出身，科举是他走向仕途唯一的途径。也正是在符离苦读的岁月中，一个叫湘灵的邻家姑娘闯入了少年白居易的视野。两人正是情窦初开之时，朝暮相处，自然萌生情意。后来，湘灵的痕迹遍布于白居易的诗歌中，比如《寄湘灵》：

> 泪眼凌寒冻不流，每经高处即回头。
> 遥知别后西楼上，应凭栏干独自愁。

　　然而，白居易与湘灵的故事并未有圆满的结局。门第差距以及难违的父母之命，斩断了白居易与湘灵的红线。初恋最是意难平，以至于白居易后来用漫长的余生都未能治愈心伤，将自我感情放逐于声色之中。公元 793 年，二十一岁的白居易随父母迁居襄阳，因为父亲白季庚调任襄州别驾。一年后，父亲白季庚病逝于任所。按唐律，白居易需要居家守孝三年，丁忧期间不得应试投考、谈婚论嫁、兄弟分家。到了公元 796 年夏季，守孝期满，白居易南下一千余里到溧水参加乡试。之所以到溧水，是因为叔父白季康在此任县令。白季康在溧水颇有官声，许多年后，溧水县还将白季康供奉为城隍神，白季康的独子白敏中后来官至宰相。当然，这都是题外话了。

　　南下之前，白居易与湘灵于符离话别。两人的感情藕断丝连，已七年有余。或许在某个时刻，他们私定过终身。只是对于二十六岁的白居易来说，更重要的是科举。与他同岁的刘禹锡早在五年前便高中进士，比他年岁小的元稹更是在十五岁便明经及第，如今都已踏入仕途。

　　公元 799 年，二十七岁的白居易以宣州贡士的身份赴京参加礼部进士试。次年春，白居易抵达帝都长安。

> 轩车歌吹喧都邑，中有一人向隅立。
> 夜深明月卷帘愁，日暮青山望乡泣。
> 风吹新绿草芽坼，雨洒轻黄柳条湿。
> 此生知负少年春，不展愁眉欲三十。

——《长安早春旅怀》

在宝马雕车、歌声满城的长安，白居易独自对着墙角站立，头上悬着明月，在暮色中望着故乡的方向，一时心伤。早春的绿草新芽随风而发，柳条在细雨中舞动着身姿。白居易已年近三十，方知他的少年时光已挥霍一空，如今却一事无成。在即将到来的春季大考中，白居易并无先天优势，"上无朝廷附离之援，次无乡曲吹煦之誉"，他所依仗的唯有笔下之文章。公元 800 年 2 月 14 日，礼部东墙外进士揭榜，此次应考贡士逾千人，考中者十七人，白居易高居第四，成为那届进士中最年轻的一个。白居易在慈恩塔下题名时春风得意地写下：

慈恩塔下题名处，十七人中最少年。

白居易结束长安的庆祝游宴后，先回洛阳将喜讯亲自告知母亲，后又到宣州拜谢叔父白季康和刺史崔衍。唐代州分上、中、下三级，而科举贡士名额也依据等级划分，上州限贡士三名，下州限贡士一名。宣州为唐朝上州，此次送考贡士三名，唯有白居易一人中第，可谓一人担起了宣州教化之荣光。宣州刺史崔衍将一个宝贵的名额给了白居易，所以白居易不远千里拜谢。

按唐制，进士仅仅是获得了做官的资格，还需要经过吏部选官考试，这并不比进士考试简单。韩愈十年均不中，直到白居易中进士的第二年才通过考试，授官国子监四门博士。吏部选官考试有博学宏词科、平判入等科、书判拔萃科等不同种类，白居易准备应试的便是书判拔萃科。吏部考试不仅严格，并且分为四个阶段，两轮笔试，两轮面试，持续半年之久。所以，唐朝能够以进士之身入仕者，均是万里挑一的大才。也正是公元 803 年的这场书判拔萃科考试，白居易结识了同场参考的元稹。此时白居易三十一岁，元稹二十四岁，两人同榜录取，并且被授予同一官职——秘书省校书郎。

白居易此时并未成家，也无子嗣，需要供养的人很少，所以校书郎的俸禄足够他生活了。在《常乐里闲居偶题十六韵兼寄刘十五……时为校书郎》一诗中，白居易生动地记录了当时的生活情况：

> 茅屋四五间，一马二仆夫。
> 俸钱万六千，月给亦有余。
> 既无衣食牵，亦少人事拘。
> 遂使少年心，日日常晏如。

白居易租住了四五间房屋，买了一匹马，又雇了两个仆人。俸钱一月大约一万六千钱，他既无家眷供养，也少有人情往来，所以月钱总有余，每天都过得如意闲常。

白居易有大量的诗文其实是他的日记，"人各有一癖，我癖在章句"。白居易就好记录人生，这个习惯至死方休。这和唐朝其他大诗人的创作动力全然不同，李白是游戏人间以诗记情，杜甫是怜悯苍生以诗载史，王维是君子独善以诗为隐，而白居易的诗词承载的无他，正是他本人。这也正是白居易在唐诗群星中的独特之处。

白居易与湘灵彻底断绝关系是在公元 804 年，母亲迁家于渭水之北的下邽，此地离长安百余里。后世学者多用浓墨重笔书写两人的永别，却都不如白居易本人写得哀怨：

> 不得哭，潜别离。
> 不得语，暗相思。
> 两心之外无人知。
> 深笼夜锁独栖鸟，利剑春断连理枝。
> 河水虽浊有清日，乌头虽黑有白时。
> 唯有潜离与暗别，彼此甘心无后期。

——《潜别离》

秘书省的位置在兰台，校书郎主要负责编撰整理藏书。品级虽然不高，但都是学识渊博之才。白居易在长安除了结识了元稹，还与刘禹锡、柳宗元、李绅、贾岛等人来往。时至中唐，长安汇聚了西凉、高昌等多地乐曲舞蹈，梨园歌舞、教坊青楼更是盛况空前。白居易和元稹时常结伴流连于秦楼楚馆之中，两人在唱和诗中对此也不避讳，多有露骨之词。

征伶皆绝艺，选伎悉名姬。粉黛凝春态，金钿耀水嬉。
风流夸堕髻，时世斗啼眉。密坐随欢促，华尊逐胜移。
香飘歌袂动，翠落舞钗遗。筹插红螺碗，觥飞白玉卮。
——白居易《代书诗一百韵寄微之》（节选）

密携长上乐，偷宿静坊姬。僻性慵朝起，新晴助晚嬉。
相欢常满目，别处鲜开眉。翰墨题名尽，光阴听话移。
绿袍因醉典，乌帽逆风遗。暗插轻筹筋，仍提小屈卮。
本弦才一举，下口已三迟。逃席冲门出，归倡借马骑。
狂歌繁节乱，醉舞半衫垂。
——元稹《酬翰林白学士代书一百韵》（节选）

白居易担任校书郎的三年时间里，经历了三次皇权更迭。公元805年，唐德宗驾崩后，身患重疾、口不能言的唐顺宗继位。在王叔文、刘禹锡、柳宗元等人的主持下，进行了为期半年左右的永贞革新，最终以失败告终。刘禹锡、柳宗元等人被贬为远州司马，而唐顺宗被迫禅位给太子李纯，是为宪宗。在令人眼花缭乱的政权变动中，白居易深感政坛风云莫测，朝为新贵，夕贬边陲是常态。此时的白居易官卑品低，也掺和不到权力的核心争斗中去。

公元806年春，白居易、元稹的校书郎任期已满。按规定，两人进入守选序列，要再次任职，还需要通过一次吏部的制举。唐代的授官制度很严格，考核频繁。白居易和元稹相约在华阳观待考制举，数月时间不仅共研时政、交流心得，还合力撰写了七十五篇《策林》。在这次制举考试中，元稹高中榜首，白居易次之。这一年，白居易已三十四岁。这些年，他屡试屡中，一连通过进士试、吏部铨选、制举三座大山。新的任命很快下达，元稹因为位居榜首，由皇帝钦点为左拾遗，成为天子近臣。唐代的许多大诗人都曾做过这个官职，比如张九龄、王维、杜甫等。这是个品级不高却十分重要的职位，也是通往宰相之路的快车道。而白居易被授官周至县尉，虽然比元稹的左拾遗低了两级，但是周至县距离长安仅一百三十里，属于京畿县，周至县尉自然便是畿尉，也是一个前途无量的仕途起点。

京畿县尉虽然迁升机会多，县尉一职的工作却不好做，"亲理庶务，分判众曹，割断追征，收率课调"。唐代诗人中做过县尉的不少，比如高适。高适几乎是被县尉的工作压得被迫辞职，奔赴边关塞上，宁愿从军，也不干县尉，并且吐槽道："不是鬼神无正直，从来州县有瑕疵。"杜甫多年求官，历经艰辛，终于获得河西尉的职位，却坚决辞任，绝不当县尉。可见县尉之职何等繁重。

白居易上任不久后，便大发牢骚：

物性犹如此，人事亦宜然。

托根非其所，不如遭弃捐。

昔在溪中日，花叶媚清涟。

今来不得地，憔悴府门前。

——《京兆府新栽莲》（节选）

白居易上任周至县尉时，正逢朝廷出兵讨伐刘辟。军需紧缺，需要各州县向百姓征收钱粮。作为县尉，白居易不得不在基层面对百姓。他看到的是农民将家粮上缴殆尽后，于烈日下捡拾残穗的场景。白居易惭愧于自己不事农桑却食禄三百石，月月有余粮。他口中之食正是来自这些烈日下的贫妇人和面黄肌瘦的孩子，白居易深感惭愧。

田家少闲月，五月人倍忙。
夜来南风起，小麦覆陇黄。
妇姑荷箪食，童稚携壶浆。
相随饷田去，丁壮在南冈。
足蒸暑土气，背灼炎天光。
力尽不知热，但惜夏日长。
复有贫妇人，抱子在其旁。
右手秉遗穗，左臂悬敝筐。
听其相顾言，闻者为悲伤。
家田输税尽，拾此充饥肠。
今我何功德？曾不事农桑；
吏禄三百石，岁晏有余粮。
念此私自愧，尽日不能忘！

——《观刈麦》

安史之乱后，百姓流离四散，均田制失去作用，于是唐德宗时期改为两税法。弊政由此而生，大多农户无法缴纳赋税，便贱卖实物。富商豪族放贷吸血，以致农户卖地后租地而耕，这就是白居易诗中写的"家田输税尽"。

白居易在周至县不仅创作了《观刈麦》这类讽喻诗，还写下了他的传世名篇《长恨歌》。公元806年岁末，白居易与好友共聚终南山畅游，谈论起安史之乱，以及那段争议不断的马嵬坡往事，一时间文思泉涌，八百四十字的长诗从盛唐的时间河流中拐到了白居易笔下（下为节选）。

汉皇重色思倾国，御宇多年求不得。
杨家有女初长成，养在深闺人未识。
天生丽质难自弃，一朝选在君王侧。
回眸一笑百媚生，六宫粉黛无颜色。
……

渔阳鼙鼓动地来，惊破霓裳羽衣曲。
九重城阙烟尘生，千乘万骑西南行。
翠华摇摇行复止，西出都门百余里。
六军不发无奈何，宛转蛾眉马前死。
……

行宫见月伤心色，夜雨闻铃肠断声。
天旋地转回龙驭，到此踌躇不能去。
马嵬坡下泥土中，不见玉颜空死处。
君臣相顾尽沾衣，东望都门信马归。
……

临别殷勤重寄词，词中有誓两心知。
七月七日长生殿，夜半无人私语时。
在天愿作比翼鸟，在地愿为连理枝。
天长地久有时尽，此恨绵绵无绝期。

《长恨歌》在一年后传遍大唐，三十五岁的白居易因此诗名大振。后世评论家对此诗多有溢美之词，在此不再赘述。

9月，在左拾遗任上不到三个月的元稹因上疏《论教本书》与宰相杜佑政治立场相左，被贬出长安到洛阳辖县任县尉。白居易得知消息时，元稹早已离开长安，未来得及送别。不久后白居易又听闻元稹丧母的消息，按唐律为母守丧的元稹须回到长安居家。丁忧期间，元稹身染疾病，一时陷入窘迫。白居易知悉后，便拿出自己的俸禄接济，时常往返于京县之间，探望元稹，并为已故的元母郑氏写下了墓志铭。元、白二人的情谊也在患难中得到淬炼。

因《长恨歌》在长安流传，名声大振的白居易被朝廷破格提拔为集贤校理。仅两个月后，白居易再次通过了吏部考试，获授翰林学士。自唐肃宗以来，翰林学士院已成为朝政核心层，"天下用兵，军国多务，深谋密诏皆从中出"。尤其是安史之乱时，翰林学士作为天子近臣掌管诏书，与皇帝关系密切。翰林学士院仅设六人，非进士出身不能进，非文才出众者不能进。

白居易不但任翰林学士，还兼任左拾遗，成为皇帝监察天下的耳目。翰林院在禁省之内，位于大明宫北门之外，距离皇帝十分近，因此翰林学士也被称为"北门学士"。相比于三省六部所在的"南衙"，翰林院觐见皇帝要方便得多。此时，翰林院内六人分别是裴垍、李绛、崔群、李程、王涯、白居易。这六人除了白居易，全部官至宰相，而白居易最后也是领尚书衔致仕。

成为政坛新贵的白居易意气风发地写下一百首新诗寄给故旧刘禹锡。此时，刘禹锡因永贞革新失败，正谪居于朗州，处于人生低谷。因为宪宗皇帝对刘禹锡、柳宗元等革新派不喜，甚至在贬斥刘、柳等人之后还追加了"纵逢恩赦，不在量移之限"的诏命。朝臣都对刘禹锡、柳宗元避而远之，作为天子近臣的白居易却毫不避讳地与刘禹锡诗信往来，足见其仁义之心。

公元 807 年初春，白居易的弟弟白行简进士及第后，又得授秘书省校书郎。兄弟二人同朝为官，白家一门双进士，门楣光大。转过年，三十六岁的白居易迎娶了弘农名士杨汝士之妹。这是一个门当户对的选择，弘农杨氏乃门阀大族，杨贵妃便出自此家族。后来，白居易的舅兄杨汝士也官至剑南东川节度使、刑部尚书。少年时期那份纯真的爱情已经让白居易蹉跎到了三十六岁，也该埋葬于回忆之中了。

元和年间，宪宗朝中多名士，翰林院六学士成为新兴政治集团。他们改革弊政，整肃朝纲。后世学者将宪宗在位的十五年称为"元和中兴"。不仅是政治军事上的中兴，文化上也发生了变革：韩愈、孟郊、张籍等人构成的"韩孟诗派"不平则鸣，笔补造化，雄奇健壮；刘禹锡豪迈刚毅；柳宗元冷峭淡泊；元稹哀怨缠绵；白居易包容并蓄；李贺凄艳诡激；还有李绅、贾岛、刘叉等许多诗人参与其中……造就了"诗到元和体变新"的文坛盛世。后世将李杜所在的"开元"，韩孟元白刘柳所在的"元和"，苏轼、苏辙、黄庭坚、秦观所在的"元祐"并称为"三元"，它们是中国文坛最璀璨的三个盛世。

不仅是诗歌上的革新，韩愈、柳宗元还引领了古文运动，"文起八代之衰"，白居易则扛起了新乐府运动的大旗。两个流派在中唐碰撞，发出时代强音。

公元 809 年，白居易巨笔一开，挥洒之间写下了五十首新乐府诗，向天下叙说着自己的文学主张，"立采诗之官，开讽刺之道，察其得失之政，通其上下之情。总而言之，为君，为臣，为民，为物，为事而作，不为文而作也"。然而，革新势必遭遇反革新派的重重阻挠。宪宗自继位以来，火速提拔了白居易、李绛、崔群等一批新锐进士参政，意图革新。只是宪宗的上位本就借助了宦官集团和贵族士大夫集团的力量，这两股力量不久前刚刚击垮了"二王刘柳"的永贞革新。现在，白居易等新锐进士便成为两大反革新集团共同打压的目标。

白居易于危机四伏的党争中早有感悟，在《太行路》一诗中道出了脆弱的君臣关系困境：

太行之路能摧车，若比人心是坦途；
巫峡之水能覆舟，若比人心是安流。
……

人生莫作妇人身，百年苦乐由他人。

行路难，难于山，险于水；

不独人间夫与妻，近代君臣亦如此。

君不见左纳言、右纳史，朝承恩，暮赐死。

行路难，不在水，不在山，只在人情反覆间。

　　仕途之艰，在于"朝承恩，暮赐死"；仕途之难，难在"人情反覆间"。自古人心最难测。白居易纵然知道君臣关系脆弱，却依然屡次上疏直刺宪宗。先是在公元809年写《论承璀职名状》，公然反对宪宗任命宠信宦官吐突承璀统率三军东征；又在制考案发生时，公然谴责宰相李吉甫；再有淮南节度使王锷到长安挥金跑官被白居易阻止。并且在文坛，白居易有计划地创作了一系列讽喻诗，比如《卖炭翁》痛批"宫市"，《轻肥》怒斥武将骄奢，《盐商妇》直指官商勾结，《杜陵叟》揭露百姓税赋，等等。作为谏官，白居易无疑是称职的，也引起了宦官和贵族官僚两大政治集团的嫉恨。

　　朝中党争暗流涌动，最先遭殃的是元稹。公元806年元稹被贬为河南县尉后，宰相裴垍因不忍人才被埋没，力排众议提拔元稹做了监察御史。四年后，元稹在剑南道东川出使时，弹劾了大量贪官。而这些贪官污吏根深蒂固，与藩镇和贵族官僚集团共生共存，元稹此举触动了其根本利益，最终元稹被排挤到东都洛阳。在洛阳的元稹并没有收敛锋芒，反而以八品谏官之身拘禁了三品大员河南尹房式。此举不仅触怒了宪宗，而且房式作为房玄龄之后本就是老牌贵族官僚集团的一员，元稹此举相当于踩在贵族官僚们头上撒泼了。好在朝中新锐进士集团权势正盛，仅是将元稹召回长安，罚没三个月俸禄。祸不单行，元稹在回长安的路上入住驿馆，偶遇以刘士元、仇士良为首的宦官，因为争"上厅官房"，刘士元持鞭将元稹打伤并赶出驿馆。此事闹到宪宗御前，宪宗采信了宦官的诬告，认为元稹"少年后辈，务作威福"，将元稹贬为江陵士曹参军。如此断案，白居易、李绛、崔群等人同时上奏抗辩，白居易更是连奏三次，仗义执言，不顾安危。

宪宗对白居易是有偏爱的，对白居易的多次顶撞、直刺、奏事并未放在心上，在白居易左拾遗任期满后，将他升任为京兆府户曹参军，依然保留翰林学士一职。白居易并不需要去京兆府上任，依旧在翰林院工作，这是宪宗为了提高白居易的待遇做出的调整。此时，作为七品户曹参军的白居易月俸高达四万五千钱。对此，白居易并未感到喜悦，反而因为身边许多故旧被贬出京而感到异常孤独，尤其是元稹的离去。在一次翰林院夜值中，他在好风凉月中看到满院的松竹，与同僚闲坐无言。

宫漏三声知半夜，好风凉月满松筠。

此时闲坐寂无语，药树影中唯两人。

——《同钱员外禁中夜直》

公元 810 年冬，朝堂格局发生剧变，新锐进士集团的领袖宰相裴垍中风辞职，贵族集团的李吉甫入朝主政。被贬谪在江陵的元稹心态也发生了变化，为了回京起复，元稹与江陵监军宦官崔潭峻往来密切，逐渐背离了自己原先的道路。后来元稹深受非议也由此开始。转过年 4 月，白母陈夫人看花坠井而亡。白居易和白行简扶灵柩返乡下邽，照例守孝三年。也正是在丁忧期间，白居易三岁幼女患病夭折。双重打击之下，白居易近乎崩溃。

朝哭心所爱，暮哭心所亲。

亲爱零落尽，安用身独存？

几许平生欢，无限骨肉恩。

结为肠间痛，聚作鼻头辛。

悲来四支缓，泣尽双眸昏。

所以年四十，心如七十人。

——《自觉》（其二，节选）

直到公元814年冬，四十二岁的白居易服丧期满，回到长安复职为赞善大夫，隶属于东宫。次年春，宪宗将被贬多年的柳宗元、刘禹锡、元稹等人召回长安待诏，有意起用。元、白二人再聚首，骑马同游，二十余里路上两人相谈不绝。

此时，长安进士集团人才济济，有韦贯之、权德舆、裴度、韩愈、白居易、张籍等人，若是柳宗元、刘禹锡、元稹再被提拔任用，对宦官和贵族官僚两大势力威胁极大。此时主政的宰相武元衡本就是贵族官僚集团的领袖，亦是刘禹锡的冤家对头。因刘禹锡春游玄都观赏桃花作诗"玄都观里桃千树，尽是刘郎去后栽"，被武元衡大做文章。最终，柳宗元被改任柳州刺史，刘禹锡被改任播州（后改为连州）刺史，元稹被贬为通州司马。在此次事件中，元稹是无辜被牵连的。皇命不可违，白居易惜别元稹于沣水西岸。

萧散弓惊雁，分飞剑化龙。

悠悠天地内，不死会相逢。

——《重寄》

很快，贬谪的命运又将落在白居易头上。公元815年6月3日，是载入史册的一天。宰相武元衡与御史中丞裴度于上朝路上遭遇藩镇刺杀，一死一伤。两人是削藩的主力大臣，藩镇如此胆大妄为，朝中却群臣噤声，生怕藩镇下一个刺杀的便是自己。白居易身为东宫赞善大夫，依唐律，无参与朝政之权，然而听闻血案后，满腔愤怒之下，白居易逾矩谏言。敌对政治势力逮住这一把柄，又将白居易母亲"看花坠井"后白居易写的《赏花》《新井》两首诗拿出来大做文章，说白居易不孝。唐代以孝治国，不孝是大罪。宪宗也想过回护白居易，但是朝堂上群臣喧嚣、舆论震天，最终还是下达了贬谪的诏命。先将白居易贬为江州（今江西九江）刺史，又在群臣不依不饶的压力下，再贬白居易为江州司马。

江州为唐朝上州，比起刘禹锡所在的连州、柳宗元所在的柳州和元稹所在的通州要好上许多。初到江州的白居易"江风苦寒，岁暮鲜欢，夜长少睡"，于是写了一封近四千字的《与元九书》，这封书信有着极高的研究价值。在文章中，白居易将自己对诗歌发展的感悟倾泻而出，并将自己创作的诗词进行了明确分类。这是白居易人生中的一件大事。

白居易的字"乐天"并没有取错，乐天知命的他很快便从贬谪的沉沦中走了出来。他在浔阳结识了新友刘十九。在一个初冬的傍晚，雪将下未下，白居易在小院烧起了火炉煮酒。独饮无趣，白居易便写书信托人去请刘十九。

绿蚁新醅酒，红泥小火炉。
晚来天欲雪，能饮一杯无？

——《问刘十九》

《诗境浅说续编》中评价此诗："寻常之事，人人意中所有，而笔不能达者，得生花江管写之，便成绝唱，此等诗是也。末句之'无'字，妙作问语，千载下如闻声口也。"当白居易兼济天下的理想被现实阻隔时，他便后退一步，走向了独善其身的隐逸之中，闲适诗是白居易的另一侧面。

公元 816 年春，白居易的大哥白幼文从符离来到江州相聚。兄弟俩已分别十三年之久，将所有的心事都付于酒杯之中。浔阳城外有庐山，陶渊明的故乡栗里便在此处。并无政务烦扰的白居易便拜访了陶渊明旧居，一时间，白居易竟有了归隐之心。似乎在庐山脚下结庐而居，朝看闲云，暮望绿水，就此终老，也是个不错的归宿。

> 行年四十五，两鬓半苍苍。清瘦诗成癖，粗豪酒放狂。
> 老来尤委命，安处即为乡。或拟庐山下，来春结草堂。
>
> ——《四十五》

他已四十四岁[1]，人生过半，心安之处是吾乡。正是在浔阳江畔的人生谷底，白居易再次创造出了文学高峰。那一天，湓浦口晚风清冷，江州司马白居易又要送走一位老友。两人在客船上，就着水面上的渔火点点，对月小酌。皓月当空，离愁别绪。不多久，白居易酒至半酣，忽然江风中传来琵琶乐曲，时而悠扬婉转，时而呜咽凝重。白居易屏息凝气，细细听去，竟是当年在长安听过的《霓裳羽衣曲》。当即让船家轻摇橹桨，循声而去。只见一琵琶女拨弦如诉，白居易"寻声暗问弹者谁，琵琶声停欲语迟"。《琵琶行》就此拉开故事序幕。

"千呼万唤始出来，犹抱琵琶半遮面。"弹奏者既羞涩又有着难言之隐。"转轴拨弦三两声，未成曲调先有情。"白居易将故事逐层递进，似诉未诉。后面，白居易对琵琶乐声进行了一段极其绝妙的描写，琵琶声如急雨、私语、珠落玉盘、花下莺鸣、冰下流泉、银瓶乍破、铁骑刀枪鸣，堪称神来之笔。乐声也经历了从急骤到细微，从清脆到幽咽，再到激昂的转变。白居易既写琵琶女高超的弹奏技艺，又写琵琶女起伏不定的心绪。曲子终了时，白居易这样描写道：

> 曲终收拨当心画，四弦一声如裂帛。
> 东船西舫悄无言，唯见江心秋月白。

---

1. 古人一般用虚岁，故诗的名字为《四十五》。

四弦之声归一的裂帛声后，暮色之下的浔阳江上归于寂静，唯有秋月照在江心。这一段描写已然是极致构景，是乐声的留白，更是情绪的留白，因为要清空一切后，故事才真正开始。《琵琶行》和《长恨歌》是白居易一生中最成功的作品，白居易在这两首长诗中，尽情地挥洒着构造诗境的才华。无论是《长恨歌》中的"行宫见月伤心色，夜雨闻铃肠断声"，还是《琵琶行》中的"枫叶荻花秋瑟瑟""别时茫茫江浸月"，都为读者构造了一个哀凉孤寂的氛围，浸染心灵。待到琵琶女的故事讲述完，白居易发出了千古一叹：

同是天涯沦落人，相逢何必曾相识。

"江州司马青衫湿"的背后藏着一个数千年来每个人都追问过的问题：我们该如何度过一生？白居易的人生低谷江州司马一职甚至是无数人梦寐以求的终点。江州作为唐朝上州，司马一职按常例应当是从五品下，这个品级已经相当高了。而琵琶女早年红极长安，年老色衰后嫁给富商。两个天涯沦落人不为衣食奔波，在生产力低下、物资匮乏的时代，已经是人上人了，为何依然情绪低落？千年来无人寻得答案。

公元 817 年春，白居易在庐山的草堂落成。草堂位于东、西二林间，香炉峰下，见云水泉石胜绝第一，前有乔松十数株，修竹千余竿，青萝为墙援，白石为桥道。流水周于舍下，飞泉落于檐间。如此胜景，白居易写信遥寄元稹与之分享。白居易的思想底色也发生了改变，在"堂中设木榻四，素屏二，漆琴一张，儒道佛书各三两卷"，白居易不再是纯粹的儒者，而是接纳了三教思想的融合，故而"儒道佛书各三两卷"。

公元 818 年岁末，白居易接到量移诏书，结束了他五年的江州生活，前往忠州（今重庆忠县）担任刺史一职。唐朝的"量移"是减轻贬谪处罚的制度。忠州为唐朝下州，但量移是个东山再起的信号。白居易在朝中故旧很多，当朝宰相崔群与白居易多年前同为校书郎，后又同为翰林学士，多年友谊深厚无比。也正是崔群促成了白居易的这次量移，而且崔群为白居易的考量很长远。唐朝向来有"不历州县，不拟台省"的规定，也就是没在州县当过主官，就无法进入中央任台省长官。白居易此去任忠州刺史正是为以后的仕途铺路。

在西去忠州的途中，船停泊在夷陵峡口，白居易偶遇了多年未见的挚友元稹。元稹此行是由通州司马改任虢州（今河南灵宝）长史，也是量移。老友两人三宿而别，各奔前程。刚到忠州的白居易即写了一封诗信给元稹：

> 畲田涩米不耕锄，旱地荒园少菜蔬。
> 想念土风今若此，料看生计合何如。
> 衣缝纰颣黄丝绢，饭下腥咸白小鱼。
> 饱暖饥寒何足道，此身长短是空虚。
>
> ——《即事寄微之》

唐帝国自安史之乱后，由原先的州、县二级体制变为道、州、县三级体制，州、县受藩道管制，向下征税。若是遇上灾害，州长官往往左右为难，一边要加紧催税，一边要安置灾民。白居易也深受困扰，这在他的诗中也有体现。

> 长吏明知不申破，急敛暴征求考课。
> 典桑卖地纳官租，明年衣食将何如？
> 剥我身上帛，夺我口中粟。
> 虐人害物即豺狼，何必钩爪锯牙食人肉？
>
> ——《杜陵叟》（节选）

白居易在忠州是做出了一番政绩的，他薰草席铺座，问计于民，知道忠州气候适合种树，便身体力行大力推动。另一边，他肃盐法，宽刑均税。闲时，他时常去城外东坡上种树，并有诗云：

> 东坡春向暮，树木今何如？漠漠花落尽，翳翳叶生初。每日领童仆，荷锄仍决渠。铲土壅其本，引泉溉其枯。
>
> 小树低数尺，大树长丈余。封植来几时，高下齐扶疏。养树既如此，养民亦何殊？将欲茂枝叶，必先救根株。
>
> 云何救根株，劝农均赋租。云何茂枝叶，省事宽刑书。移此为郡政，庶几氓俗苏。

——《东坡种花二首》（其二）

白居易从种树中获得治政之道，养树如养民，欲茂其枝叶，必先救其根株。

公元 820 年 6 月，白居易接到返京任尚书司门员外郎的诏命。这次忠州的任期，仅有两年不到。事出反常是因为朝中发生了流血事变，宦官集团内部分裂，以吐突承璀为首的宦官想废掉太子李恒，拥立李恽。而以王守澄为首的宦官则是太子李恒的拥护者，最终吐突承璀和李恽被杀。不久后，宪宗驾崩，死因成谜。太子李恒继位，是为唐穆宗。

穆宗重用裴度，又诏李绅为翰林学士，李绛任御史大夫，元稹、韩愈等纷纷回京任职。朝堂上的形势对白居易很好，因此白居易也在这次皇权更迭中受益。返京时，白居易已经近五十岁了，在政坛也算得上是元老了。对于朝堂的形势，白居易看得很清楚。穆宗与宪宗相比，魄力、雄心、才能各方面都是天壤之别。作为一个被王守澄等宦官扶持起来的皇帝，穆宗更依赖阉党。除阉党外，"牛李党争"的政治格局逐步形成。后来，晚唐的两大诗人李商隐和杜牧的仕途都毁在

"牛李党争"的旋涡中。

返京后，白居易的仕途升迁很快。岁末，便从尚书司门员外郎升任主客郎中兼知制诰，到了公元821年10月，白居易再次被破格提拔为正五品的中书舍人，并且被授予"上柱国"的勋号。这是最高一级的勋官品级，就连白居易的夫人杨氏也被封为"弘农郡君"。这一年，将他贬谪在外六年的失落遗憾一股脑全补足了。

在加官晋爵的连桩喜事中，白居易在长安城内新昌坊置办了属于自己的房子。"长安百物皆贵，居大不易"不是一句玩笑话，韩愈和白居易都是在知天命的年纪成为政坛高官后才结束了租房生涯，购置房产。白居易曾写《卜居》感叹自己的租房生活：

游宦京都二十春，贫中无处可安贫。
长羡蜗牛犹有舍，不如硕鼠解藏身。
且求容立锥头地，免似漂流木偶人。
但道吾庐心便足，敢辞湫隘与嚣尘。

如今，白居易身居要职，禁省之内，反而如履薄冰、战战兢兢，在暗流涌动的党争和变动中保全自身以及日益庞大的家族。此时，不仅朝中的"牛李党争"趋于白热化，挚友元稹和裴度之间的矛盾也已经到了不可调和的地步。对于裴度，白居易向来崇敬，并将他视为国之柱石。而元稹更不必多说，二十年情谊如同手足兄弟。元稹与白居易的性格截然不同，元稹才高气盛、好争好斗，在政坛上树敌颇多。白居易夹在元稹与裴度之间，也饱受煎熬。

事情是这样的：公元822年2月，元稹先是担任翰林院承旨学士，很快又擢升为同中书门下平章事，这个职位便是宰相。3月，裴度也入阁拜相。时逢两河藩镇叛乱，元稹主张罢战，裴度主张用兵，两位宰相立场对立。裴度怀疑元稹与宦官勾结，贻误战机，愤怒之下三次上书弹劾元稹，并将奏章公示百官。朝臣大多站在裴度一方，深知藩镇之祸的白居易自然也是支持主战派裴度的。后又有兵部尚书李逢吉检举元稹豢养死士准备刺杀裴度。一时间，元稹成为众矢之的，孤立无援。刺杀案虽查无实据，但是成为政治丑闻，致使元稹和裴度都被罢免，去赴外任。最终，裴度被贬为尚书右仆射，元稹仅担任宰相三个月便被贬为同州刺史。

元稹一到同州，便写诗《寄乐天二首》（下为其一）对自己刺杀裴度一事予以否认：

荣辱升沉影与身，世情谁是旧雷陈。
唯应鲍叔犹怜我，自保曾参不杀人。
山入白楼沙苑暮，潮生沧海野塘春。
老逢佳景唯惆怅，两地各伤何限神。

诗中的"曾参杀人"说的就是先秦时期孔子的弟子曾参被邻居谣传犯了杀人罪，曾母一次没相信，二次没相信，可说到第三次时，曾母越墙而走。元稹想告诉白居易，他想刺杀裴度的谣言已经传遍天下，虽然知道自己的解释苍白无力，但还是希望白居易不要相信。

元稹和裴度两位宰相先后离朝，穆宗沉溺于纵马狩猎、歌舞教坊，元和中兴难以在长庆朝延续。白居易由此萌生了隐退之心。

黑花满眼丝满头，早衰因病病因愁。
宦途气味已谙尽，五十不休何日休？

——《自问》

既然兼济天下的抱负无法施展，那便退一步独善其身，这是白居易长久以来的处世之道，是他与韩愈、刘禹锡等人截然不同的地方。

韩愈、刘禹锡是激进的理想主义者，他们有着为理想而死的决心。而白居易则不同，在汲取了佛道文化后，他不再是一个纯粹的儒者，他深知以蜉蝣之身难以逆转唐帝国日益衰微的国运，既然无力反抗，不如舍弃羁绊独享自由。

7月，白居易向穆宗请求外放，很快便得到了同意的批复。事实上，白居易的选择对个人来说是正确的，因为他已经在朝中碍着执政者的眼了，明哲保身的政治直觉，使得白居易在仕途上成为众多唐朝诗人中最顺遂的那个。白居易得到左迁杭州刺史的诏命后，毫不犹豫地携全家离京，启程前往杭州。

水陆兼程，历时两月有余，白居易一家抵达杭州。这是白居易人生中重要的一站。如韩愈、柳宗元、白居易，乃至于后世的苏东坡，他们都曾在离开中央贬官一方后，改造一城，造福于民，并且官声流传千年不绝。白居易在一路南下的途中曾与水部员外郎张籍、江州刺史李渤等人就治水问题进行过深入交流，颇有心得。杭州人口繁盛，是帝国的税赋重镇。此地春涝夏旱，多有灾患。尤其是白居易上任之初便遭遇了江淮大旱，有饥民为抢夺官米将县令杀死，局势动荡，震动朝野。白居易此次赴任杭州，既是逃离腐朽的京城，也是临危受命。

白居易与周边苏州、湖州两地主官联系沟通，共同度过了旱情最严重的时期，在实地考察后草拟了水利工程方案，上报朝廷后等待批复。转过年公元823年，杭州迎来了好时节，晴雨相济。身为主官的白居易心生欢欣，登上望海楼远眺。

不厌东南望，江楼对海门。

风涛生有信，天水合无痕。

鹢带云帆动，鸥和雪浪翻。

鱼盐聚为市，烟火起成村。

日脚金波碎，峰头钿点繁。

——《东楼南望八韵》（节选）

数日后，白居易又漫步于钱塘湖，早莺暖树，燕啄春泥。

孤山寺北贾亭西，水面初平云脚低。
几处早莺争暖树，谁家新燕啄春泥。
乱花渐欲迷人眼，浅草才能没马蹄。
最爱湖东行不足，绿杨阴里白沙堤。

——《钱塘湖春行》

然而时至 6 月，赤日当空，雨水不至，旱情再现。为祈雨，白居易多次亲自带队祭神。祭雨在农耕时代很常见，因为人力难以对抗天灾。白居易多次祭雨无果后，决定将命运掌控在自己手上。兴修水利，旱涝保收，迫在眉睫。然而，兴修水利工程最大的阻碍在于难以获得朝廷的批文。为了这一纸批文，白居易动用了自己二十余年官场积累的人脉。他将奏章送到故旧好友谏议大夫李渤手中，由李渤面呈穆宗。得到批复后，在宰相牛僧孺一力支持下将流程缩短。最后，核准的水部员外郎张籍也是白居易多年的好友。也幸得白居易人脉深厚，层层审批均没有遭受卡要，最终拿到了批文。

白居易召集官民于西湖东北岸筑堤捍湖，他亲自到场监督施工，要求官吏必须参与筑堤一线工作。官民一心，万人奋进，昼夜不停。公元 824 年春，一道坚实的大堤在西湖东北岸筑起，不仅能捍湖防旱，还成为一条交通要道，杭州百姓称之为"白公堤"。

除了修筑大堤，白居易又把目光放在了唐德宗时期李泌出任杭州刺史时修建的六口井上。这六口井滋养了杭州百姓数十年，至此时已泥石淤塞，年久失修，百姓用水成了大问题。白居易花了半年时间，重新将六井疏浚。晚唐时，李商隐曾为白居易作墓志铭，歌颂他："筑堤捍江，分杀水孔道，用肥见田。发故邺侯泌五井，渟储甘清，以变饮食。循钱塘上下，民迎铸祠神，伴侣歌舞。"北宋苏轼也曾任杭州刺史，他效仿白居易疏浚六井，改造西湖，再次成就一段治水佳话。

江南地区此时的主政官多为贤臣，刘禹锡任和州刺史，元稹也从同州转任浙东观察使兼越州刺史，崔玄亮为湖州刺史，李谅为苏州刺史。元稹任职的越州离杭州仅几十里路程，元、白二人时常在杭州相聚，诗信唱和频繁。

公元 824 年 5 月，白居易接到了新的任命，回京担任太子右庶子，结束了为期三年的杭州刺史任期。从品级上来说，是迁升了。只是白居易并无喜悦之情，只有满腹的惆怅。对于杭州，他极为不舍。他再次独行于钱塘湖畔，写下了《春题湖上》：

> 湖上春来似画图，乱峰围绕水平铺。
> 松排山面千重翠，月点波心一颗珠。
> 碧毯线头抽早稻，青罗裙带展新蒲。
> 未能抛得杭州去，一半勾留是此湖。

白居易不仅流连于杭州美景，还对长安的政坛浑水心生厌恶。这次调动的背后，又是皇权的更迭。穆宗因服食金石丹药身亡，太子李湛继位，是为唐敬宗。这位十五岁的新皇昏庸无才、贪嬉好玩的名声，白居易早有耳闻。宦官王守澄和宰相李逢吉把持朝政，白居易回到长安不过是再次陷入旋涡之中罢了。政治直觉告诉白居易，长安去不得，于是他致信宰相牛僧孺，请求分司东都洛阳。牛僧孺理解白居易的顾虑，上奏敬宗使白居易得偿所愿。

白居易举家从杭州迁往洛阳，与旧友裴度和崔群比邻而居。在洛阳，白居易处于隐退二线的状态，整日在新宅饮酒赋诗，校对自己的《白氏长庆集》，隐逸闲适。洛阳一片大好的风光，令白居易沉浸其中。

公元 825 年 3 月，在洛阳闲居的白居易突然接到了新的任命，前往苏州任刺史。这是个美差，苏、杭两州为人间天堂，富裕繁华。白居易欣然上路赴任，在途经汴州时，拜访了刺史令狐楚。令狐楚是刘禹锡和白居易共同的好友，后来晚唐的贾岛、李商隐、温庭筠等大诗人都受到过令狐楚的助力。中唐时期的文人名士之间形成了一个个朋友圈子，但各圈子之间有相融，也有相斥。比如，令狐楚将刘禹锡、白居易引为至交，而对元稹十分不待见。白居易和张籍一生相交，却与张籍的师友韩愈少有往来。

5 月，白居易抵达苏州。苏州对白居易来说并不是个陌生的地方，他少年时期因避战乱随母亲迁至江南，时常往返于苏州和越州。那时，韦应物还是苏州刺史，"前后相去三十七年，江山是而齿发非"，如今白居易也五十三岁了。苏州城物阜民丰，鱼米之乡，湖光山色，美不胜收。白居易在杭州修白公堤，到苏州又修了山塘堤。并且，在山塘堤两旁种植桃李杨柳，允许商贩沿堤卖货，形成了长达七里的商贸街市。

自开山寺路，水陆往来频。
银勒牵骄马，花船载丽人。
芰荷生欲遍，桃李种仍新。
好住湖堤上，长留一道春。

——《武丘寺路》

繁重的公务中，日渐老去的白居易患上了眼疾，"散乱空中千片雪，蒙笼物上一重纱"。世界万物在白居易的眼前罩上了一层纱。不久后，白居易又经历了坠马事故，伤了腿，多年不愈。衰弱的身体状况让白居易难以胜任繁重的公务，他上奏告假一百天。得到批准后，卸任的白居易感到前所未有的轻松。

五年两郡亦堪嗟，偷出游山走看花。
自此光阴为己有，从前日月属官家。
樽前免被催迎使，枕上休闻报坐衙。
睡到午时欢到夜，回看官职是泥沙。

——《喜罢郡》

白居易对仕途早已没有留恋，视官职如泥沙，只是皇命难违，闻百姓遭难又不忍弃之，才坚持至今。离开苏州在扬州停泊时，白居易偶遇了同样在扬子津歇脚的刘禹锡。刘禹锡历经了二十三年的贬谪，创造了唐代官员最长贬谪纪录，如今终于宣告结束。同龄的两人都经历了二十余年的宦海浮沉，如今故旧凋零，对饮之中唏嘘感叹。一场大醉，成就了唱和诗的千古名场面。

白居易和刘禹锡两人同返洛阳，结伴而行。在北归途中，朝廷又发生了皇权更迭，十七岁的唐敬宗被宦官刘克明弑杀。刘克明本想拥立绛王李悟登基，只是弑君立新皇一事被黄雀在后的另一宦官王守澄知悉。在先皇宪宗、穆宗暴毙的背后都有王守澄的身影，敬宗也是他拥立登基的。如今刘克明想窃取权力，王守澄自然不容，于是他调集神策军，联合宰相裴度，将刘克明和绛王李悟一并诛杀，拥立穆宗次子、敬宗之弟李昂继位，是为唐文宗。

自此，白居易和刘禹锡成为历经德宗、顺宗、宪宗、穆宗、敬宗、文宗六朝的老臣。这何尝不是一种讽刺呢？宦官集团废立皇帝如宰鸡杀羊。公元827年春，白居易回到洛阳，听闻了弟弟白行简离世的消息。白行简在文学上的成就不低，著有二十卷文集，其中《李娃传》《三梦记》等作品与元稹的《莺莺传》并称。当然，白行简还有千年之后享誉海内外的惊世之作《天地阴阳交欢大乐赋》。这篇奇文在 19 世纪末被法国汉学家伯希和在敦煌发现，并带回巴黎，成为中国古代文学正面叙述男女性事唯一存世的文章，具有极其珍贵的研究价值。

白行简去世后，白居易兄弟四人只剩他孤苦伶仃。一整个春天，白居易都鲜有写诗。3 月下旬，朝廷诏白居易回长安任从三品的秘书监，并赐紫金鱼袋。唐文宗有心改革弊政，意图重用裴度、白居易、崔群等元老重臣，再造中兴之世。只是文宗年轻，斗志有余，谋略不足，朝令夕改，甚是浮躁。

公元 828 年 2 月，白居易由秘书监转任刑部侍郎，这是实职大员。也是在同一年，当年在白居易被贬为江州司马一案中落井下石的王涯升任宰相。因难以与王涯同立一朝，白居易在公元 829 年再次向朝廷告假百日，退隐洛阳，以避政斗。急流勇退是白居易极其高明的政治手段。

白居易告假离京，裴度、刘禹锡、张籍等人为他设宴饯行。白居易作诗《长乐亭留别》赠予老友们：

> 灞浐风烟函谷路，曾经几度别长安。
> 昔时龊促为迁客，今日从容自去官。
> 优诏幸分四皓秩，祖筵惭继二疏欢。
> 尘缨世网重重缚，回顾方知出得难。

此次告别长安后，白居易再也没有回过长安。4 月末，五十六岁的白居易归居洛阳，远离了政治争斗。洛阳有着许多旧友——崔玄亮、令狐楚等，诗酒唱和。白居易文名天下皆知，来访之人如过江之鲫。若是谁得白诗一首，足以留作传家之宝。在隐逸的生活中，白居易身心得以休养，如枯木逢春，再度焕发活力。为此，白居易写了一首《中隐》，道明了自己的生活状态（下为节选）：

大隐住朝市，小隐入丘樊。

丘樊太冷落，朝市太嚣喧。

不如作中隐，隐在留司官。

似出复似处，非忙亦非闲。

正是在这种"中隐"的状态中，白居易在隐居洛阳的最后十七年，写下了一千余首诗，占到他诗歌总数的三分之一。

白居易这边退隐洛阳后，挚友元稹在越州刺史任上经历近八年不得迁升的岁月，终于在公元 829 年 9 月被召回长安，任正四品上的尚书左丞，成为尚书省副官。从越州返京的路上途经洛阳，元稹自然要拜会多年未见的老友白居易。两人一连数日昼夜欢饮，联床夜话。白居易知道元稹在朝中树敌颇多，此次返京必将卷入"牛李党争"。白居易劝元稹何不像自己一样急流勇退，中隐于洛阳，诗酒唱和，共度余生。元稹与白居易的追求始终不一样。两人分别前，元稹有诗赠予白居易：

自识君来三度别，这回白尽老髭须。

恋君不去君须会，知得后回相见无。

——《过东都别乐天二首》（其二）

一句"知得后回相见无"竟一语成谶，两人洛阳一别便成永别。

岁末，元稹赴长安上任。此时，刘禹锡在朝中任礼部郎中。元稹还朝，两位老友自然相聚一番。短暂的相聚过后，元稹新官上任三把火，一月之内将七名郎官惩办，一时间朝野震动。元稹并未吸取以往的教训，做事不计后果、不留情面。元稹作为"李党"党魁李德裕的盟友，"牛党"牛僧孺、李宗闵等人很快借助七郎官被惩之事，直接罢免了元稹，限期离京。元稹转眼间便第六次离开长安，去武昌任职。

朝臣中来送别之人唯有刘禹锡，乐观的刘禹锡赠诗宽慰元稹，政坛浮沉是常事。

今日油幢引，他年黄纸追。

同为三楚客，独有九霄期。

宿草恨长在，伤禽飞尚迟。

武昌应已到，新柳映红旗。

——《微之镇武昌中路见寄蓝桥怀旧之作凄然继和兼寄安平》

在洛阳的白居易听闻元稹被罢免之事，沉默了许久，一切早有预料，他只是希望老友在武昌能万事安好。白居易遥望南方，暗自祈愿。

公元830年，近两年来，白居易诸多故旧凋零：六十六岁的李绛在山南西道节度使任上遭杀害，皇甫湜、张籍、崔群先后离世。岁月正在一点点将白居易亲近之人、熟悉之物裹入洪流。一年后，元稹暴毙于武昌任所，年仅五十二岁。白居易闻讣告后悲恸欲绝，"死生契阔三十载，歌诗唱和九百章""六十衰翁灰心血泪，引酒再奠抚棺一呼"。挚友的离去，带给白居易久久不能平息的伤痛，令他余生难忘。

元稹的家人以七十万钱的巨额酬金请白居易写墓志铭。这是唐朝惯例，亡者家人请来写墓志铭的人地位越高、酬金越昂贵，就代表亡者家人越孝顺。这在以孝治国的唐代并非个例，唐朝诸多大文豪写墓志铭的酬金远超自己的俸禄。只是白居易怎肯收取挚友后人如此巨额的酬金？他坚辞不受。元稹家人再三送来，于是白居易将这七十万钱悉数捐给香山寺，供寺庙修缮之用，为亡友积善积德。

同年岁末，一纸诏命将白居易的隐逸生活打破，任命他为河南尹，即日赴任。河南尹是三品大员，河南府下辖二十个县，治所在洛阳，白居易倒是不用迁家赶路受颠簸之苦。仅三年后，公元833年春，白居易再度告假辞官。他的政治直觉告诉他，朝堂局势要变化了，河南尹如此要职首当其冲。白居易的紧急避险是正确的，"李党"魁首李德裕自西川节度使任上回京拜相，派严休复来洛阳任河南尹一职。因为白居易的主动让位，李德裕也投桃报李，让白居易官复太子宾客，分司东都，继续过他的"中隐"生活。次年，白居易又接到任他做同州刺史的诏命，他以年老体病为由再三谢恩辞任。朝廷最后也不勉强，让刘禹锡补了白居易的缺，这实属刘、白两人的缘分。

白居易一味地避官辞任让家人不解，甚至有怨言。而白居易的淡泊之举却赢得了满朝君臣的赞扬，唐文宗为了表彰白居易，迁升他为太子少傅，进封冯翊县开国侯，当真是加官晋爵。而且，这个职位白居易只享受待遇，不用付出任何劳动，是顶级的养老闲职。面对如此优厚的待遇，白居易写下了《从同州刺史改授太子少傅分司》：

> 承华东署三分务，履道西池七过春。
> 歌酒优游聊卒岁，园林潇洒可终身。
> 留侯爵秩诚虚贵，疏受生涯未苦贫。
> 月俸百千官二品，朝廷雇我作闲人。

尤其是最后一句"月俸百千官二品，朝廷雇我作闲人"让后世无数人羡慕嫉妒，月俸百千就是十万钱。当年白居易初入仕途任校书郎月俸是一万六千钱，到八品左拾遗时是三万余钱，户曹参军是四万余钱，江州司马是六七万钱，如今十万月俸，甚至是宰相也达不到这个俸禄。白居易诗中详细忠实地记录了自己的生平履历乃至收入状况，这是极其珍贵的唐代政治研究史料。

同年11月，刘禹锡从汝州赴同州，经过洛阳。刘、白自然有一聚，恰逢裴度绿野堂刚落成，众人便共聚于裴相公处。同醉一堂，共叙往事。而长安又发生了血腥的宫廷政变。在甘露之变中，文宗与朝臣试图抄斩阉党的谋划失败，四名宰相和近千名朝臣被宦官满门抄斩，血流成河。如此惨案，幸亏白居易、刘禹锡、裴度等人远在洛阳，避过一劫。甘露之变后，天子成为宦官的傀儡，朝臣活在屠刀的恐惧之下，天下事皆决于北司。

公元 839 年，六十七岁的白居易得了风痹，行走不便。对于疾病，白居易认为"身作医王心是药"，写诗养病：

风疾侵凌临老头，血凝筋滞不调柔。
甘从此后支离卧，赖是从前烂漫游。
回思往事纷如梦，转觉余生杳若浮。
浩气自能充静室，惊飙何必荡虚舟。
腹空先进松花酒，膝冷重装桂布裘。
若问乐天忧病否，乐天知命了无忧。

——《病中诗十五首·枕上作》

当真是好一句"乐天知命了无忧"，正是这样的心态，使得白居易寿年较之同辈人长上许多。后世的知识分子，包括北宋的苏轼、欧阳修都深受白居易的"中隐"之道影响，在逆境之中更是以白居易为榜样，以乐天知命对抗困境。

公元 840 年，唐文宗在宦官的软禁下抱憾而终。宦官仇士良、鱼弘志废掉太子，拥立李炎登基，是为唐武宗。这是白居易历经的第八位皇帝。唐武宗在历史评价上受到普遍肯定，他用人坚定，憎恨宦官，力图革新，挽救危局。

如今，年近七旬的白居易大部分故旧都已逝去，还在洛阳的唯有同龄的刘禹锡了。与白居易隐逸避政的态度相反，刘禹锡明知道以他衰残之身早已从政坛出局，但仍然志在千里，永不言败。刘禹锡时常在诗文中表现出昂扬斗志，似乎有着永不枯竭的豪气，"莫道桑榆晚，为霞尚满天"是刘禹锡对衰老的有力回应。

白居易写给刘禹锡的最后一首诗是《偶吟自慰兼呈梦得》：

且喜同年满七旬，莫嫌衰病莫嫌贫。

已为海内有名客，又占世间长命人。

耳里声闻新将相，眼前失尽故交亲。

尊荣富寿难兼得，闲坐思量最要身。

刘、白两人同年满了七十岁，都已是名满天下的文宗了，又占了长寿之福。尊荣福寿两人都已经享受过，似乎人生并无遗憾了。公元842年7月，刘禹锡病逝于洛阳，年七十岁，官至检校礼部尚书。白居易送走了人生中最后一位老友。

白居易在七十岁后，向朝廷告辞太子少傅之职，不再食俸禄，彻底致仕退休。唐朝大多数官员都想荣华至死，像白居易这样主动请辞高官厚禄的屈指可数。

公元844年，七十二岁（虚岁七十三）的白居易决心为洛阳百姓做一件大好事，便是将龙门山下伊河八节滩中的九峭石凿开，以通航路，避免舟船于此处撞击，发生船毁人亡的惨剧。在白居易的号召下，"贫者出力，仁者施财"，而白居易本人出力又施财。

七十三翁旦暮身，誓开险路作通津。

夜舟过此无倾覆，朝胫从今免苦辛。

十里叱滩变河汉，八寒阴狱化阳春。

我身虽殁心长在，暗施慈悲与后人。

——《开龙门八节石滩诗二首》（其二）

公元845年，唐帝国在武宗的主导下掀起了一场"灭佛运动"。

晚年的白居易已经是儒、佛、道三教合流于一心，对于武宗的灭佛运动，他并未发表意见，这也符合他一贯的处世风格。当然更重要的理由是，堂弟白敏中此时正在朝中担任要职，是整个白家兴旺的希望，白居易不愿多生事端对白敏中造成影响。次年，白敏中以兵部侍郎同中书门下平章事，拜为宰相。白居易未曾到达的高处，堂弟替他走到了。同年，武宗因服食丹药而亡，新皇李忱登基，是为唐宣宗。这是白居易历经的第九位皇帝，白居易的人生也即将走到终点。

公元 846 年 8 月，七十四岁的白居易病逝于洛阳履道里。唐宣宗听闻讣告后，赐尚书右仆射，御笔写诗悼念：

缀玉联珠六十年，谁教冥路作诗仙。
浮云不系名居易，造化无为字乐天。
童子解吟长恨曲，胡儿能唱琵琶篇。
文章已满行人耳，一度思卿一怆然。

唐代诗人中唯有白居易获得皇帝御笔诗篇吊唁，且皇帝在诗中亲封白居易为"诗仙"。白居易的墓志铭是由李商隐完成的，中唐时代的大幕自白居易逝后落下。

第十三章
李贺：月寒日暖，来煎人寿

　　在唐代众多诗人中，王勃和李贺是最让人意难平的。他们在短暂的二十六七年生命中迸发出的耀世才华足以令世人艳羡，总是不禁让人猜想，哪怕他们再多活那么几年呢？中国文学史是否又会厚上几页呢？然而历史是不容假设的。

　　长久以来，文学史上流传着"太白仙才，长吉鬼才"的说法，李贺也因此获得了"诗鬼"的称号。翻开李贺诗集，这是一个宛如幻境的奇妙世界：游移无端的思绪，时空交错的混乱，时而从人间跃上九重天宫，时而从天宫直落黄泉。李贺所构建的诗境和审美形态是唐诗中独树一帜的、绝无仅有的，后世也将他的诗歌称为"长吉体"。

　　公元831年10月中旬夜半时分，二十八岁的杜牧在宣城的屋舍中被人吵醒，有信使在舍外疾呼。杜牧深感有异，取火掌灯打开门，展信一看，是集贤学士沈述师写来的：

　　　　吾亡友李贺，元和中，义爱甚厚，日夕相与起居饮食。贺且死，尝授我平生所著歌诗，离为四编，凡二百三十三首。数年来，东西南北，良为已失去。今夕醉解，不复得寐，即阅理箧快，忽得贺诗前所授我者。思理往事，凡与贺话言嬉游，一处所，一物候，一日一夕，一觞一饭，显显然无有忘弃者，不觉出涕。贺复无家室子弟得以给养恤问，常恨想其人、咏其言，止矣。子厚于我，与我为贺集序，尽道其所来由，亦少解我意。

沈述师向杜牧讲述了一个十五年前的故事。元和年间，沈述师与李贺相交甚厚，朝夕相处，同住同食。李贺死前将一生所写诗歌，编成四卷，托付于沈述师。这几年来，沈述师宦游四方，以为已经将李贺的诗稿遗落了。今晚酒醒后，他不能入睡，于是阅读整理书籍，忽然找到李贺托付的诗稿。他一时想起了往事，与李贺的交谈和嬉游，每一处地方，每一处风景，每一个朝暮，每次共饮共宴，所有的回忆都不曾忘记，不知不觉便泪盈满眶。李贺没有妻儿留下，沈述师无法为挚友关照他的后人。他总想为李贺做些什么，思来想去，想请杜牧为李贺诗集作序，再将李贺的诗集印行流传下去。

杜牧得知缘由后，第一反应是拒绝。他知道李贺是世人公认的天才诗人。杜牧少时初学诗文时便是元和诗坛兴盛之时，韩愈、刘禹锡、白居易、元稹、柳宗元、张籍、李贺等前辈诗人的文名如雷贯耳。然而，此时二十八岁的杜牧还称不上文坛宗师，与李贺也并无交集，与人作序心中有异。数日后，杜牧当面向沈述师推辞了作序之事，而沈述师态度坚决地告诉杜牧："若是推辞，就是看不起我。"杜牧此时正在沈述师的兄长沈传师的幕府就任，话都说到这份儿上了，杜牧也不好再推辞了。

沈述师将李贺的四卷诗稿交于杜牧。一连数日，杜牧灯下品读，李贺的人生随诗文在眼前铺开，"长安有男儿，二十心已朽""石脉水流泉滴沙，鬼灯如漆点松花""黄尘清水三山下，更变千年如走马"……一首首，一句句，是李贺生命的结晶。杜牧放下诗稿，不作酝酿，提笔作序：

皇诸孙贺，字长吉，元和中韩吏部亦颇道其歌诗。云烟绵联，不足为其态也；水之迢迢，不足为其情也；春之盎盎，不足为其和也；秋之明洁，不足为其格也；风樯阵马，不足为其勇也；瓦棺篆鼎，不足为其古也；时花美女，不足为其色也；荒国陊殿，梗莽丘垄，不足为其恨怨悲愁也；鲸呿鳌掷，牛鬼蛇神，不足为其虚荒诞幻也。盖《骚》之苗裔，理虽不及，辞或过之。《骚》有感怨刺怼，言及君臣理乱，时有以激发人意。乃贺所为，无得有是！贺能探寻前事，所以深叹恨今古未尝经道者，如《金铜仙人辞汉歌》《补梁庾肩吾宫体谣》，求取情状，离绝远去笔墨畦径间，亦殊不能知之。贺生二十七年死矣，世皆曰："使贺且未死，少加以理，奴仆命《骚》可也。"

多年后，视李贺为偶像的李商隐作《李贺小传》时，开篇就肯定了杜牧的序："京兆杜牧为《李长吉集叙》，状长吉之奇甚尽，世传之。"

这些身后事，李贺已不知晓了。他出生于公元 790 年，家居福昌（今河南宜阳西）。昌谷李氏与李唐皇族往上数九代是同宗同族，作为皇族远亲，昌谷李氏早已没落。李贺的父亲李晋肃最高官至陕县县令，李晋肃颇有才名，曾与杜甫在湖北公安县有过交集。杜甫曾写诗赠别李晋肃：

正解柴桑缆，仍看蜀道行。樯乌相背发，塞雁一行鸣。
南纪连铜柱，西江接锦城。凭将百钱卜，飘泊问君平。
——《公安送李二十九弟晋肃入蜀余下沔鄂》

李贺自幼体质羸弱，长得也很有特点——通眉长指爪。他天赋极高，七岁能诗。《新唐书·列传·李贺》和《唐摭言》有相似的记载：

据说公元 796 年，韩愈和皇甫湜听闻有少年神童七岁（虚岁）能作文章，不相信，便登门拜访，让李贺现场赋诗。李贺提笔一气呵成，写下《高轩过》一诗，韩愈和皇甫湜二人大惊。自此，李贺才名远播。

这段故事自然是杜撰的，根据韩愈生平年谱，公元 796 年，韩愈二十八岁，随董晋在汴州（今河南开封）幕府任掌书记，正为生计奔波，此时连韩愈自身都声名不显。而《高轩过》一诗应当作于公元 808 年，是李贺十八岁到洛阳参加河南府试时，拜谒东都国子监博士韩愈所作。这也是韩愈与李贺的第一次见面。

李贺少年时期时常带着小书童，骑着骡子，背一破锦囊，到处游历，途中有所见所想便写下来扔到囊中。到暮晚归家时，母亲郑夫人让婢女将囊中的书卷倒出来，多得难以计数。郑夫人总会叹息道："是儿要当呕出心乃已尔。"意思是李贺刻苦作诗，非要呕出心来才罢休。成语"呕心沥血"中的"呕心"便是出自此处，而"沥血"则出自韩愈的《归彭城》一诗："刳肝以为纸，沥血以书辞。"

虽然李贺七岁闻名于京洛是后人杜撰的，但他十五岁有才名却是实打实的。时人将李贺与成名已久的大诗人李益并称，"以长短之制名动京华"。李益此时已年届六旬，成名已久，尤其擅长边塞诗，以七绝闻名天下，一首《夜上受降城闻笛》天下传唱：

回乐烽前沙似雪，受降城外月如霜。
不知何处吹芦管，一夜征人尽望乡。

公元 805 年，这是唐帝国的重要拐点。这一年有两个年号，一个是"贞元二十一年"，另一个是"永贞元年"，而永贞这个年号也仅用了这一年，在这一年内，唐帝国的皇帝更迭了两次。正月二十三日，六十三岁的唐德宗李适驾崩于会宁殿。三日后，太子李诵继位，是为唐顺宗。李诵在太子位子上待了二十五年，而登基前他已经中风垂危，口不能言。朝政交由以王叔文、王伾、韦执谊、刘禹锡、柳宗元为核心的革新政治集团主理。"二王刘柳"的改革触及了宦官集团、贵族官僚集团以及藩镇集团的利益，最终在三方合力之下，仅半年时间，唐顺宗被迫禅位于太子李纯。改革宣告失败，"二王刘柳"也遭到了政治清算，死的死，贬的贬。

次年正月十九日，唐宪宗对外宣称太上皇唐顺宗病危，仅一日后，顺宗驾崩。后来，刘禹锡和柳宗元都有诗文影射顺宗之死是谋杀，并非病亡。这也成了一桩历史谜案，顺宗死后，宪宗改元"元和"。

朝堂上的剧变与少年李贺并无太大干系，他在昌谷老家埋首于经史子集之中。公元808年，十八岁的李贺赴洛阳参加河南府试，听闻文坛巨擘韩愈于洛阳任国子监博士。勤于诗文的李贺早已听说韩愈与孟郊、张籍、刘叉、卢仝、贾岛等人倡导古文运动，变体新诗，俨然占去文坛半壁江山。心怀崇敬的李贺带着自己的诗稿拜谒韩愈，既是求教，也是为自己不久后的科举之路铺垫。唐朝士子科举前向来有干谒的传统，韩愈当年四考科举，屡试不中，其间不知向多少权贵名士献上诗文以求赏识。因此，淋过雨的韩愈官居国子监博士，身为文章巨公，自然会尽心为后辈打伞，提携有才之士，常做伯乐。

韩愈当然不会将李贺拒之门外，况且李贺少有才名，名动京华，韩愈对李贺带来的诗稿也十分期待。展卷读之，首篇便是《雁门太守行》：

黑云压城城欲摧，甲光向日金鳞开。

角声满天秋色里，塞上燕脂凝夜紫。

半卷红旗临易水，霜重鼓寒声不起。

报君黄金台上意，提携玉龙为君死。

从未到过边塞的李贺纯粹凭借想象构建了一个宏大而惨烈的战争场景，层层乌云压在城头之上，战场上密不透风的杀气如同实体。当缕缕金光穿过云层照在鳞甲上时，如同龙鳞一般。号角在秋风中哀鸣，塞上的血迹凝固为暗紫色，破烂的旗帜倒在易水河畔，战鼓声也消散了。为报君王知遇之恩，甘愿提剑往千万人中去。李贺少年时的诗是胸中万千豪情如剑气般凌厉的，他渴望着伯乐，渴望着建功立业，渴望着青史留名。

韩愈为此诗所震撼，他比谁都清楚"千里马常有，而伯乐不常有"的道理。于是，韩愈当了李贺的伯乐。他把年轻的李贺介绍给洛阳文坛名流，为他宣扬诗名。在韩愈的提携下，李贺诗名大盛，这对他的科举之路大有裨益。在一次文人士子的聚会上，韩愈和皇甫湜让李贺现场作诗，一展才华，于是李贺诗成《高轩过》：

华裾织翠青如葱，金环压辔摇玲珑。
马蹄隐耳声隆隆，入门下马气如虹。
云是东京才子，文章巨公。
二十八宿罗心胸，九精照耀贯当中；
殿前作赋声摩空，笔补造化天无功。
庞眉书客感秋蓬，谁知死草生华风！
我今垂翅附冥鸿，他日不羞蛇作龙。

诗中对韩愈和皇甫湜的赞颂和吹捧并不显得刻意，他一个昌谷来的无名小辈，遇到韩愈如同枯草逢春风，垂翅的鸟儿受庇于大鹏，有朝一日，他这条小蛇蹚过风浪也能化龙。这是李贺面对前辈文人不卑不亢的态度，也表现了他的自信。

同年，李贺参加河南府试，作《河南府试十二月乐词并闰月》组诗。这组诗共十三首，依照十二个月份加闰月的时令咏物言事。即便是这种命题的应制诗，也束缚不了李贺满溢的才华，以下为其中三首：

正月

上楼迎春新春归，暗黄著柳宫漏迟。

薄薄淡霭弄野姿，寒绿幽风生短丝。

锦床晓卧玉肌冷，露脸未开对朝暝。

官街柳带不堪折，早晚菖蒲胜绾结。

十二月

日脚淡光红洒洒，薄霜不销桂枝下。

依稀和气排冬严，已就长日辞长夜。

闰月

帝重光，年重时，七十二候回环推。

天官玉琯灰剩飞，今岁何长来岁迟。

王母移桃献天子，羲氏和氏迁龙辔。

河南府试共考三场：一考诗赋，二考帖经，三考试策。这是对士子的全方位测试：诗赋考校创作力，帖经考校记忆力，试策考校对时政的思考和见解。待到府试揭榜时，李贺的名字赫然在列，他获得了到长安参加进士试的资格。韩愈在洛阳为秋试得隽的李贺庆祝，同席的还有皇甫湜、张籍、贾岛、樊宗师等人。李贺也融入了这个"韩孟诗派"群体，那一夜，少年李贺醉了。

世事无常，父亲李晋肃骤然离世。为奔父丧，李贺从洛阳回到昌谷老家。依照唐律，需居家守孝三年。唐代的丁忧制度很是严格，三年期限实际上是二十七个月。丁忧期间：一禁父母丧时释服从吉；二禁作乐、杂戏；三禁参与吉席；四禁别籍异财；五禁嫁娶；六禁求仕；七禁逃匿解官；八禁生子。这八条禁令违反任何一条都有相应的惩处。因此，李贺在守孝期间参加不了进士试，阴差阳错间为他以后的人生悲剧埋下了伏笔。

作为没落的皇室远亲，父亲李晋肃的县令俸禄艰难地维持着一家人的生活。虽不算富贵，但也算体面，家中也有仆役侍候。然而，经济支柱李晋肃去世后，李贺一家连小官僚家庭的体面生活都难以维持了。尤其是古代重视葬礼，李晋肃的身后事也耗了不少家财。李贺一家的经济状况逐渐陷入窘迫中。

公元 810 年，李贺的守孝期满，他收到了韩愈的来信，韩愈劝他尽快到长安应进士举。岁末，李贺从昌谷奔赴长安，准备参加来年春天的进士考试。这是李贺第一次踏入帝都长安，一座承载了无数风流的城市，留下了无数传奇故事，有开元盛世的"九天阊阖开宫殿，万国衣冠拜冕旒"，也有安史之乱的"渔阳鼙鼓动地来，惊破霓裳羽衣曲"。元和年间的唐帝国虽不复开元、天宝年间的盛况，但依旧闪耀着帝国的余晖。

李贺站在朱雀大街上凝视着这座雄城，风从宽阔笔直的街道间刮过，当真如白居易写的"百千家似围棋局，十二街如种菜畦"。但万家灯火没有一盏是他李长吉点亮的，李贺攥紧了拳头，暗下决心，一定要在这片热土上扎下自己的根，点燃属于自己的灯火。

命运在此时跟李贺开了个玩笑，正在李贺安心于驿馆备考时，一则流言在科举士子间传播——李贺父亲名字中的"晋肃"二字与"进士"二字谐音，因此为避父讳，李贺应当不参加进士试，否则就是不孝。这明显是妒才者从中作怪，李贺诗名早已传遍京洛，有韩愈等人为其造势，此次进士试大概率能高中，妒才者为了挤掉李贺这个竞争对手才出此阴损招数。李贺自然也听闻了传言，父亲李晋肃新丧，自己便因举进士被扣上"不孝"的帽子，一时间竟不知如何应对。

流言甚嚣尘上，其他参加科举的士子也希望以此挤掉李贺这个强劲的对手。毕竟这年春闱千余人参考，录取人数不过二十余个，若是以此挤掉李贺，进士及第的机会也要大上几分。于是，大部分科举士子都将李贺参加进士试与不孝画上了等号，谴责李贺。在庞大的舆论压力之下，本就早熟、敏感的少年陷入了极度抑郁和苦闷之中，人们正在试图用道德绑架杀死这个天才。远在洛阳的韩愈也听闻了传言，于是拍案而起，愤而发声，写下《讳辩》斥责那些传播流言的妒才者（下为节选）。

今贺父名晋肃，贺举进士，为犯二名律乎？为犯嫌名律乎？父名"晋肃"，子不得举进士。若父名"仁"，子不得为人乎？

韩愈在文中大骂，如果父名晋肃，儿子不能举进士，那么父如果名"仁"，儿子是不是连人都不能当了？洋洋洒洒数百字，韩愈引经据典为李贺辩白，将那些所谓捍卫孝道的伪君子的面具撕开。

长安这边，承受不了舆论压力的李贺最终离开试院，放弃了举进士的打算。李贺如同行尸走肉般晃荡在长安的大街上，世界似乎失去了颜色，灰蒙蒙的。他心神俱灭，甚至没有愤怒、没有震惊，连为自己辩驳的力气都没了。他所有的努力、天赋，都被这个可笑的理由抹杀了。仅仅是因为嫉妒者的道德绑架，李贺近二十年的人生被彻底否定。他确实活着，他也确实死了。

即便是身为文章巨公的韩愈也撼动不了封建社会"避讳"这一极坏的风气，他只能眼睁睁地看着世俗恶流将一个天才摧残，乃至吞噬。李贺枯坐了半个月，旧疾复发，时不时还咳出血。在此心境下，李贺写下了《致酒行》：

零落栖迟一杯酒，主人奉觞客长寿。
主父西游困不归，家人折断门前柳。
吾闻马周昔作新丰客，天荒地老无人识。
空将笺上两行书，直犯龙颜请恩泽。

我有迷魂招不得，雄鸡一声天下白。

少年心事当拏云，谁念幽寒坐呜呃。

李贺丢失的魂魄难以招回，但他内心深处又期待着有雄鸡鸣叫驱散黑暗。他无数次宽慰自己，少年当有凌云之志，不能枯坐于此自怨自艾。收拾好心情的李贺准备离开长安，返回故乡昌谷。他离开那天，桂花被大雪打得稀稀落落，带伤的乌鸦嘶鸣着飞过。关水倒映着李贺骑驴的孤影，朔风将帽檐压得低垂。他渴望着回家重聚的温情，但又一事无成的悲哀，他害怕面对家人关切的问候。

此次归乡，李贺没有待多久，家中日益艰难的经济状况要求他尽快寻到谋生之道。10月，李贺再次西入长安。经过洛阳时，韩愈和皇甫湜在仁和里的宅院中招待了李贺。韩愈向李贺讲述了自己的经历，并告诉他，人生不如意事十之八九，他如今才二十出头，未来依旧大有可为。

韩愈的劝慰真如"雄鸡一声天下白"，把李贺的魂魄招了回来。告别了韩愈，西去长安，途经华阴县时，李贺写下《开愁歌》：

秋风吹地百草干，华容碧影生晚寒。

我当二十不得意，一心愁谢如枯兰。

衣如飞鹑马如狗，临歧击剑生铜吼。

旗亭下马解秋衣，请贳宜阳一壶酒。

壶中唤天云不开，白昼万里闲凄迷。

主人劝我养心骨，莫受俗物相填豗。

韩愈分享给李贺的是于人生逆旅之中做自己的主人，莫要使那不相干的尘世俗物填满内心。李贺忽然明悟当年李白所写的："夫天地者，万物之逆旅也；光阴者，百代之过客也。而浮生若梦，为欢几何？"

二入长安，李贺依旧无所得，便决定游历河山，学着韩愈当年幕府求职那般，以图寻得谋生手段。他骑着驴，身负破锦囊，手持书卷，在聚散的流云下走走停停。他观山、观水、观众生，世间百态是书里未曾有过的。在山河的游历中，他郁积的苦闷随着朝暮晨昏慢慢消散于天地间。

我有辞乡剑，玉锋堪截云。
襄阳走马客，意气自生春。
朝嫌剑花净，暮嫌剑光冷。
能持剑向人，不解持照身。

——《走马引》

走累了，便以天为被、以地为床露宿于星光之下。一日，露宿野外的李贺在睡梦中忽然魂飞月宫。他在月宫上见到了老兔、寒蟾，于桂花香中欣逢鸾佩仙娥，俯视着三山之下的沧海桑田，千年世事如同走马般在眼前变幻，九州大地宛如烟尘浮动，一泓海水如同杯中之水。醒来后，李贺将自己的梦境写成了《梦天》：

老兔寒蟾泣天色，云楼半开壁斜白。
玉轮轧露湿团光，鸾佩相逢桂香陌。
黄尘清水三山下，更变千年如走马。
遥望齐州九点烟，一泓海水杯中泻。

终于兜兜转转，李贺又回到昌谷老家。到了公元 811 年 5 月，李贺三入长安。这次韩愈为李贺想了个办法，便是门荫入仕。李贺作为李唐皇室远亲，父亲于陕县县令任上辞世，朝中托关系运作一下是够得着门荫入仕的要求的。于是，通过韩愈的人际关系，经宗人府推荐，李贺父荫入仕，任从九品的奉礼郎。这个职位主要负责国家祭祀礼仪。说来也巧，奉礼郎这个官职原先叫治礼郎，因为避高宗李治的名讳才改为奉礼郎。而李贺真就跟犯讳撞了个满怀，真真是讽刺。

李贺开始了他为期三年的奉礼郎生涯。在唐代，进士入仕才是最佳的做官方式，而门荫入仕在中唐时期已经不受重视，所以李贺的仕途前景黯淡无光。大好的时光消磨在烦琐冗余的仪式上，李贺如同在牢笼中一般。他的俸禄甚至都不够养活自己，还要靠好友接济。在枯燥的工作中，李贺偶然一次听见了祭礼上梨园艺人李凭弹奏的《箜篌引》，他的思绪仿佛又回到了《梦天》诗中的梦境一般。李贺再次将自己这种超自然的想象写成了诗歌《李凭箜篌引》：

> 吴丝蜀桐张高秋，空山凝云颓不流。
> 江娥啼竹素女愁，李凭中国弹箜篌。
> 昆山玉碎凤凰叫，芙蓉泣露香兰笑。
> 十二门前融冷光，二十三丝动紫皇。
> 女娲炼石补天处，石破天惊逗秋雨。
> 梦入神山教神妪，老鱼跳波瘦蛟舞。
> 吴质不眠倚桂树，露脚斜飞湿寒兔。

李贺和李白一样有着瑰丽的辞藻、浪漫的想象，不同之处在于：李白写的大多是自然物象，而李贺写的大多是超自然事物。李贺诗中这种怪奇特征源自他异于常人的幻想，他能从箜篌的音乐中想象到"昆山玉碎凤凰叫，芙蓉泣露香兰笑"，而美妙的音乐竟使得"江娥啼竹素女愁""老鱼跳波瘦蛟舞"。这种出人意料的想象是一种超时空的自由流动，跳跃性极强。明末清初的文人叶矫然在《龙性堂诗话初集》中形容：

> 长吉耽奇凿空，真有"石破天惊"之妙，阿母所谓是儿不呕出心不已也。然其极作意费解处，人不能学，亦不必学。义山古体时效此调，却不能工，要非其至也。

273

后来，李商隐写旧体诗时想效仿李贺的风格却不得其要。李贺的风格是学不来的，当然也不需要刻意追求这种超自然的怪奇文风。唐人中描写音乐的名作不少，比如白居易的《琵琶行》："大弦嘈嘈如急雨，小弦切切如私语。"又如韩愈的《听颖师弹琴》："浮云柳絮无根蒂，天地阔远随飞扬。"这些都是描写音乐的佳句，而李贺的"空山凝云颓不流"和"石破天惊逗秋雨"是十分抽象的诗境，是独属于他个人的内心感受，也是他特有的心理状态的流露。

李贺在长安结交了一些朋友，如王参元、杨敬之、权璩、崔植、沈述师等人。他们时常一同出游、宴饮、写诗，而李贺的诗向来是没什么主题的，他想到什么就写什么，有些不喜欢的诗稿就随手扔掉，写得好的诗稿时常又会被王参元、杨敬之等人拿走。所以，后来李贺留给沈述师的四卷诗稿只是他所有诗稿中的一小部分而已。

宴游散去，李贺又将独自回到崇义里的屋舍内。长安的秋雨连绵不断，无法出门的李贺独对寒秋。他的白发又多了许多，而封侯建功的理想只能枕着剑匣于梦中实现了。

落莫谁家子？来感长安秋。

壮年抱羁恨，梦泣生白头。

瘦马秣败草，雨沫飘寒沟。

南宫古帘暗，湿景传签筹。

家山远千里，云脚天东头。

忧眠枕剑匣，客帐梦封侯。

——《崇义里滞雨》

公元 813 年春，李贺接到从昌谷老家寄来的书信，是一封讣告——妻子病故。这些年来，他奔走于仕途，与妻子聚少离多。成亲数年以来，他们相处的日子屈指可数。本想挣得功名还乡去，再添儿女共夜话，妻子的骤然离世将他的一切规划都打乱了。忧郁哀伤之下，李贺旧疾复发，他向朝廷告病一百天回昌谷老家。

李贺骑驴回到"竹香满凄寂，粉节涂生翠"的昌谷，看到后山上那座低矮的坟茔。他两年前赴长安时还在官道路口挥手告别的那个女子已经躺在泥土之中，天人永隔了。

> 花枝草蔓眼中开，小白长红越女腮。
> 可怜日暮嫣香落，嫁与春风不用媒。
>
> ——《南园十三首》（其一）

李贺在昌谷休养了一段时间，又不甘于就此沉沦，他想起了《河岳英灵集》中写《燕歌行》的高适。作为没落的贵族后裔，高适大器晚成，年逾五十才在安史之乱中建功立业，最后封侯。他也应当提振精神去奔一奔前程，满腔热血之中，李贺写下了：

> 男儿何不带吴钩，收取关山五十州。
> 请君暂上凌烟阁，若个书生万户侯？
>
> ——《南园十三首》（其五）

而今的江淮地区藩镇频频作乱，李贺便从昌谷南下楚地和吴越之地，期望能寻到一展才华的机会。和李白游历江淮的经历相似，"九州人事皆如此"，李贺也一无所获。绕了一圈，再次回到长安，李贺正式将自己的奉礼郎官职辞去。他走在长安古老的官道上，在渭水河畔，回看长安越来越远，不知此生是否还能回来。

> 茂陵刘郎秋风客，夜闻马嘶晓无迹。
> 画栏桂树悬秋香，三十六宫土花碧。

魏官牵车指千里，东关酸风射眸子。

空将汉月出宫门，忆君清泪如铅水。

衰兰送客咸阳道，天若有情天亦老。

携盘独出月荒凉，渭城已远波声小。

——《金铜仙人辞汉歌》

此诗中的"天若有情天亦老"堪称千古名句，后世多有借用，比如欧阳修的《减字木兰花》："伤怀离抱，天若有情天亦老。"毛泽东的《七律·人民解放军占领南京》："天若有情天亦老，人间正道是沧桑。"真正堪称此句绝对的还是北宋诗人孙贲的那句"月如无恨月长圆"。

《金铜仙人辞汉歌》是李贺的代表作之一，也是他诗歌创作的一个拐点。自此后，他的诗歌转向对生命和死亡的病态的关切。人生、命运、生死这三个主题成为他余生的创作方向，他也对此进行了深度思考。人生短暂，怀才不遇加上多病的身体，构成了极具悲凉色彩的诗歌意象。最能表现这个特点的是《秋来》：

桐风惊心壮士苦，衰灯络纬啼寒素。

谁看青简一编书，不遣花虫粉空蠹。

思牵今夜肠应直，雨冷香魂吊书客。

秋坟鬼唱鲍家诗，恨血千年土中碧。

流年似水将人留在世上的痕迹全部冲刷，日后会有谁来读自己写的诗呢？又如何能逃脱被蠹虫蛀成粉屑和蛀出洞隙的命运呢？他李贺功名未就、怀才不遇，恰似鲍照恨血千年的遗憾，化作血之碧玉，唯有诗鬼在传唱。

李贺辞官归卧昌谷后，失去了俸禄，家中境况凄凉。为了生计，李贺不得不再次离家奔波。公元814年，在友人张彻的荐举下，李贺到潞州（今山西长治）为昭义军节度使郗士美做文书。弟弟也要前往庐山谋职，兄弟俩在郊野分别，李贺作诗赠别小弟：

> 别柳当马头，官槐如兔目。
> 欲将千里别，持我易斗粟。
> 南云北云空脉断，灵台经络悬春线。
> 青轩树转月满床，下国饥儿梦中见。
> ——《勉爱行二首送小季之庐山》（节选）

这首诗道出了生活的艰辛，即便李贺有归隐之心，也无归隐之力。也正是因为背负着家人的衣食生计，李贺颇多苦吟之诗。

公元816年，昭义军节度使郗士美因讨逆无功告病休养回到洛阳，而好友张彻也回到长安。李贺无法继续在幕府任职，身心疲惫之下回到昌谷老家。此时他仅二十六岁，但是多年的苦闷郁积心头，旧疾缠身难以恢复，生机正在流散。李贺也深知自己来日无多了。在生命的最后时刻，李贺显得格外焦急，他还有许多未竟之事，他的诗歌也时常基于冥府、鬼灯、荒坟等意象构建而成。

> 百年老鸮成木魅，笑声碧火巢中起。
> ——《神弦曲》

> 呼星召鬼歆杯盘，山魅食时人森寒。
> ——《神弦》

> 南山何其悲，鬼雨洒空草。
> ——《感讽五首》（其三）

李贺深受屈原、李白及汉乐府民歌的影响，喜欢自造奇语，对冷艳凄美的意象有着偏爱，诗文中常有"泣""啼"等词语，营造出一种特殊的氛围。并且，李贺擅长使用色彩来渲染诗境，比如《长平箭头歌》中写道：

> 漆灰骨末丹水沙，凄凄古血生铜花。

这句中的漆灰为黑、骨末为白、丹砂为红，血经过蚀变生出了斑驳的"铜花"，多种色彩叠加而成的死亡意象如真似幻。李贺善写色彩，在他写的《将进酒》中也有体现：

> 琉璃钟，琥珀浓，小槽酒滴真珠红。

酒具是琉璃，酒色是琥珀，色彩已然十足瑰丽了，再着墨于酒滴落的"真珠红"，色泽呈现到了极致。李贺的诗集对色彩极尽渲染之能事，他写红有"笑红""冷红""老红""愁红"；写绿有"颓绿""静绿""寒绿""凝绿"……李贺不仅仅创造了视觉、听觉上的效果，甚至有味觉上的，比如"酸风""香雨"等。读李贺的诗有极强的沉浸感，就来自他对视觉、听觉、味觉的立体诗境塑造。

李贺在生命的最后阶段，时常梦见坟地和四处游荡的魂魄。他开始预想死亡，比如他的代表作《苏小小墓》。苏小小是南齐名妓，唐代文人的诗中对她多有描写，白居易是吟咏苏小小最多的诗人：

> 杭州苏小小，人道最天斜。

——《和春深二十首》

> 涛声夜入伍员庙，柳色春藏苏小家。

——《杭州春望》

> 若解多情寻小小，绿杨深处是苏家。

——《杨柳枝词》

别的诗人写苏小小大多是风情万种，满文春色，而李贺写的苏小小却将风流拓展到了死后游荡的幽魂：

> 幽兰露，如啼眼。
> 无物结同心，烟花不堪剪。
> 草如茵，松如盖。
> 风为裳，水为佩。
> 油壁车，夕相待。
> 冷翠烛，劳光彩。
> 西陵下，风吹雨。

——《苏小小墓》

李贺赋予了这位南齐名妓新的艺术生命，他也在思索也许自己死后能在另一个世界开始新的生活。现实世界辜负了他太多太多。李贺的精神状态很怪异：一方面，他恐惧死亡，诗句中对幽魂、坟茔都用了可怖的字眼；另一方面，他又隐隐期待死亡，或许死亡是对现实世界的超脱。因此，他还写了不少游仙诗，对天宫进行了无尽的想象。

> 天河夜转漂回星，银浦流云学水声。
> 玉宫桂树花未落，仙妾采香垂佩缨。
> 秦妃卷帘北窗晓，窗前植桐青凤小。
> 王子吹笙鹅管长，呼龙耕烟种瑶草。
> 粉霞红绶藕丝裙，青洲步拾兰苕春。
> 东指羲和能走马，海尘新生石山下。

——《天上谣》

他幻想天上银河潺潺，银河流云会发出响声；月宫的桂树永不凋零，仙女纤手摇佩缨；神仙眷侣永不老，王子吹笙呼唤龙来耕种瑶草；仙女们剪下一条粉霞做成红绶带，又飞去南海采仙草；羲和驾着天马载着太阳而来，海水退去变为新的陆地。在李贺的诗中，不仅有尘世、有冥府，还有仙界，构成了一个宏大的世界观。因此，将李贺称为"诗鬼"是极其片面的，他也可以是"诗仙"，更可以是"诗人"。

李贺对自己命不久矣的预感是对的，他于公元816年病逝，时年二十六岁。多年后，李商隐为了李贺来到昌谷，寻到李贺的长姐，询问李贺的生平事迹，包括最后的离世。李贺的姐姐说："长吉没有死，他是被一个绯衣人带到天上去了。据说是天帝请他为白玉楼作记去了。"

最终，李商隐将这个一听就不真实的故事写到了《李贺小传》中：

> 长吉将死时，忽昼见一绯衣人，驾赤虬，持一板，书若太古篆或霹雳石文者，云："当召长吉。"长吉了不能读，欻下榻叩头，言阿𡟍老且病，贺不愿去。绯衣人笑曰："帝成白玉楼，立召君为记。天上差乐，不苦也！"长吉独泣，边人尽见之。少之，长吉气绝。

李贺对晚唐的诗风产生了直接的影响，与同时代的韩愈、孟郊、刘禹锡、柳宗元、白居易相比，他多了几分幻想。他如同元和诗坛群星中的那个黑洞，他并未成为光源，然而群星的光芒都因他的存在而扭曲甚至消失，他是不可忽视的存在。李贺短暂的人生就像他诗里说的那样，是"煎"过去的。

> 飞光飞光，劝尔一杯酒。
> 吾不识青天高，黄地厚。
> 唯见月寒日暖，来煎人寿。

——《苦昼短》（节选）

第十四章
杜牧：长安回望绣成堆

　　公元 803 年初秋，杜牧出生于京兆府万年县安仁坊。也正是这一年，杜牧的祖父——六十八岁的杜佑回京任检校司空，同中书门下平章事，也就是帝国宰相。三十五岁的韩愈也是在同年上疏《御史台上论天旱人饥状》，从监察御史被贬为岭南阳山县令。元和诗人们——刘禹锡、白居易、柳宗元、元稹等人正值壮年。

　　杜牧的家在朱雀门东第一街，这里是长安城的中轴线。后来，他在诗中写过自己显赫的家族：

> 仕宦至公相，致君作尧汤。我家公相家，剑佩尝丁当。
>
> 旧第开朱门，长安城中央。第中无一物，万卷书满堂。
>
> ——《冬至日寄小侄阿宜诗》（节选）

　　韩愈和白居易年逾五十才在长安城买下属于自己的房子，而杜牧生来就居住在长安城中央。京兆杜氏是唐代最显赫的世家之一，数百年来世系绵长，世代簪缨，钟鸣鼎食。往远了数有远祖杜预，是西晋名将，堪称全才。论武功，杜预先参与伐蜀，再主持伐吴，有国家统一之功；

论文才，他注释了《春秋左氏经传集解》《春秋释例》，足以传世。时人誉其"杜武库"，杜预是杜甫和杜牧共同的远祖。往近了说，祖父杜佑是三朝名相，主政唐帝国十年。真正让杜佑名垂青史的是他所著的皇皇两百卷的《通典》，共一百九十余万字，开史学之先河。

杜佑不仅仕途显达，而且儿孙满堂。杜牧是杜佑的第十三个孙子，因此人称"杜十三"。杜牧的父亲杜从郁是三房，就数他们这一房人丁不旺。杜牧出生时正是家族最显赫之时，祖父杜佑拜相，在杜佑的恩荫下，父亲和伯父们都靠门荫入仕，不必去走科举那条险道。杜牧出生后不久，父亲杜从郁又以门荫迁升正六品上的太子司议郎。

杜牧的童年是热闹的，杜府三代同堂，近百口人生活在一起。杜佑孙儿众多，最疼爱的还是二房的杜悰和三房的杜牧。杜悰后来以门荫入仕，迎娶了岐阳公主，成为驸马都尉，晚年还两度拜相。杜佑对杜牧的启蒙教育极早，三岁教诗词，五岁教王朝之兴衰，从东周列国、春秋五霸、楚汉相争、三国鼎立到魏晋南北朝，讲奋六世之余烈的嬴政，讲乌江自刎的项羽，讲鞠躬尽瘁的诸葛丞相。作为史学大家，杜佑肚子里装了太多故事。而杜佑对杜牧有着特别的期望，希望杜牧能够举进士入仕。

中唐时期，进士入仕成为最受人尊崇的方式。杜佑以及他的三个儿子都是门荫入仕，虽然也能官居高位，但说起来都是借了父祖辈的光罢了。他也深知自古以来没有长青不败的家族，两晋时期与皇帝共天下的王谢门阀，如今也如同寻常百姓家，唯有真才实学是可长久依赖的。

唐代进士试尤重诗赋，所以杜牧自小从《诗经》学到《楚辞》，从屈原的《九歌》到宋玉的《九辩》。杜牧确实有着极高的诗文天赋，时常独自在院中仰天默背《离骚》：

路曼曼其修远兮，吾将上下而求索。
饮余马于咸池兮，总余辔乎扶桑。

折若木以拂日兮，聊逍遥以相羊。

前望舒使先驱兮，后飞廉使奔属。

鸾皇为余先戒兮，雷师告余以未具。

吾令凤鸟飞腾兮，继之以日夜。

……

杜牧于一方小院中潜心诗赋时，更大的那个天下自他出生起，仅仅数年时间，大事频发。杜牧两岁时，唐德宗驾崩，中风且口不能言的太子李诵登基。顺宗李诵重用王叔文、王伾、柳宗元、刘禹锡等人改革弊政，抑制藩镇割据，打压宦官专权，力图中兴大唐。革新集团为了服众，拉拢德宗朝宰相杜佑，为杜佑进位检校司徒加弘文馆大学士，仍任宰相。实际上，执政大权旁落于王叔文之手，杜佑被架空。

同年6月，宦官集团俱文珍、薛盈珍等人联合朝中大臣扶立广陵王李纯为太子，并上书称因顺宗病重不能理政，由太子监国。王叔文的革新集团大势已去，改革失败。8月，顺宗禅位于太子李纯，是为唐宪宗。宪宗当月便将刘禹锡、柳宗元等人先贬为远州刺史，再贬为远州司马，史称"二王八司马"。自此，刘禹锡开始了二十三年"巴山楚水凄凉地"的生活，柳宗元则将永眠于他乡。宪宗继位后，改元"元和"，一个新的时代来临了。

公元806年，杜牧的父亲杜从郁将转任左补阙。这是天子近臣，掌供奉讽谏，也是仕途升迁的快车道。只是这个任命被谏官崔群、韦贯之等人阻止了，原因是杜佑时任宰相，儿子担任谏官，如果朝政有失，儿子如何讽谏父亲之失？于是，杜从郁降两等品级改任左拾遗，也是谏官。但是，再次被阻止。最终，改任秘书丞。这次人事任命反复调整其实就是朝臣之间的权力博弈。

公元807年，四岁的杜牧添了个弟弟杜顗，兄弟两人甚是友爱。此时，七十二岁的杜佑仍然任宰相，深受朝廷礼重，甚至因杜佑年老有疾，宪宗特批免了他的常参，每月只需入朝三次，参与帝国决策，平日可在家休养。杜佑因此有了更多时间为孙子杜牧谈古论今，高墙深府之中，祖孙二人指点江山。杜佑日渐老去，杜牧日渐长大。

长安城南郊外有一处风景名胜之地，王公贵族均在此修筑别墅林园。因汉高祖刘邦赐功臣樊哙食邑于此，得名"樊川"。南山之上流淌而来的潏水滋养了樊川丰腴的土地，这里有田庐鸡犬、流泉池渠，郁郁苍苍的林木铺成一片。终南山，太白山，如拔地而起的屏风，与盛唐诗人王维的辋川别业左侧相邻。南郊名胜甲长安，樊川名胜甲南郊。杜家在此处也有一座樊川别墅，杜佑时常带着杜牧往返于宰相府与樊川别墅之间。杜牧在长辈的陪伴下，徜徉于潏水河畔、九曲池边，也到过香积寺，去感受王维诗中"古木无人径，深山何处钟"的幽静。在杏花坡仰望天上星汉，与祖父临溪而钓，静听流水。樊川别墅承载了杜牧的童年，成为他后来坎坷人生中的心灵寄所。

盛极而衰，这似乎是人间常事，杜氏一族的兴盛终将随着杜佑的老去而衰落。公元812年隆冬时节，凛冽的北风将七十七岁的杜佑带走了。朝廷以国礼厚葬了杜佑之后，失去主心骨的杜氏大家族的三房子孙不可避免地出现了分化，将杜氏家族多年积累的产业、家财也一分为三。杜牧时年九岁。

杜牧的父亲杜从郁作为三房，从杜佑的遗产中分得三十间房屋，这是一笔丰厚的遗产。然而，命运正是从此时急转直下的。杜从郁从小体弱多病，这也是三房人丁最少，只生下杜牧和杜颛两个儿子的原因。因为身患重疾，杜从郁唯有辞官养病。为了寻医问药，花去了大量钱财。而杜从郁一家依然是杜佑在世时的仆人、奴婢的配置，开销也不小。估摸着三房也无善于理财之人，于是入不敷出，先典卖字画，后典卖房产。然而，杜从郁在数年耗费巨额家财医治后，仍旧亡故，十来岁的杜牧便成为一家之主。此后的窘迫生活在杜牧后来的一篇文章中有详述：

某幼孤贫，安仁旧第，置于开元末，某有屋三十间。去元和末，酬偿息钱，为他人有，因此移去。八年中，凡十徙其居，奴婢寒饿，衰老者死，少壮者当面逃去，不能呵制。有一竖，恋恋悯叹，挈百卷书随而养之。奔走困苦，无所容庇，归死延福私庙，支拄欹坏而处之。长兄以驴游丐于亲旧，某与弟顗食野蒿藿，寒无夜烛，默所记者，凡三周岁……

公元 820 年，杜牧为了还债务利息，三十间房屋全部为债主所有。杜牧在八年内十次迁居，身边的奴婢有的年老体衰被饿死，少壮的当面逃走。杜牧和弟弟杜顗食野蒿藿，寒夜里连烛火都没有。如此窘迫的处境竟然发生在杜佑去世仅仅数年后，杜牧一家具体是如何败掉分家时获得的那笔丰厚遗产的，我们不得而知。杜牧的大伯、二伯两房在杜从郁死后为何不对"十徙其居""食野蒿藿"的侄儿施以援手，在杜牧遗留的诗文中找不到原因，多半涉及家族秘辛。

尽管家境剧变，但家财变卖一空的杜牧，身边几百卷书从未舍弃。这是他从祖父杜佑那里继承的最为重要的财富，书中有杜氏家族数百年传承不绝的家风，有历朝历代兴亡之道，有古人的长短得失，有匡世济民之志。杜牧不仅攻读《尚书》《毛诗》《左传》等书籍，还喜好兵书。多年后，杜牧为《孙子兵法》注序，其成为后世研究《孙子兵法》的重要参考。

公元 824 年正月，唐穆宗驾崩，十五岁的李湛灵前即位，是为唐敬宗。次年春，大赦天下，改元"宝历"。敬宗皇帝只是个长于宫中、锦衣玉食的少年，对天下的灾荒水旱、饥寒流离，以及藩镇悍将拥兵自重、反叛自立的状况一无所知。此时，杜牧二十一岁，腹中有经籍诗书，胸中有济世之志，跟前辈杜甫一样，有着"致君尧舜上，再使风俗淳"的理想。

公元 825 年 10 月，敬宗想效仿唐玄宗与杨贵妃骊山浴洗。此时，昭义节度使留后刘从谏正密谋反叛自立。群臣上谏说："昔周幽王幸骊山，为犬戎所杀；秦始皇葬骊山而国亡；玄宗宫骊山而安史之乱；穆宗幸骊山而早夭。"话都说到这份儿上了，却更加激起了敬宗的逆反之心，他非要去骊山以验谶言。敬宗一意孤行之事流传到了长安坊间。杜牧听闻后，题诗一首《过骊山作》隐讽：

> 始皇东游出周鼎，刘项纵观皆引颈。
> 削平天下实辛勤，却为道旁穷百姓。
> 黔首不愚尔益愚，千里函关囚独夫。
> 牧童火入九泉底，烧作灰时犹未枯。

历史总是会汇入相同的河流，当权者也总是重蹈覆辙，明明有那么多"独夫"之例在前，敬宗还是要去当"独夫"。杜牧由敬宗想到了秦始皇，敬宗自继位后大起宫室、征夫十万、吸取民脂，与当年秦始皇建阿房宫时的景象何其相似。杜牧越是细思，越是按捺不住心中喷涌而出的愤懑，遂提笔写下《阿房宫赋》（下为节选）：

> 呜呼！灭六国者六国也，非秦也。族秦者秦也，非天下也。嗟乎！使六国各爱其人，则足以拒秦；使秦复爱六国之人，则递三世可至万世而为君，谁得而族灭也？秦人不暇自哀，而后人哀之；后人哀之而不鉴之，亦使后人而复哀后人也。

这篇辞赋堪称典范，不仅宏壮巨丽，驰骋上下，而且将盛衰之理论述透彻。清朝文人林云铭在《古文析义》中如此评价："皆竭民之财力而为之。民心既失，岂能独乐，则天下之族秦，竟为秦灭六国之续，可谓千古永鉴矣。蜀山费尽斩伐，末后只还他一片焦土，盛极而衰，理本如此。篇中十三易韵。末以感慨发垂戒意，千古仅作。"

二十出头的杜牧也该为自己的前途打算了。杜氏一族显赫多年，曾祖父杜希望、祖父杜佑、父亲杜从郁都是以门荫入仕，就连堂兄杜悰也是，走的都是捷径。如今，轮到杜牧和弟弟杜颛却没这个运气了。唐代入仕的途径只有四种——门荫、杂色入流、科举和军功，其中科举最为显达。而举进士也是杜佑从小对杜牧的期望，因此在公元827年皇帝发布科举诏令后，二十四岁的杜牧开始了应试准备。

七月槐花黄，举子忙。不管是前一年落第的还是新近应试的，举子们都开始忙了起来，忙着敲权贵的门求荐举，忙着投卷干谒以求援引，这些都是最终影响科举结果的重要因素。杜牧自然也不能免俗，他将自己的诗文投献给了文坛耆宿太学博士吴武陵。吴武陵于公元807年中进士，只是不久后因得罪宰相李吉甫被流放永州，恰好与当时被贬为永州司马的柳宗元同聚一处，两人在永州密切交往四年之久。柳宗元的《小石潭记》便是与吴武陵同游后所写的。

吴武陵在读过杜牧的《阿房宫赋》和《过骊山作》后，对其中的纵横议论以及与现实境况的映衬深感共鸣。在考校了杜牧关于时局、诗赋、经籍等一系列问题后，吴武陵对杜牧的才华越发欣赏。他从杜牧身上感受到了与柳宗元一样的滔天文才，可是柳宗元是悲剧的，他也从杜牧身上看到了同样的悲剧底色。比起元和年间的宪宗，如今的皇帝并非雄君，而且朝中党争日趋严重，生于这个时代并非幸事。

8月，朝廷敕命科举将于明年在东都洛阳举行。杜牧在京兆府办理应举手续后，便准备南游。此时，堂兄杜悰正在湖南澧州任刺史，杜悰娶了岐阳公主成为驸马都尉后官运亨通。杜牧此次南游也顺便拜访。杜牧经蓝田，过商州、襄州而南下。一路上溪流绿水，山间的风将野菊吹动，河畔的芦花如银似雪，一时间杜牧诗兴遄飞。

芦花深泽静垂纶，月夕烟朝几十春。

自说孤舟寒水畔，不曾逢着独醒人。

——《赠渔父》

谁是"独醒人"？熟读史书的杜牧知道，世上从无"独醒人"，生于世间从来都只有过客。

杜牧在澧州匆匆见过杜悰和岐阳公主后便北去洛阳，唐代的举子大多在 10 月聚集于考试地，或是长安，或是洛阳。正当杜牧在洛阳静心待考之时，长安城中，即将赴洛阳主持进士科考试的礼部侍郎崔郾迎来了一位客人——吴武陵。而吴武陵手上拿着的正是杜牧的那篇《阿房宫赋》，他想让杜牧的名字提早进入主考官崔郾的视野。这段故事在《唐摭言》中有详细记载：

> 武陵曰："请侍郎与状头。"郾曰："已有人。"曰："不得已，即第五人。"郾未遑对。武陵曰："不尔，即请比赋。"郾应声曰："敬依所教。"既即席，白诸公曰："适吴太学以第五人见惠。"或曰："为谁？"曰："杜牧。"众中有以牧不拘细行间之者。郾曰："已许吴君矣。牧虽屠沽，不能易也。"

故事很精彩，说吴武陵为杜牧向主考官崔郾讨要状元，崔郾答道："状元已有人选。"最后，吴武陵为杜牧要了个第五名。《唐摭言》的故事不乏虚构夸张的成分，但吴武陵向崔郾荐举杜牧一事应当为真，只是吴武陵一个太学博士，要影响进士的人选可能性不大。当年，李贺因避父讳未能举进士，时任国子监博士的韩愈为其申辩，也无济于事。

公元 828 年 2 月，礼部放榜于洛阳，取进士共三十三人，杜牧位居第五。此时，杜牧二十五岁，算是少年登科。当年，白居易二十八岁中进士已经是"十七人中最少年"。考中进士后虽然没有官身，但时人皆称进士为"白衣公卿"，荣耀加身。如要获得授官，还需要参加吏部铨选考试，因此杜牧在放榜后不久便返回长安。一路上，春色日深，杜牧扬鞭奔走于官道上，他体会到了孟郊诗中"春风得意马蹄疾"的喜悦。比起孟郊近五十岁中进士，杜牧还要得意，他比孟郊早了二十几岁就中了进士，于是他也吟诗一首：

东都放榜未花开，三十三人走马回。
秦地少年多酿酒，已将春色入关来。

——《及第后寄长安故人》

回到长安的杜牧，按照进士及第后的惯例参加了曲江宴游和雁塔题名，庆祝活动一直到3月才停歇。这一年3月，唐文宗又主持了制科考试。制科相较于明经、进士等常科更为严格，是依据朝廷需要而举办的，由皇帝亲自主持并出题。进士及第后的杜牧参加了制举，唐文宗以"贤良方正能直言极谏科"亲自命题。十日后，制科揭榜，杜牧二次登科。这是极为荣耀之事。若说之前进士及第还有吴武陵对主考官崔郾的影响，那么制科考试全凭杜牧个人之才华。

杜牧谢绝了亲友故旧的登门拜访，一人走到了长安南郊的樊川别墅。自祖父故去，三房分家后，此处已经闲置多年，颇为破败。杜牧独对滴水掩面而泣，这些年来食野之蒿、寒夜无烛，家道中落，他从未落过泪，反而两登科，完成祖父杜佑的期望后，他终于在樊川之野尽情释放。从南郊返回长安途中，杜牧到文公寺游览，与寺中老禅师交谈了一番。他发现老禅师对世事毫不关心，既不知藩镇叛乱之事，又不知京城科举之事，如浮云蔽日，皆不知也。追逐功名的杜牧从老禅师身上觉悟到了什么？当真通晓古今盛衰之理，享尽荣禄便是好吗？临走前，杜牧在寺壁上题诗一首：

北阙南山是故乡，两枝仙桂一时芳。

休公都不知名姓，始觉禅门气味长。

不久后，两登科的杜牧被授官从九品的弘文馆校书郎，走上仕途。这是个很受重视的职位，杜佑在《通典》中记载：

掌雠校典籍，为文士起家之良选。其弘文、崇文馆，著作、司经局，并有校书之官，皆为美职，而秘书省为最。

杜牧在校书郎的职位上工作了半年。弘文馆确实是个清闲之处，每月只需上几日班，大多数时间都可自由支配，只是这并非杜牧所求。春去秋来，落叶满长安，一片肃杀景象，杜牧从家中倚楼望远，透过染霜的树梢看到终南山连绵起伏，似乎在与秋色争个高下。他心有所感，便写下诗句：

楼倚霜树外，镜天无一毫。
南山与秋色，气势两相高。

——《长安秋望》

10月，尚书右丞沈传师调任江西观察使，为自己的幕府物色文书，两登科的青年才子杜牧便成为一时之选。况且沈、杜两家是世交，杜佑曾将外甥女嫁与沈传师，两家还有姻亲关系。其实当时做京官肯定比在幕府就职更受士人欢迎，但杜牧反其道而行，放着弘文馆校书郎的京官不当，反而应沈传师邀请去幕府就职。其中有个很重要的原因是藩镇聘请幕僚需要付一笔丰厚的聘金。有关杜牧的资料中没有细说是多少，但可以从李商隐受聘东川节度使掌书记的《上河东公谢聘钱启》中推测一二：

某启：伏蒙示及赐钱三十五万以备行李，谨依荣示捧领讫。伏以古求良才，必有礼币……

李商隐的安置费是三十五万钱，而白居易在秘书省校书郎任上的俸禄是每月一万六千钱，杜牧的弘文馆校书郎的俸禄估计也相差不大，安置费差不多就相当于三十个月的俸禄，不可谓不丰厚，而杜牧的聘金绝对不菲。当然，杜牧也不仅仅是图那份聘金，幕府工作对他来说比弘文馆校书郎的工作更能历练自己。

初冬时节，杜牧随沈传师南下江西。他负责处理往来公文，为幕主代笔表状，也时常陪同宴饮唱和。刚入幕府不久的杜牧被堆积如山的来往公文压得喘不过气来，手忙脚乱，"束带发狂欲大叫，薄书何急来相仍"，在幕主沈传师和团练副使卢弘正的关照指导下才逐渐厘清头绪。卢弘正也是名门之后，其父卢纶是"大历十才子"之一，卢纶曾写过千古名篇《塞下曲六首》（其二）：

> 林暗草惊风，将军夜引弓。
> 平明寻白羽，没在石棱中。

多年后，卢弘正官居要职，还将李商隐邀入幕府，可以说一手栽培了晚唐两大诗人。江西观察使的任所在南昌，王勃就曾盛赞此地物华天宝，人杰地灵，雄州雾列，俊采星驰。身为长安人的杜牧很是喜欢江南风光，这里有掩映河畔的垂柳，有画舫飘然的湖光山色，有雕刻工巧的亭台楼阁。江南是明媚温柔的。

> 雪衣雪发青玉嘴，群捕鱼儿溪影中。
> 惊飞远映碧山去，一树梨花落晚风。

——《鹭鸶》

尤其是末尾一句"一树梨花落晚风"，道尽了江南的温润。江南的四季都有着新鲜感，这促使杜牧写下了大量佳作。比如，他写夏日的山石榴：

似火山榴映小山，繁中能薄艳中闲。
一朵佳人玉钗上，只疑烧却翠云鬟。

——《山石榴》

杜牧写江南的春色：

千里莺啼绿映红，水村山郭酒旗风。
南朝四百八十寺，多少楼台烟雨中。

——《江南春》

让杜牧沉醉的不仅是江南的风光，还有江南的歌伎。沈传师在幕府中蓄养了许多歌伎，其中最受人瞩目的便是张好好。在数次宴席上，张好好抚丝弄弦，又独舞于堂中，楚楚动人。当然，不仅是杜牧迷恋张好好，沈传师的弟弟沈述师也倾慕于她。后来，在张好好十六岁那年，沈述师将她纳为妾室。杜牧只能将恋慕深藏心底，为沈述师送上祝福。

公元830年9月，朝廷下达诏令，沈传师调任宣歙观察使，任所在宣城。李白当年就是在宣城独坐敬亭山写下了那句"众鸟高飞尽，孤云独去闲"。移幕宣城不久后，沈传师派杜牧回京公干。这也是沈传师对他的照顾，杜牧已经离家两年，家中还有弟弟杜颛及其他亲人。书信总迟迟，杜牧也时常思念家乡。

日落水流西复东，春光不尽柳何穷。
巫娥庙里低含雨，宋玉宅前斜带风。

莫将榆荚共争翠，深感杏花相映红。
瀨上汉南千万树，几人游宦别离中？

——《柳长句》

归家后，杜牧为弟弟杜颐规划了科举之路。次年，杜颐一试进士未中，再一年二试进士及第。关于杜牧的成亲时间，史料上未有明确的说法，杜牧大概率是这次返京期间完婚的，他与朗州刺史裴偓的千金早有婚约。如今，杜牧年近三十，裴小姐也二十多岁了。在那个时代，尤其是裴、杜两家都是名门望族，本就重视婚嫁，不会任由杜牧久不成婚。

杜牧并未在长安久留，很快就回到了宣城。在宣城，杜牧完成了文学史上一件重要的事情——为李贺的诗集作序。他受沈述师之托，为去世十五年的天才诗人李贺的诗集写下了序言。此事在前文李贺篇中已有详述，在此不再赘述。

在宣州幕府期间，杜牧少有外出，其中一次便是受幕主沈传师之托到扬州拜访淮南节度使牛僧孺。杜牧并不知道，正是这次拜访，使他的命运悄然改变。牛僧孺是因为在朝中与李德裕的党争落于下风，自请罢相，外任淮南节度使。这里要简单叙述一下中晚唐时期最重要的"牛李党争"，不仅是杜牧的命运就此改变，李商隐、白居易、元稹、刘禹锡等人都深受其影响。

党争的序幕是在唐宪宗时期的公元 808 年拉开的，杜牧当时不到六岁。起因是应试的举子牛僧孺、皇甫湜和李宗闵等人在策论中针砭时弊，言语激烈。而主考官韦贯之将三人列为上等。时任宰相的李吉甫对此不满，认为批评朝政就是在批评自己，三人还被取为上等，背后一定有人操纵。于是，李吉甫将矛头对准复核进士成绩的王涯，因为举子皇甫湜是王涯的外甥，王涯却并未请求回避，有徇私舞弊之嫌。科场舞弊是重罪，因此牛僧孺、皇甫湜、李宗闵三人被赶出京城，就连主考官韦贯之、裴垍和复核进士成绩的王涯也都先后被贬。就此，党争的种子被埋下。

李吉甫去世后，其子李德裕与李宗闵在公元 804 年的进士考试中再起风波。说是"牛李党争"，实际上更准确地说是"二李之争"，即李德裕与李宗闵之争。《资治通鉴》中说："自是德裕、宗闵各分朋党，更相倾轧，垂四十年。"牛僧孺与李宗闵是一派，后世考虑到平仄音押韵，便称为"牛李党争"。两党成员交替执政，彼此水火不容，令中晚唐时期的政治生态恶化到极致，也埋下了亡国的种子。

公元 833 年 4 月，沈传师被召回长安任吏部侍郎，幕主回京的杜牧一时没了去处。此时，牛僧孺便聘请杜牧为淮南节度推官。杜牧随沈传师在南昌两年、宣城四年，来江南已逾六年时光。他早已习惯生活在这里，于是他接受了牛僧孺的聘请，从宣州到扬州就任。正因为这次就任，杜牧被认为是牛僧孺一党。

扬州在中唐时期繁华程度首屈一指，有"扬一益二"的说法。扬州是长江与运河的枢纽，商旅云集，贸易发达，杜牧就写过"春风十里扬州路"。当然，十里长街、市列珠玑的扬州还有着极其发达的娱乐业。杜牧自南下江南供职幕府以来，便是秦楼楚馆的常客，唐代官员宴饮席间也从不缺歌伎舞女的身影。到了扬州，杜牧更是如鱼得水。他离开扬州后，还在给好友韩绰的诗信中回忆道：

青山隐隐水迢迢，秋尽江南草未凋。
二十四桥明月夜，玉人何处教吹箫？

——《寄扬州韩绰判官》

杜牧的风流在扬州这个烟花之地已经到了放纵的地步，他夜夜出没于青楼柳巷之中。杜牧的名字几乎传遍了每家当垆、茶馆、酒肆。后世很多学者都说杜牧在扬州的沉沦是因为壮志未酬的失落，他只能用美酒和美人来抚慰创伤和悲愤。这种说法很牵强，杜牧如今仕途的每一步都是他自己选择的，并未有任何人打压与逼迫。相反，他遇到的幕主沈传师和牛僧孺都对他十分器重。他两登科是如意的，获授京官是如意的，两任幕府是如意的，何来的壮志未酬？纯粹是在江南的温柔乡中迷失了初心，做了一场大梦，不愿醒来罢了。他自己后来在《遣怀》诗中也写道：

> 落魄江湖载酒行，楚腰纤细掌中轻。
> 十年一觉扬州梦，赢得青楼薄幸名。

这场梦直到公元835年春，才被从长安传来的一封诏书惊醒——诏杜牧回京任监察御史。唐代的监察御史是个很特殊的职位，品级为正八品上，但是职权极大，素有"八品宰相"之称。贞元年间，韩愈、刘禹锡、柳宗元等人都曾担任过这个职务。事实上，若是杜牧在弘文馆校书郎的职位上任满，不中途跑去幕府蹉跎十年时光，他早就升到监察御史的职位上了。离开扬州时，杜牧是相当不舍的。一方面，他知道自己作为相门子弟本该在此年纪奔赴前程；另一方面，红尘生涯醉煞人，他又留恋于温柔乡。于是，他写了两首《赠别》：

> **其一**
> 娉娉袅袅十三余，豆蔻梢头二月初。
> 春风十里扬州路，卷上珠帘总不如。
> **其二**
> 多情却似总无情，唯觉樽前笑不成。
> 蜡烛有心还惜别，替人垂泪到天明。

在长安等待他的不是坦途，而是坎坷曲折的险道，以及一场震惊朝野，足以让史书重重书写的惨案——甘露之变。

杜牧回到长安半年后，作为监察御史，他对朝堂的局势洞若观火：文宗依赖宦官集团，李训、郑注等阴谋家把持朝政，故旧纷纷被贬斥。长安的政坛乌烟瘴气，杜牧生于宰相家，有着异常灵敏的政治嗅觉。长安风雨欲来，必有大祸，杜牧为了明哲保身，选择主动移任东都洛阳。10月，杜牧接到批复后便片刻不停地往洛阳去。

一个月后，长安发生了甘露之变。宦官们将一千余人斩杀，朝堂为之一空。移任洛阳的杜牧幸免于难，此时白居易、刘禹锡等人也在洛阳相聚，躲过了甘露之变。杜牧来到洛阳后，摆脱了在长安任职时的忧虑：

> 每虑号无告，长忧驳不存。
> 随行唯踽踽，出语但寒暄。

——《昔事文皇帝三十二韵》（节选）

杜牧在洛阳有不少故旧，比如曾经共事于沈传师幕府的李中敏、前任监察御史卢简求等。他们在一起宴游、论诗，回忆往事，日子也颇为自在。

> 草色人心相与闲，是非名利有无间。
> 桥横落照虹堪画，树锁千门鸟自还。
> 芝盖不来云杳杳，仙舟何处水潺潺。
> 君王谦让泥金事，苍翠空高万岁山。

——《洛阳长句二首》（其一）

此时，杜牧与白居易等诗坛前辈同在洛阳，与好友论诗时不可避免地会评论起这位文坛泰斗。杜牧不喜欢元稹和白居易的一些艳体诗，他认为：

> 尝痛自元和以来，有元、白诗者，纤艳不逞，非庄士雅人，
> 多为其所破坏，流于民间，疏于屏壁，子父女母，交口教授，淫
> 言媟语，冬寒夏热，入人肌骨，不可除去。
>
> ——《唐故平卢军节度巡官陇西李府君墓志铭》（节选）

元稹和白居易在当时文坛何等地位，杜牧的这番批评像是在平静的湖中投入了巨石，从而争议不断，直到千年后的今日依旧未了。杜牧在洛阳还结识了不少新朋友，同时也和声名显赫的李绅有了嫌隙。李绅与李德裕交好，被视作"李党"。此后，杜牧一段时间的政坛沉沦便是与"李党"得势有关。

杜牧十分喜爱春天，他写过大量关于春日的诗歌。一到春日，他便外出赏花、踏青，寻幽、览胜。公元 836 年初春，杜牧登上了敬爱寺，极目远眺，远处层峦叠嶂的群山还没褪去寒冬时披上的雪衣，不时吹来料峭春风。他不可避免地想起了去年的甘露血案，不禁打了个寒战。思绪纷飞，试图从苍茫天地间窥探到未来之命运。他独自凭栏思虑许久，直到落日余晖洒在楼头。他低声吟出四句诗：

> 暮景千山雪，春寒百尺楼。
> 独登还独下，谁会我悠悠。
>
> ——《题敬爱寺楼》

暮晚时分，春雨连绵，杜牧干脆夜宿敬爱寺，与老僧饮茶谈玄。他曾是儒学的卫道者，然而匡时济世的理想被击碎后，他逐渐亲近释家。那些冥冥中难以言说的因果循环，如同丝线在自己的人生中若隐若现。如今，他已三十三岁，鬓边悄悄生了缕缕白发。他终究没有

勇气以身入局，直面长安政坛乱局，只能退居洛阳旁观。只是白驹过隙，青春悄然而逝，他究竟要旁观到何时呢？他感慨之下，提笔于寺壁上题诗一首：

> 觥船一棹百分空，十岁青春不负公。
> 今日鬓丝禅榻畔，茶烟轻飏落花风。

——《题禅院》

数日后，杜牧收到了弟弟杜顗眼疾加重，几近失明的消息。心情烦闷之下，杜牧便独自到东城散心。在此地，他偶遇了一位故人——张好好。自从沈传师幕府解散后，张好好便跟随沈述师作别了杜牧。数年过去，世事流变，不久前沈传师已经离世，而如今的张好好早已不复当年明艳的容貌了。张好好当垆卖酒为生，杜牧无须问也知道，沈述师已经将她抛弃了，这是大多数歌伎的结局。故人相见，并没有重逢的喜悦，倒是有种同是天涯沦落人的悲哀。张好好为杜牧满上一杯酒，杜牧赠了张好好一首诗：

> 洛城重相见，婥婥为当垆。
> 怪我苦何事，少年垂白须。
> 朋游今在否，落拓更能无？
> 门馆恸哭后，水云秋景初。
> 斜日挂衰柳，凉风生座隅。
> 洒尽满襟泪，短歌聊一书。

——《张好好诗》（节选）

杜牧手书的这首《张好好诗》的真迹历经千年，至今仍然保存在北京故宫博物院，成为稀世墨宝。

公元 837 年春，弟弟杜顗的双目彻底失明。杜牧忧心万分，他向朝廷告假百日，前往杜顗所在的扬州。临别前，洛阳的好友们相送，并推荐了同州的一位名医石公集给杜牧。于是，杜牧先到同州以重金聘请石公集到扬州为杜顗医治。在扬州，杜牧陪伴杜顗开始了漫长的治疗。很快，百日病假到期，杜牧逾期不回，依唐律算是自动去职。

同年秋天，宣歙观察使崔郸向闲居扬州的杜牧发来聘书。崔郸是杜牧科考座师崔郾的弟弟，早就听闻过杜牧才名，并且杜牧本身就在沈传师、牛僧孺两人幕府供职近十年，经验丰富。于是，崔郸派属官专程到扬州转达诚意。杜牧得知后，考虑到为弟弟杜顗治病花费颇多，况且宣城离扬州也不远，便决定第三次入幕。

秋末，杜牧带上杜顗和眼医石公集离开扬州，往宣州而去。途经润州时，杜牧到甘露寺游玩，偶遇了曾经名动天下的杜秋娘。杜秋娘是个传奇人物，当年她以一曲《金缕衣》（劝君莫惜金缕衣，劝君惜取少年时。花开堪折直须折，莫待无花空折枝）艳名流传，十五岁时便被浙西观察使李锜纳为妾室。后来，李锜起兵叛乱被杀，杜秋娘便入籍宫中。因才色双绝，被唐宪宗宠幸。宪宗死后，杜秋娘成为皇子李凑的傅姆。多年后，皇子李凑被郑注污蔑与宰相宋申锡勾结，意图谋逆，被废黜。杜秋娘被放归金陵，寄居于寺庙中，穷困潦倒地打发余生。

杜秋娘的命运与张好好何其相似，被权贵操纵着命运，无力选择人生，当价值耗尽后便被抛弃。杜牧感叹杜秋娘如浮萍般的命运，写下了：

地尽有何物，天外复何之？
指何为而捉，足何为而驰？
耳何为而听，目何为而窥？
己身不自晓，此外何思惟！
因倾一樽酒，题作杜秋诗。

愁来独长咏，聊可以自贻。

——《杜秋娘诗》（节选）

　　在诗中，杜牧向世间一连发出七问：地的尽头有何物？天外是何处？手能抓住什么？人们因何而奔波？耳朵该听到什么？双眼该窥探到什么？我们连命运都把控不住，徒生无谓的思考又是为何？杜牧诘问命运，诘问人生。在诘问中，杜牧带着失明的杜顗离开了润州。

　　杜牧不是初次来宣州了，他曾随沈传师幕居宣州四载。故地重游，他还是最爱去开元寺。那里幽静寂美，空山古刹独对明月。此前，他在离开后多次想念开元寺，并写诗寄到寺中托僧人刻在寺壁上：

松寺曾同一鹤栖，夜深台殿月高低。

何人为倚东楼柱，正是千山雪涨溪。

——《寄题宣州开元寺》

　　重游开元寺，杜牧再次登南楼，宣城风光尽收眼底，青山迢迢，闲云悠悠。杜牧饮酒至月明，在悠长的晚风声中，他追抚前尘往事，一幕幕景象似乎重现眼前。长安城中央的宰相府邸，樊川别墅的亭台楼阁，临溪而钓的祖父杜佑，卧榻病重的父亲杜从郁，两登科时的意气风发，十年幕府的蹉跎，大明宫的血案，失明的杜顗和晦暗不明的前程……他醉倒在了往事中，次日酒醒后，在小楼上留诗记之：

小楼才受一床横，终日看山酒满倾。

可惜和风夜来雨，醉中虚度打窗声。

——《宣州开元寺南楼》

　　杜牧此次在宣州幕府仅就任一年多，崔郸对他礼遇有加，然而他深知幕府并非理想之所。在如山般的公文中，他寻不到自己丝毫的价值，宛若人肉笔杆子，写的尽是些应制奏状，消磨着有限的生命。在公元838年岁末有了转机，他接到了新的诏命，就任左补阙兼史馆修撰。杜牧再度去了一趟开元寺，在鸟来鸟去的山色里，他望着深秋帘幕中参差的千万人家，似乎看到了泛五湖而去的范蠡，过着自在的余生。

> 六朝文物草连空，天淡云闲今古同。
> 鸟去鸟来山色里，人歌人哭水声中。
> 深秋帘幕千家雨，落日楼台一笛风。
> 惆怅无因见范蠡，参差烟树五湖东。
>
> ——《题宣州开元寺水阁》

杜牧赴京任职前需要先安置好弟弟杜颛，双目失明的他并不方便随杜牧千里奔波。因从兄杜慥在江州任刺史，于是杜牧将杜颛和眼医石公集，暂时托付给杜慥，自己则独自北归。回望远山已成一抹黛色，江南的湖光山色，他依旧留恋，他期望着功成名就后归隐于此。

> 潇洒江湖十过秋，酒杯无日不迟留。
> 谢公城畔溪惊梦，苏小门前柳拂头。
> 千里云山何处好，几人襟韵一生休。
> 尘冠挂却知闲事，终把蹉跎访旧游。
>
> ——《自宣城赴官上京》

一江春水将载着杜牧的客船送到了乌江亭边，这里有不少前辈诗人题诗咏唱楚霸王项羽自刎乌江，不肯过江东的悲情结局。熟读史书的杜牧却有着不同的看法，他深以为项羽应当过江重整旗鼓，卷土重来。于是，杜牧在乌江亭上题下了千古名句：

胜败兵家事不期，包羞忍耻是男儿。

江东子弟多才俊，卷土重来未可知。

——《题乌江亭》

　　此次赴京，杜牧是怀着"我来惆怅不自决，欲去欲住终如何"的忧思抵达长安的。开成年间的政治生态并未改善，唐文宗在甘露之变后彻底成为宦官集团的傀儡，"牛李党争"进入白热化阶段。左补阙是个从七品上的谏官，比原先他任的监察御史还要高两等，是个陷于党争核心的要职。事实上，杜牧能够迁升回京正是因为老上司牛僧孺在宰相任上对他的提拔。一年后，杜牧先改任膳部员外郎，再转任比部员外郎。从谏官升郎官，这是仕途上极好的信号，并且杜牧的两任郎官都兼任史馆修撰，这是朝廷对杜牧文才的肯定。仕途的平顺让杜牧有了接弟弟杜顗回京的想法，于是他再度告假南下江州，途中还顺路到襄阳拜见了老上司牛僧孺。两人推杯换盏共论天下，无论杜牧是否自认是"牛党"，他的仕途上都有"牛党"的烙印。

　　杜牧在江州与杜顗相见后，说起北归长安之事，却遭到了杜顗的拒绝。杜顗认为自己如今是哥哥杜牧的累赘，他清楚地知道自己的眼疾已经耽误杜牧的前途太多了。而杜牧说服不了杜顗，干脆在江州陪杜顗住了下来。

　　公元 841 年，新皇武宗起用李德裕为相，将前朝旧臣"牛党"之人均罢黜不用，而杜牧自然也遭到了李德裕的清算。次年 3 月，杜牧从比部员外郎被外放为黄州刺史。虽然品级升了，但事实上从京官到地方官是明升暗降。黄州是人口不到两万户的荒僻下州，杜牧从未做过主官，如今他身为一州长官，反而给了他济世安民、施展治政能力的空间。杜牧一到任，便将亲信安插到黄州辖区调查巡视，明察暗访以知民意，并且针对弊政，大刀阔斧地颁布数条改革措施，除豪强，免租税，罢酷吏，减刑狱。然而，人事虽有改善，天灾却难以抗衡。

公元 843 年夏，黄州大旱，人渴畜亡，土地龟裂，蝗灾肆虐，庄稼枯绝。杜牧在热浪滚滚中看着哀号的百姓，他知道要是到了冬季，又不知多少人会饥寒而死。那个时代对天灾并无解决办法，唯有将希望寄托于虚无缥缈的祭祀。韩愈、柳宗元都曾在任地方官时为民祈雨，因此获得民心。而杜牧也率百姓数次到城隍庙祈雨，巧合的是，入秋之后，秋雨连绵十数日，将酷热干旱一洗而空。杜牧因此赢得了极好的官声。

杜牧时常到长江畔游玩，一日他在江畔捡到一柄断戟，不禁想起了赤壁之战。

> 折戟沉沙铁未销，自将磨洗认前朝。
> 东风不与周郎便，铜雀春深锁二乔。

——《赤壁》

杜牧在黄州的任期并不长，三年任期满后，他转任池州刺史。公元 845 年春，武宗因崇信道教，在长安南郊筑望仙台，道门魁首赵归真成为最受宠信的人物。不久后，赵归真怂恿武宗灭佛，开启了一场轰轰烈烈的灭佛运动。此时，杜牧从池州转任睦州刺史。途中经过秦淮河，夜色之下，两岸的秦楼楚馆歌声不绝，灯火辉煌。丝竹之音随着江风散在江上，杜牧听到了《玉树后庭花》的唱词。此时的杜牧早已失去了寻花问柳的闲趣，他更关注国事，夜泊秦淮的杜牧在歌声停歇后叹咏道：

> 烟笼寒水月笼沙，夜泊秦淮近酒家。
> 商女不知亡国恨，隔江犹唱后庭花。

——《泊秦淮》

数年来，杜牧连刺三州，一次比一次偏僻。在这场旷日持久的党争中，有正邪之分吗？实际上是没有的。不管是"李党"的领袖李德裕，还是"牛党"的领袖牛僧孺和李宗闵，都是治世贤臣，只是双方在一次次交锋中仇怨越积越深，排挤对方已经成为惯性，以致两党之外的中立派时常受夹板气，比如白居易、杜牧、李商隐，都如同旋涡中的小船，为了避免被吞噬，拼命地往外划去。本该用在济世安民上的力气，都在党争旋涡中被耗尽。为此，杜牧在万山深处重过江南时感慨万千：

> 无端偶效张文纪，下杜乡园别五秋。
> 重过江南更千里，万山深处一孤舟。

——《新定途中》

杜牧外任刺史已经六七年时间，时年已四十五岁，时常有"老冉冉其将至"的衰弱之感。他时常会思念长安，想念樊川。公元848年8月，在新任宰相周墀的援引下，杜牧回京升任司勋员外郎兼史馆修撰。重阳节前夕，杜牧乘船北归。动身之时，恰好新雨初晴，他心情明朗，提笔便写了《除官归京睦州雨霁》，诗中写道：

> 秋半吴天霁，清凝万里光。水声侵笑语，岚翠扑衣裳。

当年，他从长安到黄州经过了整整七十五个驿站，如今，他从刺史任上回京用了整整七年。

公元849年，晚唐两大诗人杜牧和李商隐同在京城任职。对于李商隐的名字，杜牧早有耳闻，也读过不少李诗，他更听过许多关于李商隐的传闻，比如令狐楚一手培养了李商隐，李商隐却娶了王茂元的女儿，被认为背叛了"牛党"，投靠了"李党"。李商隐的仕途比杜牧还要坎坷许多，而李商隐对诗坛前辈杜牧的崇敬溢于言表，于是连写两首诗赠予杜牧：

高楼风雨感斯文，短翼差池不及群。

刻意伤春复伤别，人间唯有杜司勋。

——《杜司勋》

杜牧司勋字牧之，清秋一首《杜秋》诗。

前身应是梁江总，名总还曾字总持。

心铁已从干镆利，鬓丝休叹雪霜垂。

汉江远吊西江水，羊祜韦丹尽有碑。

——《赠司勋杜十三员外》

然而，对李商隐的诗信，杜牧并未做回复。其中一个重要的原因便是政治立场，李商隐对李德裕十分推崇，而杜牧则深受牛僧孺恩惠和提携。不管两人愿不愿意，在旁人看来，两人都该是对立的立场。杜牧没有回诗，大概率便是有此顾虑。这是在保护自己，也是在保护李商隐。

公元 849 年（大中三年）[1] 2 月，秦、原、安三州和石门、驿藏、制胜、石峡、木靖、木峡、六磐等七关人民起义归唐。河湟地区不动刀兵失地收复，举国上下无不欢喜。渴望中兴大唐的杜牧自然也喜极而泣，赋诗纪胜：

捷书皆应睿谋期，十万曾无一镞遗。汉武惭夸朔方地，宣王休道太原师。

威加塞外寒来早，恩入河源冻合迟。听取满城歌舞曲，《凉州》声韵喜参差。

——《今皇帝陛下一诏征兵……次第归降臣获睹圣功辄献歌咏》

---

1. 大中：唐宣宗年号，847 年至 860 年。

宣宗继位后起用"牛党"，将李德裕等"李党"官员贬逐出京。宣宗崇信佛教，又下令将武宗朝破坏的佛寺修复，几乎是将前朝的政务措施推翻重来。当然，杜牧是皇权更迭的受益者，他身上打着"牛党"的烙印，又正值"牛党"掌权之际。杜牧此时的经济压力十分之大，从兄杜慥罢县令，闲居京城，杜颢双目失明，生活艰难，都需要杜牧供给衣食，杜牧自己还有一家四十口人需要养活。仅靠他司勋员外郎的俸禄难以承担数十人的开销，因为外任刺史的俸禄高，所以杜牧三次向宰相上书请求外任刺史。言辞中急切凄哀：

> 某今所切，是坠于绝壑，而衣挂于树杪；覆在鼎中，下有热火，而水将沸。

最终，宰相白敏中批准杜牧出任湖州刺史。湖州是大唐上州，一个上州刺史的俸禄是多少呢？根据胡三省《通鉴》注释可以得知"上州刺史八万"，而司勋员外郎一月仅四万钱，更别说刺史到任时还有下担钱，离任时还有资送钱，都是数目不小的合法收入。杜牧人生中有多次重要选择都是以经济条件为考量基础的，他是一个大家族的收入支柱。

离开长安前，杜牧到乐游原上游览一番。对于长安，他有着无限的留恋，这是帝国的中心，是曾经威服四海的源头。他在原上望着唐太宗的昭陵，落日的余晖洒在那里，似乎帝国也迈入了黄昏。怅然之下，杜牧写下了：

> 清时有味是无能，闲爱孤云静爱僧。
> 欲把一麾江海去，乐游原上望昭陵。
>
> ——《将赴吴兴登乐游原一绝》

公元 850 年秋，杜牧抵达湖州任所。关于杜牧在湖州的经历，还有个传奇故事被《太平广记》记录在册，说杜牧当年在沈传师幕府时曾被派遣出使湖州，见一民间少女天生丽质，便厚付聘礼，与其母约定十年后来迎娶。等到多年后杜牧任湖州刺史再次来到湖州时，少女早已嫁作人妇，且育有三子。杜牧责问其母，人家说十年之期已过三年，是杜牧违约在先，于是杜牧唯有叹息作罢。这个故事流传很广，但是经不起推敲，依唐律：诸州县官人在任之日，不得与部下百姓交婚。违者虽会赦仍离之。地方官员是不能与辖区百姓通婚的，违者罢官离任。

湖州北临太湖，城东南有白蘋洲。杜牧就任湖州后时常来此游览，并作有五律《题白蘋洲》：

> 山鸟飞红带，亭薇拆紫花。
> 溪光初透彻，秋色正清华。
> 静处知生乐，喧中见死夸。
> 无多珪组累，终不负烟霞。

又一年春末夏初，此时湖州有位天才少年——严恽。他所作之诗颇为出彩，代表作便是《落花》一诗：

> 春光冉冉归何处，更向花前把一杯。
> 尽日问花花不语，为谁零落为谁开。

严恽以此诗拜谒杜牧，深受欣赏。杜牧此时诗名满天下，官居三品。为了给严恽扬名，杜牧便和诗一首，希望在未来的科考中能为其助力一二。杜牧的和诗依照严恽诗韵而写：

> 共惜流年留不得，且环流水醉流杯。

无情红艳年年盛，不恨凋零却恨开。

——《和严恽秀才落花》

后来，《唐才子传》将严恽的传记附在杜牧之后，令他在史书上留了名。然而，严恽后来科考十余次，一直没能如意，这也算是一桩憾事。杜牧在湖州仅一年，却是他人生中最欢乐的时光，湖州是他自愿来的。公元 851 年秋，杜牧接到了迁升回京的诏命，朝廷擢升他为考功郎中兼知制诰。在北归长安的路上，杜牧回想一生迁转江湖，诗酒风流中，走着走着，他就老了。

镜中丝发悲来惯，衣上尘痕拂渐难。

惆怅江湖钓竿手，却遮西日向长安。

——《途中一绝》

水陆兼程两个月，直到冬天，杜牧才抵达长安。考功郎中一职是从五品上的京官，掌管内外文武官员考核，是个权力极大的职位。而杜牧兼任的知制诰也很重要，负责为皇帝起草诏诰，多是由学识渊博、才华横溢的文人担任。回到长安后，杜牧拿着任湖州刺史时的下担钱和资送钱完成了他多年的心愿——修缮樊川别墅。他幼时便是在樊川别墅成长的，如今年纪大了，以后便做樊川翁，在此地终老。杜牧嘱托自己的外甥裴延翰，等他过世后，替他的诗文集作序，集子就命名为《樊川集》。也许此时，杜牧已经嗅到了死亡的气息，才会有此交代。

大中年间，杜牧的故旧频频凋零，讣告一个接着一个。公元 852 年 2 月，弟弟杜顗的灵柩从扬州运回长安，下葬于万年县的杜氏祖坟。杜顗终年仅四十五岁，留下了十岁的儿子麟师和五岁的女儿暑儿。对于弟弟的离世，杜牧极为伤痛。他在墓志铭中回顾了杜顗遗憾的一生，并在结尾如此写道：

某今年五十，假使更生十年为六十人，不天乎，与君别止三千六百日尔！况早衰多病，敢期六十人乎？

杜牧在杜颧的墓志铭中说自己早衰多病，根本不敢期待还能活多久，可谓一语成谶。杜牧在祖坟祭拜了杜颧，也祭拜了杜氏先人。高高低低的坟茔，有新坟，有旧坟，有一天，他也会被深埋在此处。

数月后，杜牧再度迁升，任正五品上的中书舍人。这个职位更加显赫了，就任时需要全体宰相将他送到任所，《卢氏杂说》中说："中书舍人时谓宰相判官。"因为显赫，中书舍人又被称为紫薇郎，所以同僚好友皆称杜牧为"杜紫薇"。在这个职位上，杜牧起草过许多人事任命，不乏礼部尚书、兵部侍郎、御史中丞等的任命。在人事变动上，杜牧是提前知晓的那个人。对于任命，他有荐举的权力，所以各部官员无不礼待杜牧。官大了，文名自然也就大了，登门拜访的宾客自然也就多了。一日，有个四十出头、相貌奇丑的文士来访，他希望能得到杜牧的援引。这个文士有个极为好听的名字——温庭筠。

杜牧听过温庭筠的名字和事迹，虽然温庭筠长相奇丑，但是文才极高。据说在科场考诗赋，律诗八韵，他只需要叉手八下就能完成，因此得了个外号"温八叉"。温庭筠精通音律，还填得一手浓艳绮丽的好词。温庭筠给令狐绹当"枪手"，代写了几首《菩萨蛮》词。后来温庭筠酒醉后将此事说了出去，导致令狐绹被时人嘲笑为"中书堂内坐将军"，因此令狐绹将温庭筠记恨上了。令狐绹官居高位，打压之下，温庭筠一生不得志。这次他拜访杜牧，便是期望杜牧能施以援手。这是两人一生中唯一的交集，之后便没了下文。

一日，五十岁的杜牧散朝归家后，口占一绝："星河犹在整朝衣，远望天门再拜归。笑向春风初五十，敢言知命且知非。"五十知天命，都说"行年五十而知四十九年之非"，杜牧自信地说自己既知命，也知自己前四十九年之过。于是，杜牧为自己撰写了一篇墓志铭，记叙了自己的五十载人生：

今岁九月十九日归，夜困，亥初就枕寝，得被势久酣而不梦，有人朗告曰："尔改名毕。"十月二日，奴顺来言："炊将熟甑裂。"予曰："皆不祥也。"十一月十日，梦书片纸"皎皎白驹，在彼空谷"，傍有人曰："空谷，非也，过隙也。复自视其形，视流而疾，鼻折山根，年五十，斯寿矣。某月某日，终于安仁里。

　　在杜牧自撰的墓志铭中，记载了一个他的梦，梦到一张纸片上写着："皎皎白驹，在彼空谷。"旁边有人说："空谷，非也，过隙也。"杜牧知道这是一个不祥之兆，白驹过隙，命到尽头。不久后，杜牧果然病重。趁一日病情减轻时，杜牧将自己的诗文烧掉十之七八。好在裴延翰早已将杜牧的许多诗文誊抄备份，最后刊印成了《樊川集》。

　　冬末，杜牧终于安仁里的老宅中。年少时被他卖掉的三十间房的老宅已经被赎回，也成了他人生的终点。在后人眼中，杜牧的人生是阴郁和失败的，这其实是极大的误解。杜牧两登科授校书郎后，他的仕途从未被迫中断过。除了他两三次告病假照顾弟弟杜顗，他人生的最低处亦不过外放到黄州、池州、睦州做刺史，但杜牧是外放，并非贬谪，这和柳宗元、刘禹锡被贬为远州刺史有着本质区别。最终，杜牧官至高位中书舍人，实打实的天子近臣、实权大臣。杜牧诗中所有的苦闷和壮志未酬只是源于他对自己要求过高，他一生追求的是宰相之位，执掌朝政。因此，对于杜牧来说，未拜相即仕途失意。实际上，杜牧的人生相当成功，少年登科，四任刺史，官至三品，要官声有官声，要文名有文名，堪称士人之典范。

第十五章
李商隐：只是当时已惘然

在《中国文学史》中，唐代诗人能自成一章的只有三人：李白、杜甫以及李商隐。[1]

诗歌历经初唐、盛唐、中唐三个时期的长足发展，留给晚唐后辈们的创作空间已经很狭窄了，其中杜牧和李商隐是例外。尤其是李商隐，将晚唐诗歌带到了一个本不该出现的高峰，正如他诗歌中所写"雏凤清于老凤声"。然而在诗歌上卓然大家的李商隐，却有着艰难困厄的一生。

李商隐在后世诗坛的地位如此之高，其实要感谢宋初西昆诗派的杨亿、刘筠、钱惟演等人。正是由于西昆体对李商隐贫乏而空虚的模仿，才让宋代以后的文人对李商隐有了全面的认识，而杨亿等人的收集整理，也让李商隐的传世诗歌从百余首扩展到了六百余首。只是正如金朝诗人元好问所感叹的："诗家总爱西昆好，独恨无人作郑笺。"时至今日，依旧无人能够像经学大师郑玄注释儒家经典那样注释李商隐的诗。无论如何，诗歌和诗人是分不开的，还是要从李商隐的生平

1. 参考袁行霈主编的《中国文学史》。

说起。

公元 813 年，李商隐出生在获嘉（今河南新乡）县衙，父亲李嗣正在获嘉县令任上。李商隐比杜牧小十岁，而家世出身，李商隐更是和杜牧比不了。李商隐的家族衰落已经数十年了，高祖李涉官止于美原县令，曾祖父李书恒止于安阳县令，祖父李俌止于邢州录事参军。不仅数代人无高官显贵，家族还有短寿的基因，曾祖父亡于二十九岁，祖父亦亡于三十出头。这也导致了李商隐出生时体弱，后来他曾写诗感叹："思迟已过于马卿，体弱复逾于王粲。"前句说自己才思不如司马相如是谦虚之言，后句说自己比魏晋时期的大才子王粲体弱却是实话。

"商隐"之名取自东汉时期的四位隐士"商山四皓"，商山四皓因出山辅佐太子刘盈坐稳储君之位，被后世赞有安邦济世之能。估计还有个原因是商山四皓都很长寿，李嗣希望自己的儿子能摆脱家族短寿的厄运。

公元 816 年，李嗣获嘉县令任期满，依唐律他需要守选，也就是等待授官。这个守选时间可长可短，主要取决于朝中有无援引。唐代官员因守选时间过长而归隐居家的大有人在，还给自己一个"高洁不仕"的旗号。李嗣有着一家妻小，自然不能归隐，恰好浙西观察使孟简邀他入幕府就职。为了生计，李嗣便南下越州（今浙江绍兴）就职幕府。在李商隐《祭裴氏姊文》中提到了父亲李嗣赴江南之事：

> 浙水东西，半纪漂泊。某年方就傅，家难旋臻，躬奉板舆，以引丹旐。四海无可归之地，九族无可倚之亲。

从上述祭文可知，李嗣在浙东、浙西两个幕府都任过职，共计六年（半纪为六年）。到了李商隐"就傅"之年，也就是十岁时（古时有十岁拜师的惯例），父亲李嗣病逝于幕僚任上。失去李嗣，一家人也没有了在浙江立足的能力，唯有回故乡郑州荥阳。于是，李商隐作为家中长子，身穿孝服，手持丹旐，扶灵柩艰难北归。李商隐一家已经离乡多年，房屋早已坍塌，亲族大多故去或疏远，因此"四海无可归之地，九族无可依之亲"。

回到荥阳的李商隐一家能够安顿下来，一是凭借父亲幕府六年就职积蓄下来的聘金，二是靠祖父李俌在此地留下的田产。然而寡母幼儿，没有经济来源也非长久之计，于是李商隐在守孝期满后，一脱去孝服便寻找门路来补贴家用。此时，李商隐不过十二岁。他靠佣书贩舂勉强撑起了门户，在困厄之中，李商隐深知唯有科举入仕才是改变个人及家族命运的途径。李商隐少年时期的教育来自堂叔李处士，一直到公元 829 年，李商隐十六岁，他都跟着李处士读书。李商隐天赋极高，加上为逆转命运所付出的努力，很快就在当地崭露头角。在《樊南甲集序》中李商隐自述道：

樊南生十六，能著《才论》《圣论》，以古文出诸公间。

李商隐的号便是"樊南生"，他后来在长安南郊的樊川居住过一段时间，因此得此号。上述说的便是李商隐十六岁写下《才论》和《圣论》两篇文章，以古文而出彩。李商隐的古文相对于他的诗歌逊色不少，但也极具特色，文风深受前辈韩愈影响。虽然此时韩愈已经去世五年了，但他所倡导的古文运动深受后辈文人推崇。事实上，韩愈的古文运动影响深远，一直到北宋欧阳修、苏轼、苏洵、苏辙等人出现，古文运动才再次达到新的高峰。李商隐的《断非圣人事》很有韩愈的风格（下为节选）：

宜而行之，谓之义。子不肖去子，弟不顺去弟，家国天下后世皆蒙利去害矣。不去则反。宜然而为之，尧、舜、周公未尝疑，又安用断？故曰：断非圣人事。

这篇文章以"善于决断并非圣人特有之事"为题，以尧、舜二帝以及周公旦为例，深入浅出地进行了逻辑论证。李商隐对韩愈的推崇后来也写在了他的七言古诗《韩碑》中（下为节选）：

> 公之斯文不示后，曷与三五相攀追。
> 愿书万本诵万遍，口角流沫右手胝。
> 传之七十有二代，以为封禅玉检明堂基。

在诗歌上影响李商隐极深的是另一个河南人——李贺。他搜罗了很多李贺传世的诗文，李贺的"长吉体"如同天外来物一样，与元和诗坛格格不入，自成一派的风格深受少年李商隐的喜爱。如今，我们翻开李商隐的诗集，随便就能找到许多效仿李贺风格的诗歌。比如《海上谣》：

> 桂水寒于江，玉兔秋冷咽。
> 海底觅仙人，香桃如瘦骨。
> 紫鸾不肯舞，满翅蓬山雪。
> 借得龙堂宽，晓出揲云发。
> 刘郎旧香炷，立见茂陵树。
> 云孙帖帖卧秋烟，上元细字如蚕眠。

诗中的"秋冷咽""瘦骨""香炷"等用词都是学自李贺。李商隐的涉猎很广，不仅学今人韩愈、柳宗元、李贺，也学古人屈原的《离骚》《天问》，陶渊明的《归去来兮辞》，还有汉代大赋。而李商隐在故乡的学习之路随着堂叔李处士的病逝画上了句号。李处士死时年仅四十三岁，这颇为符合他们李氏家族的短寿基因。这对李商隐是有一定冲击的，为了强身健体、延年增寿，少年李商隐曾有过短暂的修道之旅。唐朝道教盛行，本来道祖李耳就被尊为李唐皇室先祖。中唐以后，宪宗、穆宗和后来灭佛的武宗都是服食丹药过量崩逝的，就连韩愈晚年也服食起硫黄来，诗人元稹之死也和炼丹脱不了干系。因此，李商隐上玉阳山学道就不足为奇了。

玉阳观最早是开元年间玉真公主的修道之所，所以此处也颇多女冠。李商隐学道期间，最让后人津津乐道的便是他与女冠的暧昧之事，只因李商隐曾于此间写过许多含糊朦胧的诗歌。后世研究李商隐的学者，比如陈贻焮等人，为此写过专论《李商隐恋爱事迹考辨》来诠释这些朦胧诗歌。这些猜测确实为李商隐的生平故事增添了许多趣味性，然而其真实性却让人难以信服。当然，玉阳山上女冠的爱情生活是属实的，只是不一定有李商隐的参与。唐朝女冠受约束较小，比如鱼玄机便是代表人物。即便是入了道的公主，作风豪放也不是稀罕事，所以女冠与年轻的士子产生恋爱故事也不足为奇。

玉阳山的修道环境极好，李商隐用诗记录他的修道经历：

> 忆昔谢四骑，学仙玉阳东。
> 千株尽若此，路入琼瑶宫。
> 口咏《玄云歌》，手把金芙蓉。
> 浓霭深霓袖，色映琅玕中。
> 悲哉堕世网，去之若遗弓。

——《李肱所遗画松诗书两纸得四十韵》（节选）

玉阳山上有千株古松，道观藏在云雾缭绕的山中，被松竹环绕，充满灵气。这样清幽的环境，除了是修道圣地，也堪称恋爱圣地。李商隐的《碧城三首》则写得更为暧昧，摘取其一来赏析：

碧城十二曲阑干，犀辟尘埃玉辟寒。

阆苑有书多附鹤，女床无树不栖鸾。

星沉海底当窗见，雨过河源隔座看。

若是晓珠明又定，一生长对水晶盘。

碧城原为道教元始天尊居所，此处便引申为女冠、道士居处。有仙鹤为女冠们传信，树上栖息着成双的鸾鸟。"星沉海底"是长夜破晓之际，而"雨过河源"则出自汉代张骞为寻河源，曾乘槎（木筏）直至天河，遇到了织女和牵牛。因此，当星沉海底之时，雨过河源之际，便是女冠幽会的好时辰。若是太阳永不落山，那便再无星沉海底之时，女冠们就只能长对水晶盘独守清冷孤寂。当然，李商隐的诗从未有明义，如此解释不过是一家之言。若是李商隐当真在玉阳山有过一段恋爱，那么最有可能的对象便是女冠宋华阳，因为李商隐诗集中有两首写给宋华阳的诗：

沦谪千年别帝宸，至今犹谢蕊珠人。

但惊茅许同仙籍，不道刘卢是世亲。

玉检赐书迷凤篆，金华归驾冷龙鳞。

不因杖屦逢周史，徐甲何曾有此身。

——《赠华阳宋真人兼寄清都刘先生》

偷桃窃药事难兼，十二城中锁彩蟾。

应共三英同夜赏，玉楼仍是水精帘。

——《月夜重寄宋华阳姊妹》

"华阳"有可能是女冠宋氏的道号，也有可能是宋氏修行的道观的名称。尤其是第二首，说得比较明确，"偷桃"和"窃药"分别代表的是男女事和修仙事，两事不能兼得，因为一旦被发现男女事便"十二城中锁彩蟾"。李商隐希望能像从前一样与宋华阳三姊妹共赏月夜，然而玉楼一道帘幕隔绝了他的念想。因此诗，后世研究者大多认为李商隐与宋华阳产生过恋情，但是后来两人都遭到了惩处，因为道规或者某种不可违抗的因素导致了分离。这也正是李商隐诗的有趣之处，朦胧含混的说辞让人生出无限猜想。不过有一点是可以肯定的，玉阳山短暂的修道时光是李商隐早期创作的小高潮。在此期间，李商隐也大致形成了极具个人特色的诗歌创作风格。

李商隐从玉阳山下山后，来到了东都洛阳，他要在这里寻找仕途的起点。洛阳作为"两京"之一，有一套与长安相同的行政体系。唐朝天子向来有"逐粮洛阳"的惯例，尤其是在武则天时期，洛阳超越长安成为帝国统治中心。而安史之乱后，洛阳成为元老重臣退居二线的好去处，比如白居易、刘禹锡、裴度、李德裕等人在年老后便分司洛阳，领着优厚的俸禄，建起园林别业，抱团饮酒、唱和，安度晚年。正是因为白居易、刘禹锡等政坛、文坛名流居住于此，为科举而争进的士子们也大多会聚集在洛阳，寻求援引。若是能获得白居易的赞赏延誉，等于科举成功了一半。

李商隐来洛阳自然也是抱着这个目的的，而李商隐是幸运的，他很快就遇到了自己的伯乐——令狐楚。此时，六十三岁的令狐楚以检校兵部尚书的身份出任东都留守。十年前，令狐楚曾拜相，后来陷入了与元稹、李绅等人的党争，历任地方长官。令狐楚与白居易、刘禹锡两人友谊深厚。无论是政坛还是文坛，令狐楚都有着巨大的影响力。李商隐是经何人介绍谒见令狐楚的不得而知，只是令狐楚在读过李商隐的文章后，便知道站在自己面前的十六岁白衣少年有着何等惊人的天赋，他有着那种他曾从刘禹锡和白居易身上体会到的超一流文才。在得知李商隐悲情的家世后，令狐楚更是生出了几分怜惜。他允许李商隐自由进出自己的府邸，和自己的两个儿子令狐绪和令狐绚共同读书习作。在频繁的往来中，李商隐与令狐绹结为好友，慢慢融入了令狐家，而令狐楚对李商隐也是亦师亦父。

令狐楚在洛阳闲暇时间很多，也时常亲自指导李商隐写文章，尤其是科举应试的四六骈文。令狐楚当年的今体章奏就连皇帝和群臣都激赏不已，能靠着一手好文章入阁拜相，可见令狐楚之笔力。李商隐能得到令狐楚的赏识，是他一生中最幸运的事。令狐楚还将李商隐引荐给了诗坛巨公白居易。此时，白居易"中隐"于洛阳，也乐意提携后进，加上令狐楚的推荐，白居易和李商隐很快成了忘年之交。其实白诗和李诗有着截然不同的风格：白诗浅白通俗，行云流水；李诗华丽朦胧，含混多义。从诗歌创作的审美品位上，两人不像是能走到一起的，但是白居易对李商隐的推崇到了让人难以理解的地步。两人之间还有一个夸张的故事被宋代文人蔡居厚记载了下来：一日，白居易对李商隐说："希望我死后能转世投胎当你的儿子。"这个故事流传甚广，却真假难辨。

公元 829 年 11 月，令狐楚接到了新的诏命，任天平军节度使兼郓曹濮观察使，即将离开洛阳。令狐楚邀请李商隐随他到郓州入职幕府。唐朝幕府官吏一般都是由有功名的人担任，比如进士出身或者明经出身。此时的李商隐是身无功名的白丁，令狐楚的邀请已经是破格提携。入职幕府不仅能锻炼政治能力，还能获得一笔丰厚的聘金。对于令狐楚的善意，李商隐没有任何拒绝的理由。

公元 830 年春，令狐楚与李商隐抵达郓州。令狐楚身为节度使、封疆大吏，无论出行宴请还是会客闲谈，身边总是带着白衣少年李商隐，十分引人注目。令狐楚对李商隐的培养不仅是文学上的，还有政治上的。李商隐在郓州幕府待了三年，由于令狐楚的庇护，他的处境相当好。无论是公文奏状还是骈文诗赋，都有质的提升。李商隐写诗向令狐楚谢恩以及憧憬未来：

微意何曾有一毫，空携笔砚奉《龙韬》。

自蒙半夜传衣后，不羡王祥得佩刀。

——《谢书》

因次子令狐绹于公元 830 年春闱中进士及第，令狐楚便鼓励李商隐也去举进士试，并且将郓州宝贵的贡士名额给了李商隐一个。10 月，各地举子便陆续聚集到长安。李商隐也赶赴京城，这是他第一次到长安。进士科场设在礼部南院，一般由礼部侍郎主考。全国考生在千人以上，录取人数不等，少则十几人，多则四十几人。11 月，朝廷的四方馆会将举子召集到含元殿，向众举子宣讲。这也是朝廷举行朝会的地方。到了元日时，皇帝会亲自接见赴京的举子，举国上下无不体现着对科举考试的重视。这也正是皇帝所期望的，让天下读书人都投身于科举考试中，在仕途上争进，也让他们陷入对功名的追逐中，消耗终身。正如诗云："太宗皇帝真长策，赚得英雄尽白头。"

中晚唐时期科举日渐成熟，进士试考三场：杂文，帖经，策论。每场考试持续时间大概是十二个小时，对考生的精力和体力是双重考验。并且是淘汰制，第一场考试没通过便没有参加第二场考试的资格，淘汰到最后一般也就二三十人，竞争激烈且残酷。相对来说，明经科的录取名额会多不少，因此进士科的含金量是常科中最高的。

公元 831 年的这场春闱，李商隐并未高中。这是很常见的事情，像柳宗元、刘禹锡、白居易那种一次便考中的，在整个大唐科举历史上也是凤毛麟角。大多数读书人都和韩愈、孟郊一样，屡试不中，甚至终身不第的也不在少数。此时，李商隐不过十八岁，他回到郓州幕府，令狐楚在宽慰过后，依旧在次年给他准备好了盘费和行囊让他赴京二战科场。

公元 832 年初春，令狐楚从郓州转任太原，而李商隐正在长安应试，结果第二次落第。李商隐写了一封信，对令狐楚的调动进行祝贺，也向恩师报告了自己再次落第的消息。书信被收录在《李商隐文集》中，保存了下来：

> 自叨从岁贡，求试春官，前达开怀，后来慕义，不有所自，
> 安得及兹。然犹摧颓不迁，拔剌未化。仰尘裁鉴，有负吹嘘。倘
> 蒙识以如愚，知其不佞，俾之乐道，使得讳穷，则必当刷理羽
> 毛，远谢鸡鸟之列，脱遗鳞虋，高辞鳣鲔之群。逶迤波淫，冲唳
> 霄汉。伏惟始终怜察。
>
> ——《上令狐相公状一》

李商隐说自己在令狐楚的关照下连续两年求试春官，然而两次落第，辜负了令狐楚的栽培。李商隐请求令狐楚继续支持自己参加科举，并且相信自己必定能洗刷羽毛，成为鹏鸟，冲唳霄汉。令狐楚让李商隐入太原幕府，只是这次令狐楚在太原任职仅一年，便被召回长安升任吏部尚书。幕僚与幕主之间不仅是上下级关系，更是主从关系。一旦幕主入京任职或者亡故，幕府也就解散了，幕僚们需自寻出路。令狐楚在返京前还是为李商隐做好了第三次科举的准备，让李商隐以太原贡士的身份赴京三战科考。

公元 833 年，李商隐第三次落第。晚唐科举发生过许多暗箱操作之事，倒不是说李商隐是被刻意打压，而是进士的名额被请托行贿、考生舞弊、考官营私、权贵干预挤占了许多，使得李商隐这样的寒门士子只能挣扎着一次次奋进。由于唐朝科举不糊名，受场外干扰因素极大。

由于令狐楚的幕府解散，李商隐只能暂时回到故乡荥阳。而令狐楚则专门写了封私信，拜托郑州刺史萧澣适当关照李商隐。萧澣与令狐楚在政治立场上都算是牛僧孺、李宗闵一党。中晚唐时期最严重的政治争斗便是自宪宗元和年间始，历经穆宗、敬宗、文宗、武宗，到宣宗大中朝持续四十多年的"牛李党争"，涉及人数之多、影响范围

之广为唐朝之最，以至于唐文宗束手无策，唯有感叹："去河北贼非难，去此朋党实难。"李商隐的一生都是在"牛李党争"的政治背景下度过的，而党争也无时无刻不在影响他的命运。

回到荥阳的李商隐登上黄昏时分的城楼，三败科考郁积的苦闷，让他唯有登高凭栏。斜阳西沉，孤雁哀鸣。如此氛围、心境之下，李商隐写下了一首小诗：

> 花明柳暗绕天愁，上尽重城更上楼。
> 欲问孤鸿向何处，不知身世自悠悠。

——《夕阳楼》

不知何去何从的孤雁正是李商隐的化身。正是在这迷茫之际，往来于两京与郑州之间寻求出路的李商隐与洛中里的柳枝姑娘有过一段有始无终的缘分。我们从后来李商隐写的《柳枝五首》诗前的小序中能了解到这段故事：

> 柳枝，洛中里娘也。父饶好贾，风波死于湖上。其母不念他儿子，独念柳枝。生十七年，涂装绾髻，未尝竟，已复起去，吹叶嚼蕊，调丝擪管，作天海风涛之曲，幽忆怨断之音。居其傍，与其家接故往来者，闻十年尚相与，疑其醉眠梦断不娉。余从昆让山，比柳枝居为近。他日春曾阴，让山下马柳枝南柳下，咏余《燕台》诗，柳枝惊问："谁人有此？谁人为是？"让山谓曰："此吾里中少年叔耳。"柳枝手断长带，结让山为赠叔乞诗。明日，余比马出其巷，柳枝丫鬟毕妆，抱立扇下，风鄣一袖，指曰："若叔是？后三日，邻当去溅裙水上，以博山香待，与郎俱过。"余诺之。会所友有偕当诣京师者，戏盗余卧装以先，不果留。雪中，让山至，且曰："为东诸侯取去矣。"明年，让山复

东，相背于戏上，因寓诗以墨其故处云。

柳枝时年十七岁，父亲是商人，因一场风波死于湖上，其母十分疼爱她。柳枝没有严苛的闺中教育，保持着自由纯真的少女天性，极具文艺天赋，仅仅是吹叶嚼蕊、调丝撴管，便能作出如天海风涛般的曲子，奏出婉转如少女哀叹的乐音。周围的邻居都觉得柳枝是个不守礼教的"野丫头"，无人聘娶。

李商隐的堂兄李让山离柳枝的居所很近，一日，李让山咏唱李商隐的《燕台》诗。柳枝听闻后便追问何人所作，李让山说是自己堂弟。于是，柳枝扯断长带，请李让山转赠给李商隐，求一首诗。次日，李商隐和李让山骑马来到柳枝家巷口，柳枝早已精心打扮一番等在门前。她与李商隐约定，三日后，用博山炉点上好香，在水边相会。三日之期到后，李商隐却失约了。到了岁末，李让山与李商隐再次见面时说："柳枝已经被一位高官纳为妾室了。"

其实李商隐的失约在意料之中，他在《柳枝五首》（其一）中隐晦地做过回答：

花房与蜜脾，蜂雄蛱蝶雌。
同时不同类，那复更相思。

李商隐把自己和柳枝比喻为雄蜂和雌蝶，虽然都飞舞在花房与蜜脾中，然而终究不是同类，注定是没有结果的。李商隐是小官僚世家，对于杜牧等人来说是寒门，对于商贾之女柳枝来说却是高枝。唐代官与民之间的差距堪比鸿沟，而唐代超越门第差距的爱情并非没有，但大多数都以悲剧收场。李商隐是清醒的，在他与柳枝的故事还没开始前便主动掐断了，让柳枝的美好长留于诗歌和回忆之中才是最好的结局。

在仕途上，李商隐经历连年的失败，早已不复当年的自信，尤其是他还负担着一家人的经济开销，不得不为自己的出路做打算。在郑州刺史萧澣的介绍下，李商隐拜访了华州刺史崔戎。说起来崔戎和李商隐还有亲戚关系，崔戎是李商隐堂叔李处士的表兄弟，按辈分算是李商隐的表叔。有了这一层亲缘关系，加上李商隐出众的诗文和一身才气，崔戎对这位世侄的印象极好。崔戎让李商隐和自己的两个儿子崔雍、崔衮一同到华州南山习业一段时间，后来李商隐返回郑州前，崔戎给了他一大笔资费以解决经济难题。

公元 834 年初春，崔戎调任兖海观察使，第一时间想起了正在谋职的李商隐，便邀请他入幕就职。于是，李商隐二度入幕，随崔戎去了兖州。时运不济的是，崔戎才抵达兖州月余便染病暴毙。幕府再次解散，李商隐也再次失业。他感觉到命运的背后仿佛有只无形的大手在搅动，在他稍稍如意后，便逆转运势。

次年春，失业的李商隐再赴长安四战科场，依旧落第。李商隐此时对失败有着不错的心理承受能力。他收拾好心情到长安的崔戎宅邸凭吊一番，也宽慰了一番崔雍、崔衮兄弟。离开长安后，李商隐还写诗向崔氏兄弟表达关切：

> 竹坞无尘水槛清，相思迢递隔重城。
> 秋阴不散霜飞晚，留得枯荷听雨声。
>
> ——《宿骆氏亭寄怀崔雍崔衮》

此诗中的"留得枯荷听雨声"，便是《红楼梦》中林黛玉最喜欢的李义山的诗句。

公元 835 年，长安发生了一件血案——甘露之变。这个事件在前文刘禹锡、白居易、杜牧篇中均有提及，不再赘述。甘露之变对李商隐的直接影响便是让他从个人的困厄中挣脱出来，继而开始关注国家命运。他深刻地意识到参与政治斗争是立于危墙之下，随时可能丧命。

甘露之变发生后，唐文宗下诏改元"开成"。公元 836 年，进士科考试并未受血案影响，照常进行。李商隐准备第五次参加科举考试，这次他比以往来长安都早，他到曲江池游玩。望着游人稀少的长安，他想起了杜甫当年被安史叛军拘押在长安时，看着胡骑满城，山河破碎后写下一首《哀江头》："少陵野老吞声哭，春日潜行曲江曲。江头宫殿锁千门，细柳新蒲为谁绿？"这首诗歌见证了盛唐转衰，而甘露之变的发生，李商隐也算见证历史，他从曲江游归后作了《曲江》一诗：

> 望断平时翠辇过，空闻子夜鬼悲歌。
> 金舆不返倾城色，玉殿犹分下苑波。
> 死忆华亭闻唳鹤，老忧王室泣铜驼。
> 天荒地变心虽折，若比伤春意未多。

此时距离唐王朝的灭亡还有七十年，李商隐却已经预见了鹤唳华亭、晋室悲歌的历史即将重演。

在公元 836 年的春闱中，李商隐又一次榜上无名。漫长而坎坷的科举之路令李商隐身心疲惫，此时在朝中任左拾遗一职的令狐绹主动寄来信和财物，愿意资助李商隐继续科考。令狐绹作为李商隐恩师令狐楚的次子，当年与李商隐共同备战科考。早在六年前，令狐绹便进士及第，而六年后李商隐仍一事无成，两人的境遇形成了鲜明的对比。这当然不是因为李商隐的文才不如令狐绹，而是因为家世背景的差距。

李商隐在给令狐绹的回信中感谢了他雪中送炭的关切，也在信中大发牢骚，倾诉不满。正是这封回信起了作用。令狐家一直相信李商隐靠自己的才华，高中进士是迟早的事，因此从未出手干预，而如今李商隐求进的火苗都快被浇灭了。令狐绹在得知次年科举主考官为高锴后，便主动向高锴荐举了李商隐。令狐绹的一句话比李商隐六年的奋斗还有用，公元 837 年，李商隐进士及第。

多年夙愿终于实现，李商隐得知高中后，第一时间向恩师令狐楚报告了喜讯，并感激道：

今月二十四日礼部放榜，某徼幸成名，不任感庆。某材非秀异，文谢清华，幸忝科名，皆由奖饰。昔马融立学，不闻荐彼门人；孔光当权，讵肯言其弟子？岂若四丈屈于公道，申以私恩，培树孤株，骞腾短羽。自卵而翼，皆出于生成；碎首糜躯，莫知其报效。瞻望雄榜，无任戴恩陨涕之至。

——《上令狐相公状五》

进士考试后，李商隐总算脱去褐衣，穿上代表进士的青衫，从此不再是白丁，而是功名之身。这一年，李商隐二十四岁，虽然是六战科场的老手，但仍算是少年进士。登科后，有叙同年、拜座师、曲江宴游、雁塔题名等一系列活动。同年进士大多会在未来的仕途上互相援助，这是彼此成为政治盟友的坚实基础。比如，公元 792 年的同年进士韩愈和裴度，公元 793 年的同年进士刘禹锡和柳宗元，公元 803 年制举同年的白居易和元稹。而李商隐与同年韩瞻、李肱都维持着终身友谊，后来还与韩瞻成为连襟。

3 月下旬，李商隐收到了令狐楚从汉中寄来的信件。此时，令狐楚任山南西道节度使，因为年老体衰、政务繁重，便来信让李商隐去幕府协助。对于令狐楚的邀请，李商隐不敢怠慢，只是他还是要先回家乡一趟，当面向母亲报喜以尽孝道。李商隐步履不停，南来北往，抵达令狐楚幕所汉中已经是岁末暮秋时分。令狐楚已卧床不起，见到李商隐的第一件事，便是让他代写告假奏表。

令狐楚垂危的最后一个月，李商隐日日守候。一日夜半，令狐楚将李商隐独自留在床前，委托李商隐撰写《遗表》。这是一个老臣对皇帝最后的陈词，令狐楚没有将此事交给儿子，在文章上他最敢托付的还是李商隐。师徒二人共同完成了令狐楚的最后一篇奏表，而令狐楚也走完了一生。

公元 837 年 11 月，令狐楚卒。其灵柩被运回长安下葬，李商隐以子侄身份随行。一行人翻过秦岭，过大散关，在陈仓秦冈山脚下暂歇。这里有座圣女祠，朦胧的雾色中，圣女石像与女冠宋华阳的身影重叠，一时间让李商隐失了神。后来，他写下了《圣女祠》：

> 松篁台殿蕙香帏，龙护瑶窗凤掩扉。
> 无质易迷三里雾，不寒长着五铢衣。
> 人间定有崔罗什，天上应无刘武威。
> 寄问钗头双白燕，每朝珠馆几时归。

公元 838 年春，长安即将举办制科考试。制科相较于进士、明经等常科规格更高，是由皇帝亲自下诏举办的。一旦制科考试及第，便被称为"天子门生"，地位比进士更为荣耀，并且不需要守选，立马可以得到授官，仕途升迁速度也更快。白居易、元稹、杜牧都曾参加制科考试，并且高中，三人后来都官居高位。李商隐在备考制科的间隙，参加了同年进士好友韩瞻举办的聚会。韩瞻前不久迎娶了泾原节度使王茂元的女儿，此次聚会便是向亲友报喜。

席间，韩瞻忽而想到李商隐孤身一人，便为他说起了媒。王茂元还有个未出阁的小女，才貌双全，而李商隐又是进士出身，文才一流。在韩瞻的牵线下，爱才的王茂元向李商隐抛来了橄榄枝，先聘请他入幕府就职，也有考察之意。

李商隐并未就此应承，眼前的制科考试更为紧要。然而在博学宏词科的考试中，李商隐落第不中，失败的阴影挥之不去。制科考试并非每年都有，想再考唯有等待皇帝诏命。未获得授官的李商隐决定接受王茂元的聘请，前往泾原治所安定城。算起来，这已经是李商隐第三次入幕府了。

后世很多学者都将王茂元归到李德裕一党，然而老于世故的王茂元一直以来与牛、李两党都保持着相当良好的关系。比如甘露之变后，文宗朝的四个宰相，杨嗣复和李钰属于"牛党"，而郑覃和陈夷行属于"李党"。每当朝堂议事，两边总是吵得不可开交，互相攻讦。在这种形势下，王茂元与两党都保持着相当克制的交往，每有奏表都是四个宰相各呈一份。后来，武宗朝专用"李党"，王茂元同样与"李党"魁首李德裕相交甚好。

单纯地将王茂元和李商隐划到某一党是狭隘的，但是李商隐入幕王茂元麾下，确实得罪了一个人——令狐绹。作为李商隐曾经的挚友，令狐绹在长安多次听到关于李商隐的流言，说他的恩师令狐楚一死，他便迫不及待地改换门庭，抱上了王茂元的大腿。众口铄金，三人成虎，令狐绹不禁怀疑起了李商隐。自从制科考试落第后，李商隐与令狐家的书信往来便少了，此去泾原节度使幕府，李商隐也未曾与令狐绹知会一声。正在令狐绹猜疑之时，又传来了李商隐与王茂元的小女完婚的消息，更加坐实了那些传言。令狐绹对李商隐由愤怒逐渐转变为憎恨，令狐家在李商隐身上投入了太多，而如今却遭到了背叛。

事实上，李商隐从未想过入王茂元幕府是背叛令狐家。对于他来说，不过是寻个谋生安身之所。令狐绹在长安说了不少李商隐的是非，以至于远在安定城的李商隐也有所耳闻。

在王茂元的操办下，李商隐与王小姐举行了婚礼。新婚燕尔，李商隐为王氏写下了一首诗：

> 照梁初有情，出水旧知名。
> 裙衩芙蓉小，钗茸翡翠轻。
> 锦长书郑重，眉细恨分明。

莫近弹棋局，中心最不平。

　　这首诗李商隐没有写下诗题，原本想让妻子王氏为其命名，王氏却别出心裁以《无题》为名。这是李商隐的第一首《无题》诗，此后无题也成为李商隐诗歌最鲜明的特色。

　　"树欲静而风不止"，长安关于李商隐和令狐家的矛盾流言甚嚣尘上，背叛、寡恩、逐利等诽言谤语在暗处攻击着李商隐。他曾多次提笔想写信给令狐绹解释其中误会，然而文字的表述实在苍白，况且本来就子虚乌有的事，解释反而像是在掩饰什么。一日，他登上安定城楼东望长安。边城干冷的风像是巴掌抽在脸上，像是无情的嘲弄，李商隐在此写了首诗以回击那些流言：

迢递高城百尺楼，绿杨枝外尽汀洲。
贾生年少虚垂泪，王粲春来更远游。
永忆江湖归白发，欲回天地入扁舟。
不知腐鼠成滋味，猜意鵷雏竟未休。

——《安定城楼》

　　这首诗后来深受北宋名相王安石的喜爱，他在熙宁变法中遭到许多人的恶意揣测和攻击，而"不知腐鼠成滋味，猜意鵷雏竟未休"便成为最好的回击。只是单凭一首诗已经挽不回碎裂一地的风评，李商隐与令狐绹这对昔日挚友的友谊也被击得千疮百孔，难以修复。

　　839年春，为了参加制科考试，李商隐又回到长安。他先拜访了连襟韩瞻，再去拜访正在居家守孝的令狐绹，他想将那些误解和流言当面解释清楚。在令狐府，李商隐跪拜了已故恩师令狐楚，与令狐绹谈论了许久，只是令狐绹的态度异常冷淡。临别前，李商隐给令狐绹留诗一首：

惜别夏仍半，回途秋已期。那修直谏草，更赋赠行诗。

锦段知无报，青萍肯见疑。人生有通塞，公等系安危。

警露鹤辞侣，吸风蝉抱枝。弹冠如不问，又到扫门时。

——《酬别令狐补阙》

　　只是当裂缝被发现的时候，事物已经不可修复了。而此次回长安，李商隐并非一无所获，他制科考试高中，被授官秘书省校书郎。这个职位被杜牧的祖父杜佑称为"士人起家之最"，唐代仕途最好的起点就是秘书省校书郎这个职位。尽管李商隐早已有三次幕府工作的经历，但他的仕途从这一刻才真正开始。李商隐成为京官后第一件想做的事，便是将妻子王氏和母亲接到长安同住。在秘书省兢兢业业地工作数月后，同年夏天，吏部一纸调令将李商隐从秘书省调到弘农县去任县尉。这是一件反常的事情，因为李商隐的校书郎任期未满。县尉一职算是唐朝诗人仕途的一生之敌：高适在县尉任上难以忍受，宁愿去边塞从军；杜甫宁愿不做官，也不去当县尉；白居易在县尉任上写的诗也是大发牢骚。李商隐当然也不例外。

　　李商隐有着极强的民本思想，信奉"民为贵，君为轻"的儒学思想。而县尉的职责天然就站在百姓的对立面，他们是作为政府的鞭子，笞挞民众的。李商隐一上任便做了件逆反上司之事，便是"活狱"。他将那些因赋税未缴纳而入狱的囚犯，只要无大罪，能放就放。李商隐此举是站到了百姓的一方，然而却有损官府的威严。想必李商隐是据理抗辩，被层层上报，直到顶头上司陕虢观察使孙简问罪也不服软。孙简怒极之下要罢免李商隐，而李商隐也是挂冠而去，干脆不做这官，回家写下了：

陶令弃官后，仰眠书屋中。

谁将五斗米，拟换北窗风。

——《自贶》

329

这首诗何其狂傲，陶渊明"不为五斗米折腰"的文人精神跃然纸上。公元 840 年 9 月，李商隐辞掉了县尉一职，他准备重新参加制科考试，另谋他职。

"长安百物皆贵，居大不易"，李商隐并无财力在长安置业安家，只能退而求其次，在南郊的樊川筑起了房屋。李商隐还为自己取了新的号"樊南生"，他将妻子和母亲接来樊川同住。近两年，大唐朝堂发生了剧变，帝国柱石裴度去世，裴度几乎撑起了中唐政坛的半壁江山。唐文宗也驾崩了，他没有子嗣，于是皇位的继承成了各个政治集团争斗的核心。最终，宦官集团拥立李炎继位，是为唐武宗。史书上说，唐武宗是晚唐时期较有作为的皇帝。他执政的六年，重用李德裕，平泽潞藩镇之乱，反击回鹘，平复西北边疆。

在樊川的李商隐自然触及不到皇权的更迭，他正忙于生计。李商隐先后在王茂元的陈许节度使幕府和周墀的华州刺史幕府短暂任职。公元 841 年秋，李商隐和妻子王氏在洛阳的崇让里居住，这里是王茂元的府邸。结婚数年来，李商隐仕途并不显达，为了生计南北奔波，王氏本是贵府千金，却甘心随着李商隐流离。夫妻的感情日益深厚，李商隐写过许多诗向王氏表白。此时在崇让里的宅府内，夫妻俩共饮，有了几分醉意。李商隐写下一首诗：

> 一树浓姿独看来，秋庭暮雨类轻埃。
> 不先摇落应为有，已欲别离休更开。
> 桃绶含情依露井，柳绵相忆隔章台。
> 天涯地角同荣谢，岂要移根上苑栽。

——《临发崇让宅紫薇》

这首诗写后不久，王氏便与自己多年居住的崇让里宅院告别，未来便随李商隐天涯海角，同荣同谢。

公元 842 年春，李商隐参加吏部的书判拔萃科考试并高中，被授予秘书省正字。三年过去，兜兜转转，他又回到了秘书省，而官阶还降了一级。李商隐对此并无怨言，能重新回到秘书省的起点总比在县尉任上蹉跎岁月强。妻子与母亲在樊川新居中团聚。父亲早逝后，母亲便拖儿带女操持家务，吃尽了苦头。如今，李商隐终于能在身旁侍奉了，然子欲养而亲不待，母亲在秋天病逝。依律，李商隐丁忧三年。

守丧的三年期间，唐帝国发生藩镇叛乱，泽潞节度使刘从谏死后，其子刘稹自请为留后，意图父死子继，逼迫朝廷承认他节度使的身份。自中唐以来，不乏强藩玩这一套的。由于朝廷软弱，对此也时有纵容。然而，宰相李德裕作为主战派，决不允许泽潞割据自立。在武宗的全力支持下，朝廷集结大军征讨刘稹。此事跟李商隐的直接关系便是岳父王茂元被调任河阳节度使，成为讨伐刘稹的前线主将之一。

讨伐泽潞之战进展得很不顺利，各节度使有心怀鬼胎的，有作壁上观的，有互扯后腿的，反而让刘稹占据先机，向兵力最弱的王茂元发起了进攻。历经两战后，王茂元于军中病重，以至亡故。李商隐为岳丈写下了《遗表》，又忙于处理后事。

泽潞之叛最终被平定，举国上下对武宗和李德裕的坚决态度是一致的支持。此时的唐王朝依旧是士族和百姓心中的正统，而当李唐王室失去士族和百姓的拥护后，也就走到了末路。

公元 844 年，李商隐和妻子闲居于永乐，归隐田园，身心获得了休养。这一时期，李商隐的诗中不乏"驱马绕河干，家山照露寒。依然五柳在，况值百花残"这样的闲适诗句。他和妻子关注着禾麦的生长，月下长谈，对饮赋诗，宛若神仙眷侣。似乎就此归隐，布衣终老，也是美事。

地胜遗尘事，身闲念岁华。
晚晴风过竹，深夜月当花。

331

石乱知泉咽，苔荒任径斜。

陶然恃琴酒，忘却在山家。

——《春宵自遣》

夫妻俩平静的日子被一个新生命打破了，李商隐为了妻儿的休养又搬回了洛阳崇让里，与岳丈王氏族人居住在一起。王茂元家与天才诗人李贺有很深的渊源，李贺的姐姐便是嫁到王家，并且李贺的好友王参元就是王茂元的弟弟。因此，王家有着许多关于李贺的记录。也正是基于这些材料，李商隐写下了《李贺小传》。杜牧在大和年间为李贺的诗集作过序，李商隐也读过，他尤其赞赏杜牧对李贺诗歌风格的评价。李商隐在传记中感叹，李贺天纵之才遭到过时人的毁谤，在人间不受重视，反而被天帝召去仙宫重用，这也正是李商隐与李贺的共鸣之处。

呜呼！天苍苍而高也，上果有帝耶？帝果有苑圃宫室观阁之玩耶？苟信然，则天之高邈，帝之尊严，亦宜有人物文采愈此世者，何独眷眷于长吉而使其不寿耶？噫！又岂世所谓才而奇者，不独地上少耶？天上亦不多耶？长吉生时二十七年，位不过奉礼太常，时人亦多排摈毁斥之。又岂才而奇者，帝独重之，而人反不重耶？又岂人见会胜帝耶？

——《李贺小传》（节选）

公元 845 年 10 月，李商隐守孝期满，重回秘书省，官复原职。此时他已经三十二岁，近六年来他寸步未进，不免回到家中对着妻子慨叹。而王氏也总是与他心有灵犀，知他所忧，知他所虑。王氏总是默默倾听，再温言劝慰。李商隐惯于将写给妻子的诗以"无题"成之，这大概是他与王氏的默契。

昨夜星辰昨夜风，画楼西畔桂堂东。

身无彩凤双飞翼，心有灵犀一点通。

隔座送钩春酒暖，分曹射覆蜡灯红。

嗟余听鼓应官去，走马兰台类转蓬。

无题诗在李商隐的诗集中是最具特色的存在，并且大多成了传世名篇，如另一首《无题》：

重帷深下莫愁堂，卧后清宵细细长。

神女生涯原是梦，小姑居处本无郎。

风波不信菱枝弱，月露谁教桂叶香。

直道相思了无益，未妨惆怅是清狂。

自从李商隐以《无题》为创作方向后，晚唐诗歌走出了一条奇绝的道路。前辈诗人们大多是以玩赏女性的态度来写女子的，其中就包括白居易和杜牧，在李商隐这里进了一大步。他写女性不是从色欲的角度，而是对女性幽闭深闺失去婚姻自主权有着极大的同情和哀叹。比如这首《无题》：

相见时难别亦难，东风无力百花残。

春蚕到死丝方尽，蜡炬成灰泪始干。

晓镜但愁云鬓改，夜吟应觉月光寒。

蓬山此去无多路，青鸟殷勤为探看。

毫不夸张地说，无题诗是晚唐诗歌巅峰上的明珠，类似于"春蚕到死丝方尽，蜡炬成灰泪始干""春心莫共花争发，一寸相思一寸灰""身无彩凤双飞翼，心有灵犀一点通"这些诗句，甚至是可以超脱于原本诗境而存在的，被后世人们反复传唱，经久不衰。

唐武宗时期，发生过一场浩大的运动——灭佛。崇信道教的武宗渴求长生，炼丹服药，迷信于道士赵归真等人。对同样修过道的李商隐来说，武宗的极端行为是愚昧、虚妄、狂热的。因此，他写诗讽刺：

宣室求贤访逐臣，贾生才调更无伦。

可怜夜半虚前席，不问苍生问鬼神。

——《贾生》

唐朝历代帝王中不乏信道的、崇佛的，他们总是会忽略掉江山永固、国运永昌的根基是苍生。李商隐一句"不问苍生问鬼神"将那些崇佛信道的统治者光鲜亮丽的外衣扯下，里面尽是愚妄。

修仙求长生的武宗很短寿，致他亡故的正是服食仙药。公元846年3月，三十二岁的武宗驾崩。由于是暴毙，又无继任者，宦官集团将误以为痴傻的李忱扶上皇位，是为宣宗。李忱实际上是宪宗的儿子，也就是敬宗、文宗、武宗三代皇帝的叔叔。李忱继位时三十六岁，在文宗、武宗两朝韬光养晦十数年。

宣宗继位后改元"大中"，在政治上将武宗的举措全部推倒重来。他将武宗朝的宰相李德裕一党人物全部贬谪出京，大量起用"牛党"人物，白居易的堂弟白敏中和令狐绹入阁拜相。正是这次朝廷的人事变动，影响了李商隐的后半生，最直接的原因便是他与令狐绹早年的决裂。

公元847年2月，李商隐接到了桂州刺史郑亚的邀请，入幕府就职。郑亚是"李党"人物，因"牛党"执政被排挤出京。李商隐努力十余年才从幕府成为京官，如今郑亚让他放弃秘书省的职位远走广西桂州入幕府，这是违反常理之事。然而，结果是李商隐接受了郑亚的邀请，其中的缘由史书上并未叙说，但不难猜测，李商隐在秘书省必定遭到了严重的排挤，在长安的仕途也遇到了不可跨越的阻碍，这才使得他做出这种选择。

郑亚是被执政者重点打压的官员，从朝臣外放为桂州刺史只是清算的第一步，郑亚的仕途前景明眼人一看便知已经断绝了，李商隐却还是追随郑亚去了桂州，其间的曲折我们不得而知，但在"牛党"官员心中，已经给李商隐打上了"李党"的烙印。

此去桂州数千里，妻子不久前又为李商隐诞下一子，不可能随李商隐同去，等于此去桂州既舍弃京衔，又抛妻弃子，李商隐此行不像是赴任，倒像是避祸。当然，这一年也有喜事，李商隐的弟弟李羲叟高中进士。李羲叟仅仅比李商隐小一岁，进士及第却晚了十年。

3月，李商隐随郑亚出长安。此行路途遥远，又不知何时归来。一行人向东南而行，行至邓州，在驿馆暂歇。李商隐偶遇了一位故旧，他委托友人将一封书信转交户部侍郎卢弘正。卢弘正是李商隐的远亲，两人相识很早。卢弘正很赏识李商隐的才华，说来也巧，卢弘正曾经与杜牧在沈传师幕府共事过，与杜牧相交甚笃。李商隐的信是请求卢弘正留意朝中变动，若有机会可援引他回长安。这也恰恰说明李商隐离开长安是被迫的。在荆门南下，渡洞庭湖时，他写的一首诗可以佐证：

> 一夕南风一叶危，荆云回望夏云时。
> 人生岂得轻离别，天意何曾忌崄巇。
> 骨肉书题安绝徼，蕙兰蹊径失佳期。
> 洞庭湖阔蛟龙恶，却羡阳朱泣路岐。
>
> ——《荆门西下》

诗中李商隐责问苍天，何时考虑过流离的艰辛？又何时体会过亲人离别的伤痛？诗中的隐义令人琢磨。

在桂州，思乡和伤叹成为李商隐创作的两大主题，他时常在午夜梦回时思念妻儿：

帘垂幕半卷，枕冷被仍香。

如何为相忆，魂梦过潇湘。

——《夜意》

　　李商隐将公务之外的时间都用在编撰和整理自己的诗文手稿上，他将手稿编成了《樊南甲集》。文集如今已经散佚了，唯有他的自序留存了下来：

　　大中元年，被奏入岭当表记，所为亦多。冬如南郡，舟中忽复括其所藏，火爇墨污，半有坠落。因削笔衡山，洗砚湘江，以类相等色得四百三十三件，作二十卷，唤曰《樊南四六》。四六之名，六博格五、四数之甲之取也，未足矜。

——《樊南甲集序》（节选）

　　由序文，我们可以知道文集总共收录了四百三十三篇文章，都是四六骈文。李商隐很擅长古文和骈文，遗憾的是他的许多文章都在流转中丢失了。

　　李商隐在桂州幕府不久，郑亚便让他去昭州任代理郡守。昭州民族众多，夷汉杂居。在州吏的压迫下，当地百姓暴动，州郡守竟弃官逃跑，不知所终。郑亚作为上级主官，有权力任命临时郡守，于是任务便落到了李商隐的头上。这并非一件美差，昭州蛮荒之地，山民暴乱，去也是给前任郡守收拾烂摊子。李商隐匆忙赶到昭州，接管了州政，他也开始深入调查州情：

　　户尽悬秦网，家多事越巫。

　　未曾容獭祭，只是纵猪都。

　　点对连鳌饵，搜求缚虎符。

贾生兼事鬼，不信有洪炉。

——《异俗二首》（其二）

昭州民众大多笃信巫术，过着相对原始的渔猎生活。虽然李商隐是临时郡守，但他也积极治理州务。正在他施为之际，幕主郑亚再次被贬为循州刺史，循州比桂州更为偏远。郑亚知道自己的政治前途已经结束，不愿牵连李商隐。于是，郑亚在桂州与李商隐惜别。一人南谪，一人北归。李商隐在桂州没有待到一年，北归途中，他绕道去了一趟巴蜀，在夔州、巫峡等地游历。这里有武侯祠，有白帝庙，杜甫曾在此地写下《秋兴八首》和《登高》，李白也曾于夔州被赦免后写下《早发白帝城》。而李商隐在夔州收到了妻子催促他北归的书信，只是他北返的脚步被连绵的暴雨阻挡，于是在巴山夜雨中，他写下了那首千古名作《夜雨寄北》：

君问归期未有期，巴山夜雨涨秋池。
何当共剪西窗烛，却话巴山夜雨时。

李商隐回到长安已经是公元 848 年的暮秋时节，在烛火中，他将那场夜雨说与妻子听。次年，李商隐又参加了吏部考试，这次被授官周至县尉，白居易当年也曾任此职。然而，白居易从周至县尉任上直接进入了翰林院成为天子近臣，显然李商隐没有这种命。事实上，李商隐并未到周至上任，因京兆府缺文书，素有才名的李商隐被借调到府中专司奏表之事。李商隐本就对县尉一职心生厌恶，自然乐意留在京兆府。

秋冬交季时，当时的诗坛巨子杜牧从睦州刺史任上回京任司勋员外郎兼史馆修撰。李商隐与杜牧有了见面的机会，他给仰慕已久的杜牧写过两首赠诗。第一首是七绝：

高楼风雨感斯文，短翼差池不及群。

刻意伤春复伤别，人间唯有杜司勋。

——《杜司勋》

只是李商隐并未得到杜牧的回复，于是不甘心的他写了第二首，是七律：

杜牧司勋字牧之，清秋一首《杜秋》诗。

前身应是梁江总，名总还曾字总持。

心铁已从干镆利，鬓丝休叹雪霜垂。

汉江远吊西江水，羊祜韦丹尽有碑。

——《赠司勋杜十三员外》

两首诗都没有得到杜牧的回应，原因已经难以考究了。或许是党争，或许是个性差异，又或许是别的。同时代的大诗人没有交集的例子在唐朝有很多，比如李白和王维，但并不妨碍人们将他们并论。其实晚唐时期诗坛除了李商隐、杜牧，还应该加上温庭筠。李商隐和杜牧没什么交情，和温庭筠却始终保持着交往联系。

公元 849 年 5 月，徐州的一场兵变再次影响到了李商隐。徐州是武宁军的治所，这里骄兵悍将横行无忌，屡次驱逐节度使，这次又将节度使李廓吓跑。宣宗急调义成节度使卢弘正接管帅位平乱。卢弘正在赴任前专程回长安招募幕僚，自己的远亲李商隐便成为极为合适的人选，尤其是李商隐的大半生都是在幕府就职，经验丰富。

李商隐此时已近不惑之年，还顶着个周至县尉的头衔在京兆府做文书，还不如随卢弘正去徐州戡乱和平叛，说不定还有机遇，况且入幕聘金丰厚，远超现职。于是同年 10 月，李商隐安顿好妻儿后便迎着初雪南下，他写下《对雪二首》（下为其一）告别妻子：

寒气先侵玉女扉，清光旋透省郎闱。

梅花大庾岭头发，柳絮章台街里飞。

欲舞定随曹植马，有情应湿谢庄衣。

龙山万里无多远，留待行人二月归。

对于徐州之行，李商隐是抱着几分期望的。他希望此次帮助卢弘正平乱后，能得到荐举，以此仕进。在南下途中，李商隐的诗兴很高。

路绕函关东复东，身骑征马逐惊蓬。

天池辽阔谁相待，日日虚乘九万风。

——《东下三旬苦于风土马上戏作》

一年后，卢弘正镇压了武宁军之乱，政绩显著，升任检校兵部尚书、宣武军节度使，治所在汴州。汴州离洛阳、长安两京都很近，李商隐也随行到了汴州。遗憾的是，卢弘正就任汴州不久后就病逝了，幕府星散。这已经是李商隐第四位亡故的幕主，他于公元851年春赶回长安。这次归家，妻子王氏并没有在家门口等候，她已经躺在棺木之中。妻子的离世掏空了李商隐的心。多年来，聚少离多，他虽南北流离，然而心有归处。今后，再无同窗共话之时。

李商隐在余生中创作了许多悼亡诗，他把一腔伤感注入朦胧瑰丽的诗境中，形成了凄艳之美。

树绕池宽月影多，村砧坞笛隔风萝。

西亭翠被余香薄，一夜将愁向败荷。

——《夜冷》

此夜西亭月正圆，疏帘相伴宿风烟。

> 梧桐莫更翻清露，孤鹤从来不得眠。

——《西亭》

　　在丧妻的悲痛中，李商隐接到了东川节度使柳仲郢的幕府聘书。整日对枕难眠、睹物思人的李商隐再次决定远走蜀地，他似乎已经习惯于奔波，这种苦修般的工作使他有种自虐般的痛快。既然命中注定漂泊，那便随了命运。

　　李商隐随柳仲郢入剑门关，经梓潼，抵达梓州。公元853年，这是李商隐到梓州的第三个年头，原本崇信道教的他在精神沉郁无法排解时，转向了释门。他时常与僧人往来，也三不五时地到佛寺听禅，就连诗歌中都融入了禅意：

> 残阳西入崦，茅屋访孤僧。
> 落叶人何在，寒云路几层。
> 独敲初夜磬，闲倚一枝藤。
> 世界微尘里，吾宁爱与憎。

——《北青萝》

　　李商隐在梓州的日子还算惬意，只是身体却每况愈下。他这一时期的诗中有不少提到生病，并且久病不愈。比如：

> 薄宦仍多病，从知竟远游。

——《寓兴》

> 天涯常病意，岑寂胜欢娱。

——《西溪》

　　公元855年，柳仲郢在梓州政绩卓著，被召回长安任吏部侍郎。这一年，李商隐四十二岁，又一次经历了幕府解散，他随柳仲郢回京。北归途中，在陈仓的秦冈山上，他再次看到了圣女祠。上次经过已经是十八年前，当时护送恩师令狐楚的灵柩从汉中回京。世事流变，他早已不复年少，而那座圣女像却一如从前。感慨之下，他有诗曰：

> 白石岩扉碧藓滋，上清沦谪得归迟。
> 一春梦雨常飘瓦，尽日灵风不满旗。
> 萼绿华来无定所，杜兰香去未移时。
> 玉郎会此通仙籍，忆向天阶问紫芝。

——《重过圣女祠》

柳仲郢官居高位也没有忘记李商隐，他荐举李商隐任自己辖下的盐铁推官。然而，随着身体的衰弱，李商隐还是决定告病回乡，他对自己的寿限有预感。他们李氏家族的短寿诅咒是无法在他这里破解了。公元857年暮秋，李商隐在萧瑟的秋风中独自离开长安，来到了乐游原，在此遥望长安。人生至此时，已四十四载，他并未建功立业。然而岁月不待，催他归去。晚霞铺满了天空，夕阳好极了。

> 向晚意不适，驱车登古原。
> 夕阳无限好，只是近黄昏。

——《登乐游原》

归去吧，归去吧！

李商隐于公元858年上元节离开长安，回到故乡荥阳，将破败的老屋修缮了一下，就此安顿了下来。他人生最后时段的诗大多伤感，也在回顾自己的一生。比如《流莺》：

流莺漂荡复参差，渡陌临流不自持。

巧啭岂能无本意，良辰未必有佳期。

风朝露夜阴晴里，万户千门开闭时。

曾苦伤春不忍听，凤城何处有花枝。

大约在岁末或次年初春，李商隐病逝于荥阳老宅。他离开时并不热闹，知道的人也不多。他并无万贯家财留与后人，唯有一首无题诗：

锦瑟无端五十弦，一弦一柱思华年。

庄生晓梦迷蝴蝶，望帝春心托杜鹃。

沧海月明珠有泪，蓝田日暖玉生烟。

此情可待成追忆，只是当时已惘然。

诗意朦胧，已说不清是写给何人。诗中构建的一个个意象——庄生晓梦，杜鹃啼血，沧海珠泪，良玉生烟——不是一个完整的诗境，而是掺杂了怅惘、寂寞、感伤、失望等等。诗的谜底已经被李商隐永久地带走了，谜题却留给了后世。

李商隐的故友崔珏为他写的悼亡诗足以称作千古挽词：

虚负凌云万丈才，一生襟抱未曾开。

鸟啼花落人何在，竹死桐枯凤不来。

良马足因无主踠，旧交心为绝弦哀。

九泉莫叹三光隔，又送文星入夜台。

——《哭李商隐》（节选）

第十六章
温庭筠：小山重叠金明灭

公元940年（广政三年）[1]，后蜀赵崇祚编成《花间集》十卷，收录了十八位诗人的曲词，共五百首。其中温庭筠以六十六首作品入选，位居首位。因而相比于诗人身份，温庭筠花间派鼻祖的名号更为响亮。唐诗至温庭筠时已如强弩之末，中国诗歌又出现了一种新的发展——词。中国文学的两座高峰——唐诗与宋词之间有一个短暂的过渡期，便是五代十国。温庭筠是肩挑两个盛世，承前启后之宗师。在诗歌上，他与李商隐并称"温李"；在词上，他与后辈韦庄并称"温韦"。温庭筠有着大多数文坛巨匠的宿命，困厄的人生际遇造就了他名垂青史的文学成就。

温庭筠的生平在史料记载中极其缺乏，这与他一生仕途不显有极大的关系。约812年，温庭筠出生于江南地区，乃是唐初名相温彦博的裔孙。历经两百年，温氏家族早已衰落，温庭筠幼年丧父，由母亲独自艰难抚养成人。

史书惜字如金，很少描述人物外貌。能在史书上找到对外貌有描述的，要么是相貌极其出众，如潘岳、宋玉、卫玠等；要么是相貌奇

---

1. 广政：后蜀后主孟昶的年号，938年至965年。

丑，如温庭筠。因长相奇异，温庭筠还有个外号"温钟馗"。

由于生长在江南地区，温庭筠的诗词大量以江南风物为背景，如《河传》词云：

> 江畔，相唤，晓妆鲜。仙景个女采莲，请君莫向那岸边。少年，好花新满船。
>
> 红袖摇曳逐风软，垂玉腕，肠向柳丝断。浦南归，浦北归，莫知，晚来人已稀。

《河传》词调为温庭筠首创，也成绝响。陈廷焯在《白雨斋词话》卷七中曾说："《河传》一调，最难合拍，飞卿振其蒙，五代而后，便成绝响。"依照温庭筠大量诗词的描述，后世学者推测他应当生长于太湖之滨的苏州城。唐代的苏州东临东海，西抱太湖，风景秀丽，物产丰饶，商贸繁荣，尤其是苏州与当时富甲天下的扬州相邻，共同构成了江淮经济重镇，成为唐帝国税赋的根基命脉。

江南的春日，蒲叶碧绿，红霞映水，温庭筠笔下描绘了妩媚的江南：

> 檐柳初黄燕新乳，晓碧芊绵过微雨。

——《醉歌》

> 百舌问花花不语，低回似恨横塘雨。蜂争粉蕊蝶分香，不似垂杨惜金缕。

——《惜春词》

> 韶光染色如蛾翠，绿湿红鲜水容媚。

——《春洲曲》

温庭筠成长于苏州，自幼耳濡目染的都是"齐梁体"，也就是南朝齐、梁两朝的诗歌样式和风格，讲究音律对偶，辞藻艳丽。与李商隐一样，温庭筠也视李贺为偶像，在创作上也师法"长吉体"，语言瑰丽，意象独特。由于"齐梁体"的创作题材聚焦于闺房和女子，温庭筠不仅在文学上得到启蒙，性启蒙也来自此。温庭筠在性方面异常早熟，他描摹女性极其细腻，比如《照影曲》：

景阳妆罢琼窗暖，欲照澄明香步懒。
桥上衣多抱彩云，金鳞不动春塘满。
黄印额山轻为尘，翠鲜红稗俱含颦。
桃花百媚如欲语，曾为无双今两身。

年纪稍长一些，他漫游春风十里的扬州。扬子留后姚勖是温庭筠的姑父，十分厚待温庭筠。然而，少年温庭筠从姚勖处得到钱帛，便时常流连于烟花柳巷、秦楼楚馆。姚勖大怒之下，将温庭筠鞭笞一通后撵走。中晚唐时期，文人狎妓成风。当年，杜牧也曾十年一觉扬州梦，在纤细楚腰的围绕下蹉跎岁月，沉迷其中。温庭筠的诗词人生更是和风月场所割裂不开。人生越是颓唐，越是需要风尘的抚慰。后世的柳永与温庭筠有着十分相似的人生。

姚勖的这次鞭笞，为温庭筠带来了不好的名声，时人皆言他轻浮浪荡。公元 830 年，十八岁的温庭筠到长安应进士试，落第后，便入蜀地漫游。他途经马嵬驿，忆起当年"渔阳鼙鼓动地来，惊破霓裳羽衣曲"的安史之乱，杨贵妃于马嵬驿兵变中被杀，宛转蛾眉马前死。由此，温庭筠写下《马嵬驿》：

穆满曾为物外游，六龙经此暂淹留。
返魂无验青烟灭，埋血空生碧草愁。
香辇却归长乐殿，晓钟还下景阳楼。

温庭筠从长安到成都府行程二千三百七十九里，加之蜀道难，入蜀之行千辛万苦。温庭筠与时任剑南西川节度副使的李德裕有过交往。李德裕是中晚唐时期"牛李党争"中"李党"的魁首，他与元稹、白居易、刘禹锡曾有过诗文唱和，可见其好诗歌，也乐于与文士交往。李德裕曾经两次拜相，初次拜相在公元832年至833年间，832年时，他四十五岁。温庭筠此次拜谒李德裕，似乎希望入西川幕府谋职。然而，李德裕仅仅欣赏温庭筠的文才，对其处理政事的能力抱有怀疑，因此温庭筠拜谒无果。

公元831年春，温庭筠离开成都，顺岷江南下，继续漫无目的地在蜀地游玩。也正是在这期间，他写下了传奇小说《王诸》。唐传奇小说是掩藏在诗歌光芒之下的一块美玉，世人大多将目光聚焦于唐诗，从而忽略了唐代文学的另一成就。唐传奇，大多是以史家笔法写奇闻逸事。比如，初唐时期有王度的《古镜记》，中唐时期更为兴盛，有元稹的《莺莺传》、白行简的《李娃传》、陈鸿的《长恨歌传》等。

鲁迅在《中国小说史略》中认为，唐代传奇小说的兴盛，缘于举子士人的生存需求。唐朝科举早期，举子为了博取文名，便写诗成卷向权贵名流"行卷"。若是能获得名流赞誉，文名暴涨，进士及第的希望也会大增。比如，白居易少年时期便是向顾况行卷，获得赞誉，后来进士及第。中唐以后，行卷诗歌已经让权贵名流产生审美疲劳，于是便有了新的形式——行卷传奇小说。传奇小说涉及爱情、豪侠、神仙、鬼怪等新颖题材，大大刺激了权贵名流的感官，因此举子士人纷纷创作起传奇小说来。温庭筠的这篇《王诸》便是基于行卷而创作的。

温庭筠在蜀地走走停停，一连数月，漫无目的。虽然在谋职上一无所获，但读万卷书不如行万里路，蜀地的人文古迹、风物人情激发了他的创作灵感，诗作频出：

蜀山攒黛留晴雪，簝笋蕨芽萦九折。

江风吹巧剪霞绡，花上千枝杜鹃血。

杜鹃飞入岩下丛，夜叫思归山月中。

巴水漾漾情不尽，文君织得春机红。

怨魄未归芳草死，江头学种相思子。

树成寄与望乡人，白帝荒城五千里。

——《锦城曲》

人在逆旅中总是更能关注到杜鹃的哀鸣，温庭筠也到了该北去的时候。温庭筠跟唐代别的诗人有个极大的区别——他没有固定的归处。杜甫虽然南北流离，但妻儿大多时候都在身边，妻儿所在之处便是家。而温庭筠的一生除了追求仕进，便是四处漫游，没有落脚之处。这也使温庭筠的诗词中缺乏乡土情感，如同浮萍飞花，美则美矣，却无根。

温庭筠从蜀地北返长安。在长安，温庭筠结识了渤海国王子。渤海国是由靺鞨族建立的政权，唐睿宗时期将其国王封为渤海郡王，自此渤海国与唐朝保持着长期的朝贡关系。渤海国王子到长安访问期间被温庭筠的诗词才华所吸引，两人之间往来频繁。不久后，渤海国王子归国，温庭筠作诗一首赠别：

疆理虽重海，车书本一家。

盛勋归旧国，佳句在中华。

定界分秋涨，开帆到曙霞。

九门风月好，回首是天涯。

——《送渤海王子归本国》

渤海国王子对于温庭筠的赏识对其仕途并无帮助，于是温庭筠又和公卿子弟过从甚密。《旧唐书·温庭筠传》记载："公卿家无赖子弟裴诚、令狐缟之徒，相与蒱饮，酣醉终日，由是累年不第。”上述说的便是温庭筠与公卿子弟厮混，终日饮酒不起，导致累年不第。虽然温庭筠耽误了科举，却在花天酒地中写下了一篇篇佳作，比如与裴诚的和诗：

一尺深红胜曲尘，天生旧物不如新。
合欢桃核终堪恨，里许元来别有人。

井底点灯深烛伊，共郎长行莫围棋。
玲珑骰子安红豆，入骨相思知不知？

——《南歌子词二首》

上述两首作品被温庭筠称为词，却依然是诗的形式，这就是词最初的模样。在与公卿子弟的交往中，温庭筠写下了大量侧词艳曲，如《归国谣·双脸》：

双脸，小凤战蓖金飐艳。
舞衣无力风敛，藕丝秋色染。
锦帐绣帷斜掩，露珠清晓簟。粉心黄蕊花靥，黛眉山两点。

词中描绘了一幅完美的仕女图：双颊、头钗、花靥、黛眉都刻画得十分仔细。温庭筠的情绪隐藏极深，词中并未提到自己的意绪。温庭筠与公卿子弟厮混无非是赌钱、饮酒、逐香车，在无尽的应酬中消磨时光，代价便是疏于科举备考。但也正是这期间创作的诗词让他成就了后来“花间词祖”的千古之名。

温庭筠还时常出入宰相李德裕的府邸，李德裕白天处理政务，晚上在家中宴饮听曲。除了欣赏歌舞，赋新词、和新诗也是一大乐趣，温庭筠恰好是此道好手。他才思敏捷，作诗神速，且擅长音律，时有佳作令李德裕赞许。其中最具代表性的便是《笙箫歌李相妓人吹》：

> 蜡烟如霍新蟾满，门外平沙草芽短。
> 黑头丞相九天归，夜听飞琼吹朔管。
> 情远气调兰蕙薰，天香瑞彩含絪缊。
> 皓然纤指都揭血，日暖碧霄无片云。
> 含商咀徵双幽咽，软縠疏罗共萧屑。
> 不尽长圆叠翠愁，柳风吹破澄潭月。
> 鸣梭渐沥金丝蕊，恨语殷勤陇头水。
> 汉将营前万里沙，更深一一霜鸿起。
> 十二楼前花正繁，交枝簇蒂连壁门。
> 景阳宫女正愁绝，莫使此声催断魂。

此作读起来画面感甚强：舞女气若兰息，曲子奏起时，如有天香瑞彩朦胧絪缊；其后艳阳高照，万里无云，商、徵之音交替，如同幽咽；随后，曲调一变，又如柳风吹皱澄江水；再一变，如置身于塞外黄沙军帐中，惊起塞雁一双双。对于音乐的描写，温庭筠与白居易的《琵琶行》走向了两个方向，温庭筠如春日繁花绚丽浓艳，白居易如秋夜冷月清透简明。

温庭筠在长安的各种交际中，诗词才华被外宾、公卿之子、宰相所认可，然而其放荡轻浮、才高心傲的名声也深入人心。

公元 836 年，二十四岁的温庭筠与太子李永交游，以门客的身份托身于太子府，颇受太子李永的赏识。温庭筠时常随太子出游，曾写下《雍台歌》记录：

> 太子池南楼百尺，八窗新树疏帘隔。
> 黄金铺首画钩陈，羽葆亭童拂交戟。

盘纡栏楯临高台，帐殿临流鸾扇开。
早雁声鸣细波起，映花卤簿龙飞回。

　　诗中呈现了东宫瑰丽的陈设以及羽林侍卫的威仪：楼高百尺，新
树为窗。门上黄金铺首，画着勾陈星官。羽林披甲，剑戟相交。他被
太子盛大的出游队伍裹挟其中，幻想着有一天太子登上帝位，自己也
有出头之日。只是未曾料到，东宫并非潜龙之所，而是众矢之的。公
元 838 年 9 月，文宗召集两省官员，打算废太子，在群臣的劝阻下才
作罢。次月，太子李永暴毙，谥"庄恪"。太子李永之死很是蹊跷，
温庭筠在得知消息后，到望苑驿隔空凭吊，写下《题望苑驿》：

弱柳千条杏一枝，半含春雨半垂丝。
景阳寒井人难到，长乐晨钟鸟自知。
花影至今通博望，树名从此号相思。
分明十二楼前月，不向西陵照盛姬。

　　颔联中的"景阳""长乐"代指的是太子李永的宫苑。太子已死，
所以景阳寒井，破败荒凉。长乐宫又名东宫，晨钟唯有鸟儿知道，暗
指东宫人去楼空。颈联以宫苑中的花影通博望苑来将太子之死与西汉
太子刘据之死相比较，当年汉武帝悔恨太子刘据之死，如今唐文宗也
在追悔太子李永之死。尾联则是借周穆王的宠姬盛姬来暗指唐文宗的
宠妃杨贤妃，温庭筠喻指是杨贤妃的谗言导致了太子李永的暴毙。
　　唐文宗在太子暴毙后确实十分后悔，他下令将曾经伴游太子李永
的教坊乐官及宫人十余人处死，认为是这些人诱导太子"慢游败度"。
温庭筠因为早些时候从游太子无果，决定另谋出路，就此躲过杀身之
祸，否则作为太子的首席诗词门客，温庭筠必然在诛杀名单内。
　　实际上，太子之死的背后，是皇权的衰落。甘露之变后，宦官彻

底掌控了皇帝，文宗并没有保护太子的能力。太子李永之死不过是宦官集团与朝臣之间博弈的结果。两年后，唐文宗驾崩，继任太子李成美和杨贤妃等人均被宦官仇士良诛杀，文宗之弟李炎登基。中晚唐的政坛政权更迭频繁，动辄发生灭门血案，以致朝臣惶惶不可终日。比如，白居易便知其中凶险，急流勇退才得以保全己身，安度晚年。

公元 838 年秋，太子李永暴毙后，温庭筠离开长安向边塞而去。这次出塞的原因有两个，他后来在《病中书怀呈友人》中有所提及：

> 事迫离幽墅，贫牵犯畏途。
> 爱憎防杜挚，悲叹似杨朱。
> 旅食常过卫，羁旅欲渡泸。

一个原因是受贫困所累，他不得不踏上谋职之路。另一个原因是太子暴毙后，东宫随从被诛杀人数众多，温庭筠唇亡齿寒，怕被牵连，因此往荒僻偏远的边塞去避祸。温庭筠此次西去，期望能在节度使或州刺史幕府谋得职位。独自出塞，所见是独鸟青天日暮，既孤寂又凄凉，他唯有填词来打发漫长的旅途。

> 凭绣槛，解罗帏。未得君书，断肠潇湘春雁飞。不知征马几时归。海棠花谢也，雨霏霏。
>
> ——《遐方怨》

塞外本就荒凉，加之温庭筠出塞时又是秋日，荒凉之外更添萧瑟。他第一站先去了凤翔府，拜谒了凤翔节度使陈君奕。只是温庭筠与陈君奕并无交情，求见一面后便被仓促打发了。事实上，温庭筠是很难入幕府任职的。他身无功名，既非进士，又非明经，一介白丁，纵然才名在外，也并不符合幕府的选才标准。幕府最渴望的是进士出身但未获得朝廷授官的人，比如李商隐，虽然他在朝廷屡屡受挫，但是想聘请他入幕府的节度使或者地方大员多如过江之鲫。这也正是唐朝进士的含金量。

边塞对温庭筠这种生长在江南繁华中的浪子来说，是无趣的。塞歌哀苦，边角呜咽，戍楼林立。并且，温庭筠还得小心谨慎，以防触犯边塞法规。这些见闻和经历都被他写入《回中作》：

> 苍莽寒空远色愁，呜呜戍角上高楼。
> 吴姬怨思吹双管，燕客悲歌别五侯。
> 千里关山边草暮，一星烽火朔云秋。
> 夜来霜重西风起，陇水无声冻不流。

这次边塞之旅，温庭筠共拜谒了"五侯"，也就是五位边疆大吏，却没有一个幕府接纳他。千里关山草木稀疏，萧瑟秋日中唯有一星烽火，天下之大，他该于何处安身？唐朝不同时代的边塞诗具有不同的格调。盛唐国力强盛，诗人渴望建功立业，诗词也大气磅礴，比如王昌龄的名作《从军行七首》（其四）：

> 青海长云暗雪山，孤城遥望玉门关。
> 黄沙百战穿金甲，不破楼兰终不还。

中晚唐时期，唐帝国日渐衰微，国内藩镇割据尚不能平复，更别谈开疆拓土，边境时常受到吐蕃入侵。因此，边塞诗也变得哀婉凄叹，诗人从盛唐时期的渴求战争变为期望和平。比如，温庭筠作的边塞诗便具有晚唐鲜明的特点：

> 燕弓弦劲霜封瓦，朴簌寒雕睇平野。
> 一点黄尘起雁喧，白龙堆下千蹄马。

河源怒浊风如刀，剪断朔云天更高。

晚出榆关逐征北，惊沙飞逆冲貂袍。

心许凌烟名不灭，年年锦字伤离别。

彩毫一画竟何荣，空使青楼泪成血。

——《塞寒行》

温庭筠在诗中对战争的恶果进行了反思，以边关小卒的视角去展现战争的负面意义。就算是建功立业、名成凌烟阁，也解不开"年年锦字伤离别"的苦痛，妻子独守空楼的血泪又如何去弥补？晚唐边塞诗也有其独特的历史价值。

温庭筠虽谒"五侯"无果，却在塞外成就了一篇篇佳作。他此次出塞逾一年，在一首《酒泉子》中，他踏上了南归之路：

楚女不归，楼枕小河春水。月孤明，风又起，杏花稀。

玉钗斜篸云鬟髻，裙上金缕凤。八行书，千里梦，雁南飞。

在边塞历经风霜的温庭筠长途跋涉去了终南山，在此结识了宗密禅师。温庭筠与宗密亦师亦友，他自称故山弟子。这一时期，温庭筠拥抱释家，他游览禅寺，与寺僧酬答唱和的诗作多达三十首，均被收录于《温庭筠全集校注》中。温庭筠试图在禅宗佛门中安置一颗疲惫的心，为自己解忧。

师归旧山去，此别已凄然。

灯影秋江寺，篷声夜雨船。

鸥飞吴市外，麟卧晋陵前。

若到东林社，谁人更问禅。

——《送僧东游》

然而禅宗并非温庭筠的解忧药。他试图让自己皈依空门，消解掉自己的世俗功利之心，可他才三十岁不到，满腹诗书，如何甘心弃绝俗念？他终究还是要下山去，去红尘中滚个遍体鳞伤才是。

根据五代王定保《唐摭言》记载："温岐（四年），等第罢举。"这里的温岐是温庭筠的原名。温庭筠在京兆府的秋试中名列第二，可以参加次年春的礼部进士试，而温庭筠却因故罢考。在唐朝，等第罢举是一件很稀罕的事。取得礼部进士试的资格并非易事，因此举子对此十分珍视，大多数罢举的原因都是亡故。温庭筠罢举的真正原因已经很难去考究了。公元839年，等第罢举后的温庭筠准备南游吴越。

公元840年，唐文宗驾崩，仇士良等宦官拥立李炎继位，是为唐武宗。次年改元"会昌"。公元841年3月，温庭筠南下吴越，途经江苏邳州，拜访了三国时期的名士陈琳之墓。同为才子，温庭筠深感自己与陈琳命运的不同。陈琳受曹操重用，以文章建功立业。而他辗转长安、边塞，遍谒权贵，却无人赏识，科举也遭遇挫折。惆怅之下，他以诗记之：

曾于青史见遗文，今日飘蓬过古坟。
词客有灵应识我，霸才无主独怜君。
石麟埋没藏春草，铜雀荒凉对暮云。
莫怪临风倍惆怅，欲将书剑学从军。

——《过陈琳墓》

3月末，温庭筠抵达扬州，这里也是淮南节度使的治所。温庭筠在扬州写下过一篇恳切的陈情诗献给李仆射，以求援引。关于李仆射，后世猜测是李德裕或者李绅。温庭筠与李仆射交往多年，希望能加入他的幕府。温庭筠在诗中将自己的姿态放得极低，近乎乞求。

旅食逢春尽，羁游为事牵。宦无毛义檄，婚乏阮修钱。

舟弱营中柳，披敷幕下莲。傥能容委质，非敢望差肩。
涩剑犹堪淬，余朱或可研。从师当鼓箧，穷理久忘筌。
折简能荣瘁，遣簪莫弃捐。韶光如见借，寒谷变风烟。

——《感旧陈情五十韵献淮南李仆射》（节选）

在诗中，温庭筠将自己比作"涩剑"和"余朱"，近乎自贬。时年近三十岁的他无可谋生之业，以至于连成婚的钱都没有。即便温庭筠以乞求的姿态献诗，李仆射也没有接纳他入幕府就职。这是温庭筠一生中时常遭遇的事情，许多他所以为的故旧、赏识他的人，大多是碍于情面敷衍于他。温庭筠轻浮浪荡的风评太深入人心，这遭遇与北宋的柳永相似。

在扬州受冷遇后，温庭筠继续南下，先后在江宁、苏州停留。他的祖籍虽是太原祁县，却成长于江南。如今，家人都已北迁，而他独自重游故地，看着鹭鸟倒映水中，轻风摇动荷叶，白雨跳珠乱入船，苏州一切如旧，他却已然心衰。

晴川通野陂，此地昔伤离。一去迹常在，独来心自知。
鹭眠芰叶折，鱼静蓼花垂。无限高秋泪，扁舟极路岐。

——《东归有怀》

公元 842 年，温庭筠沿京杭大运河南下，抵达嘉兴，于此地吟作《苏小小歌》：

买莲莫破券，买酒莫解金。
酒里春容抱离恨，水中莲子怀芳心。
吴宫女儿腰似束，家在钱唐小江曲。
一自檀郎逐便风，门前春水年年绿。

温庭筠深受李贺的诗歌影响，李贺也曾有名篇《苏小小墓》，两人的着笔处不太一样：李贺笔下的苏小小是风为裳，水为珮，冷翠烛，劳光彩的鬼魂；温庭筠笔下的苏小小有莲子、美酒、细腰、江曲，是鲜活的女子。

温庭筠旅食吴越不仅朝扣富儿门，还暮入烟花巷。别人或许在青楼挥霍，温庭筠却靠填词在歌伎处赚得路资。江南歌伎们传唱着温庭筠的一首首新词《菩萨蛮》：

蕊黄无限当山额，宿妆隐笑纱窗隔。相见牡丹时，暂来还别离。

翠钗金作股，钗上蝶双舞。心事竟谁知，月明花满枝。

——《菩萨蛮》（其三）

竹风轻动庭除冷，珠帘月上玲珑影。山枕隐秾妆，绿檀金凤凰。

两蛾愁黛浅，故国吴宫远。春恨正关情，画楼残点声。

——《菩萨蛮》（其十四）

公元 842 年 7 月，七十岁的刘禹锡于洛阳病逝。温庭筠早些年在洛阳结识了裴度和刘禹锡，裴度去世时，温庭筠曾为其作挽词。如今，刘禹锡病故，温庭筠照例写下《秘书刘尚书挽歌词二首》：

王笔活鸾凤，谢诗生芙蓉。学筵开绛帐，谈柄发洪钟。

粉署见飞鹏，玉山猜卧龙。遗风丽清韵，萧散九原松。

麈尾近良玉，鹤裘吹素丝。坏陵殷浩谪，春墅谢安棋。

京口贵公子，襄阳诸女儿。折花兼踏月，多唱柳郎词。

温庭筠比刘禹锡小近四十岁，他对这位前辈诗人"巴山楚水凄凉地，二十三年弃置身"的经历深有共鸣，他自己也为仕途奔波十余年无果。更对刘禹锡"沉舟侧畔千帆过，病树前头万木春"的精神高山仰止。温庭筠一生所追求的也正是刘禹锡这样既有官声，又有诗名的人生。

公元843年春，温庭筠从江南北归长安，继续追求仕途功名。他在长安下辖的鄠县暂居。选择此地也是因为长安城内物贵，郊县生存压力相对较小。温庭筠在鄠县的生活颇有野趣，用木槿扎篱笆，门前还有小湖，湖畔柳枝摇曳，颇有江南水乡的韵味。为此，温庭筠写下《鄠杜郊居》一诗记之：

槿篱芳援近樵家，垄麦青青一径斜。
寂寞游人寒食后，夜来风雨送梨花。

公元846年3月，唐武宗因痴迷长生，服食丹药中毒驾崩。继位的是唐武宗的叔叔李忱，是为唐宣宗。新皇登基，朝臣频繁调动，执政大臣李德裕被贬为东都留守，卸任宰相。"李党"势微，"牛党"得势，开始了反攻倒算。宣宗改元"大中"，在大中年间，曲词逐渐兴盛。温庭筠的十四首《菩萨蛮》组词传唱甚广，从江南的秦楼楚馆流向了长安的市井小巷、宫廷乐坊。根据《北梦琐言》记载，宣宗也甚爱《菩萨蛮》组词。因为皇帝喜欢曲词，时任宰相令狐绹便投其所好想进献曲词。奈何令狐绹不擅作词，于是请来温庭筠代笔，并告诫温庭筠不要将此事泄露出去。然而在一次酒醉后，温庭筠将此事讲了出去。市井坊间很快喧腾一片，文人士子纷纷讥讽宰相令狐绹是"中书堂内坐将军"，不学无术。温庭筠彻底触怒了令狐绹，此后一生，令狐绹都不遗余力地打压温庭筠。也正因此事，天下无人不知温庭筠词名。一时间，向温庭筠求取曲词的歌儿舞女、文人士子数不胜数。

温庭筠众多《菩萨蛮》词中，流传最广的便是：

小山重叠金明灭，鬓云欲度香腮雪。懒起画蛾眉，弄妆梳洗迟。

照花前后镜，花面交相映。新帖绣罗襦，双双金鹧鸪。

词原本作为诗余，是文人之间的游戏之作，温庭筠原先的创作也是基于游戏消遣，此后才真正将写词认真对待，投入了更多的精力。凡事都有两面性，词名日盛的温庭筠也受词名所累。《旧唐书》对温庭筠词的评价基本都是负面的，称其为"侧艳之词"，说他文辞艳丽却流于浮华。因此，在唐朝科举不糊名的情况下，主考官对温庭筠会有先入为主的印象。

温庭筠得罪宰相令狐绹在《北梦琐言》的记载中不止一次，还有一次是令狐绹曾询问温庭筠典故，温庭筠回答典出《南华》。《南华真经》别名《庄子》，温庭筠告诫令狐绹："非生僻书也。或冀相公燮理之暇，时宜览古。"意思是让令狐绹在处理政务之余，多读些古籍，《南华》也并非什么生僻书。此话再次得罪了令狐绹。

从848年至855年，温庭筠多次参加礼部进士试。科举考试前历来有"行卷"的传统，在公元852年，温庭筠曾向中书舍人杜牧行卷，请求援引。杜牧对温庭筠颇为欣赏，只是不久后，杜牧便病故，援引之事也就不了了之。

公元855年，温庭筠因多次在考场上帮别的举子作诗赋，成为科场枪手。讽刺的是，温庭筠数次科举均未及第，而他帮助的举子多有进士及第的。在考场上，主考官沈询专门盯住温庭筠，防止他帮人作弊。但是，"道高一尺，魔高一丈"，温庭筠早已私下与八名举子约定好作弊方式，还是成功地帮助这八名举子作答。温庭筠先给宰相令狐绹当枪手，又给科考举子当枪手，最后还在博学宏词科的制举中给京兆尹之子柳翰当枪手。柳翰不知从何种渠道提前获得试题，于是请来温庭筠捉刀，最终被录取。后来，此事被未录取的士子举报，闹到朝堂上，导致吏部侍郎裴谂、吏部郎中周敬复、刑部郎中唐枝等多位考官被贬，录取的十人成绩也全部作废。

温庭筠因此事被贬为随县县尉，他身无功名，不曾被授官，为何又有被贬官的惩罚呢？如今，我们已不得而知。此时，温庭筠已经四十三岁，因为制举舞弊案荒唐地成了一名九品小吏。春末，温庭筠在赴任随县的途中经过商山，写下了名篇《商山早行》：

> 晨起动征铎，客行悲故乡。
> 鸡声茅店月，人迹板桥霜。
> 槲叶落山路，枳花明驿墙。
> 因思杜陵梦，凫雁满回塘。

尤其是颔联的那句"鸡声茅店月，人迹板桥霜"脍炙人口，明代胡应麟在《诗薮》中写道：盛唐句如"海日生残夜，江春入旧年"，中唐句如"风兼残雪起，河带断冰流"，晚唐句如"鸡声茅店月，人迹板桥霜"，皆形容景物，妙绝千古。而盛、中、晚界限斩然，故知文章关气运，非人力。

温庭筠在半途听闻好消息，故旧徐商调任山南东道节度使，成为他的顶头上司。温、徐两人交往多年，于是徐商将温庭筠留任为幕府巡官。在徐商幕府的生活很惬意，弟弟温庭皓也被纳入幕府中。温庭筠与幕主、同僚从游唱和，还帮一名歌伎脱籍，纳为侧室，歌伎名为"柔卿"。温庭筠有柔卿相伴，创作热情高涨，写下了《更漏子》：

> 相见稀，相忆久，眉浅淡烟如柳。垂翠幕，结同心，待郎熏绣衾。

城上月，白如雪，蝉鬓美人愁绝。宫树暗，鹊桥横，玉签初报明。

公元858年，李商隐英年病逝。温庭筠与李商隐有着密切的联系，互相称为兄弟。两人之间有过多首诗词唱和，比如李商隐就曾有诗寄赠温庭筠：

> 薄宦频移疾，当年久索居。
> 哀同庾开府，瘦极沈尚书。
> 城绿新阴远，江清返照虚。
> 所思惟翰墨，从古待双鱼。
>
> ——《有怀在蒙飞卿》

温庭筠收到李商隐的诗信后，回信酬诗《秋日旅舍寄义山李侍御》：

> 一水悠悠隔渭城，渭城风物近柴荆。
> 寒蛩乍响催机杼，旅雁初来忆弟兄。
> 自为林泉牵晓梦，不关砧杵报秋声。
> 子虚何处堪消渴，试向文园问长卿。

温、李两人文风相近，在诗歌创作上都以绮丽著称，诗歌中有大量描写女性的内容。郑振铎在《中国文学史》中如此评价二人：

> 假如我们说李商隐的诗似粉光斑斓的蝴蝶，那末，温庭筠的诗便要算是绮丽腻滑的锦绣或彩缎的了。温诗是气魄更大，色彩更为鲜明，文采更为绮靡的东西。

两人既有相似之处，亦有差异之处。关于这一点，袁枚在《随园诗话》中论述道：

今人论诗，动言贵厚而贱薄，此亦耳食之言。不知宜厚宜薄，唯以妙为主。以两物论：狐貉贵厚，鲛绡贵薄。以一物论：刀背贵厚，刀锋贵薄。安见厚者定贵，薄者定贱耶？古人之诗，少陵似厚，太白似薄；义山似厚，飞卿似薄：俱为名家。犹之论交，谓深人难交，不知浅人亦正难交。

公元 860 年，徐商奉诏回长安，调任刑部尚书兼盐铁转运使。随着徐商回京，幕府就此解散，同僚各奔东西。温庭筠不免怀旧感伤：

星斗稀，钟鼓歇。帘外晓莺残月。兰露重，柳风斜。满庭堆落花。

虚阁上，倚阑望。还似去年惆怅。春欲暮，思无穷。旧欢如梦中。

——《更漏子》

公元 862 年冬，温庭筠失意归返江东。途经广陵时，心中对令狐绹在位时的打压有怨气，于是在一次酒醉后，乞索于杨子院，因为犯夜，被巡夜的虞候打伤，败面折齿。温庭筠上告到地方长官令狐绹处，却遭到了令狐绹的当众羞辱，极言温庭筠狭邪丑迹。待到温庭筠返回长安，写信给诸公卿诉冤，最终时任宰相的徐商为温庭筠主持了公道。

温庭筠离开襄阳幕府后，在江陵的荆南节度使萧邺幕府任职。从那个时期温庭筠的书信中可知，他疾病缠身，得了寒疝病。在暮春时节，温庭筠思念起长安故人。

风华已眇然，独立思江天。凫雁野塘水，牛羊春草烟。
秦原晓重叠，灞浪夜潺湲。今日思归客，愁容在镜悬。

——《渚宫晚春寄秦地友人》

病体稍愈后，温庭筠东游江南，在太湖畔写下了《梦江南》：

千万恨，恨极在天涯。山月不知心里事，水风空落眼前花，
摇曳碧云斜。

唐圭璋于《唐宋词简释》中评价全词："此首叙飘泊之苦，开口即说出作意。'山月'以下三句，即从'天涯'两字上，写出天涯景色，字字堪恨，在在堪伤。而远韵悠然，令人讽诵不厌。"

温庭筠与鱼玄机是在长安认识的，相识时，鱼玄机约十三四岁，而温庭筠四十六七岁。在正史中没有关于鱼玄机的记载，其生平在晚唐皇甫枚的《三水小牍》、五代孙光宪的《北梦琐言》以及元代辛文房的《唐才子传》中有零星记载。说鱼玄机是长安歌伎，容貌倾国，喜好诗书，尤其是词曲。温庭筠与鱼玄机之间不仅年龄差距巨大，而且容貌也是云泥之别。但是，鱼玄机爱慕着温庭筠是有诗为证的：

苦思搜诗灯下吟，不眠长夜怕寒衾。
满庭木叶愁风起，透幌纱窗惜月沈。
疏散未闲终遂愿，盛衰空见本来心。
幽栖莫定梧桐处，暮雀啾啾空绕林。

——《冬夜寄温飞卿》

温庭筠没有接受鱼玄机的爱慕，两人最初大概是师生关系。温庭筠无法突破自己心中的底线，与作为学生的鱼玄机发展成情人关系。

鱼玄机的情感表达是极为大胆的，她有着与那个时代格格不入的超前思想。比如，有一次鱼玄机在崇真观看到新科进士榜，羡慕之余，写下一首诗：

云峰满目放春晴，历历银钩指下生。
自恨罗衣掩诗句，举头空羡榜中名。

——《游崇真观南楼睹新及第题名处》

鱼玄机在诗中自信地表达，若不是自己是女儿身，定然会榜上有名。后来，在温庭筠的介绍下，鱼玄机与新科状元李亿走到了一起，成了李亿的妾室。鱼玄机对李亿倾注了全部感情，她写过不少诗给李亿，比如《春情寄子安》：

山路欹斜石磴危，不愁行苦苦相思。
冰销远涧怜清韵，雪远寒峰想玉姿。
莫听凡歌春病酒，休招闲客夜贪棋。
如松匪石盟长在，比翼连襟会肯迟。
虽恨独行冬尽日，终期相见月圆时。
别君何物堪持赠，泪落晴光一首诗。

她期望着和李亿山盟海誓，比翼连枝。然而，作为妾室的鱼玄机地位卑下，时常遭到李亿正妻的妒忌，加之李亿惧内，于是将鱼玄机抛弃。无处可去的鱼玄机唯有入咸宜观做女冠，唐代女冠中有很多便是被丈夫抛弃的媵妾。鱼玄机住进山中，她并非断绝红尘。相反，她才刚刚体会到情爱的滋味。

移得仙居此地来，花丛自遍不曾栽。

庭前亚树张衣桁，坐上新泉泛酒杯。

轩槛暗传深竹径，绮罗长拥乱书堆。

闲乘画舫吟明月，信任轻风吹却回。

——《夏日山居》

在咸宜观，鱼玄机与浮浪子弟往来密切，她将被李亿抛弃的一腔苦恨都化为了浪荡。鱼玄机的人生是悲剧的，结局亦是。按《三水小牍》的记载，鱼玄机因怀疑侍女绿翘与自己的情人有染，于是将绿翘"裸而笞百数"，活活将绿翘鞭挞致死。因此事，鱼玄机被下狱，经京兆尹温璋审理后被秋后处死。

温庭筠自扬州回到长安以后，经前幕主徐商的荐举，任国子监助教。只是不久后，徐商被罢相，新任宰相杨收不喜温庭筠，于是将他贬为方城尉。这次离开长安，温庭筠独自踏上了人生的最后一程。赴任前，诗人张祜赠诗：

岳阳新尉晓衙参，却是傍人意未甘。

昨夜与君思贾谊，长沙犹在洞庭南。

——《送温飞卿赴方城》

来送别的人不少，有诗人朋友，有国子监学生，有青楼歌伎，大概也有当时成为女冠的鱼玄机。温庭筠以一首《清平乐》辞别了众人：

洛阳愁绝，杨柳花飘雪。终日行人恣攀折，桥下水流呜咽。

上马争劝离觞，南浦莺声断肠。愁杀平原年少，回首挥泪千行。

公元 866 年，温庭筠卒。

人生就像是一个个段落，不知在哪个句号处，便全文终结。

第十七章
韦庄：六朝如梦鸟空啼

公元 907 年（天祐四年）[1] 3 月，唐哀帝在朱温的胁迫下禅位。至此，唐朝灭亡，国祚二百八十九年。

公元 910 年（武成三年）[2] 8 月，韦庄在成都花林坊病逝，终年七十四岁。他人生最后的岁月也曾在锦官城的繁花深处北望长安，历史的一个转身，便是一个时代的一去不回。韦庄目送那个伟大的王朝被卷入岁月洪流中，正如当年他第一次踏入金陵，看到曾经的六朝古都的萧瑟，写下的那首名篇《台城》：

> 江雨霏霏江草齐，六朝如梦鸟空啼。
> 无情最是台城柳，依旧烟笼十里堤。

"六朝如梦"四个字便可以将百年历史一笔勾勒，近三百年的唐帝国如同梦境般散去。那座被无数诗人歌颂过的长安城，成为唐帝国

---

1. 天祐：唐昭宗年号，904 年至 907 年。
2. 武成：五代前蜀高祖年号，908 年至 910 年。

的符号，永恒不灭地存在于历史记忆中。作为唐王朝覆灭的见证者，韦庄的视角是极具参考价值的。

韦庄出生于公元 836 年，这时候白居易和刘禹锡六十四岁，杜牧三十三岁，李商隐和温庭筠二十二三岁，正是中晚唐诗坛新老交替之际。韦庄的七世祖是睿宗朝的宰相，四世祖是苏州刺史韦应物，他出身于长安曾经最显赫的家族京兆韦氏。世家门阀到了晚唐时期大多衰落，韦庄的家族也不例外。他不仅家道中落，并且父母早亡，自幼孤贫。好在韦庄自知寒微，便奋力读书，京兆韦氏给他的唯一遗产，便是才思敏捷的天赋。

幼年时，韦庄先居于长安，后移居于下邽（今陕西渭南）。童年大概是韦庄一生中最无忧的时光，他在学堂读书习作，也曾偷跑出城去看花，也曾逃学登楼观景。多年后，他在《下邽感旧》中回忆起这段时光：

昔为童稚不知愁，竹马闲乘绕县游。
曾为看花偷出郭，也因逃学暂登楼。

公元 859 年，唐宣宗李忱因服食仙丹中毒，8 月 10 日不治身亡。宣宗在位十三年，效仿太宗李世民，将《贞观政要》书于屏风之上，每日拱手拜读。在政治上消除了从宪宗朝延续近四十年的"牛李党争"，整肃吏治，严明法度，从善如流。在军事上，北破游牧民族诸部，收复河西，南定安南，西平党项。在宣宗的励精图治之下，晚唐一时竟有中兴之象，因此宣宗也被称为"小太宗"。当唐宣宗的大中时代结束后，唐朝真正一步步走向衰亡。由于宣宗生前太子之位久而不决，在病危时，掌管神策军的宦官王宗实等人矫诏立郓王李温为太子，后拥立李温继位，是为唐懿宗。次年改元"咸通"。

韦庄在公元 862 年第一次参加科举考试，落第而归。归家后，韦庄举家迁往虢州（今河南灵宝），乡居耕读。他写下《虢州涧东村居作》：

> 东南骑马出郊坰，回首寒烟隔郡城。
> 清涧涨时翘鹭喜，绿桑疏处哺牛鸣。
> 儿童见少生于客，奴仆骄多倨似兄。
> 试望家田还自适，满畦秋水稻苗平。

公元 863 年，韦庄应太原尹刘潼的聘请入幕府就职，直到公元 875 年（乾符二年）[1]冬，时隔十三年，年近四十的韦庄才再次赴长安准备参加次年春的科举考试。公元 860 年到 870 年，爆发了两次大规模的农民起义，分别是公元 860 年的"裘甫起义"和公元 868 年的"庞勋起义"。尤其是庞勋起义，在《新唐书》中被如此评价："唐亡于黄巢，而祸基于桂林。"庞勋之乱是唐帝国历史上第一次军民同乱。后来，庞勋虽然战死，起义被平定，但是日益尖锐的阶级矛盾激发了百姓的反抗意识，也为后来的黄巢起义埋下了伏笔。就在韦庄参加科举考试的同年，王仙芝在濮州起义，并率军攻克了濮州和曹州。而在响应王仙芝起义的队伍中，就有一个名叫黄巢的落第书生。

韦庄的第二次科举依旧以落第告终，二次落第加上年逾四十，对韦庄的打击很大。他落第后曾到青龙寺散心。青龙寺位于乐游原上，韦庄忆起当年李商隐在人生的最后阶段也曾独游于乐游原上，写下了"夕阳无限好，只是近黄昏"。此时的韦庄恐怕更能体会到这句诗之于唐帝国的预见性。韦庄自然也有出将入相、安邦定国的理想，这是唐代文人举仕的核心动力。不惑之年的韦庄对自己的前途极度迷茫，他不知何去何从，在青龙寺的寺壁上题下了《下第题青龙寺僧房》：

---

1. 乾符：唐僖宗年号，874 年至 879 年。

千蹄万毂一枝芳，要路无媒果自伤。

题柱未期归蜀国，曳裾何处谒吴王。

马嘶春陌金羁闹，鸟睡花林绣羽香。

酒薄恨浓消不得，却将惆怅问支郎。

公元880年（广明元年）[1]，四十四岁的韦庄第三次举进士落第。同年12月，黄巢起义军兵临长安，唐僖宗慌忙出逃蜀地避祸。次年，黄巢率军入长安城，至此两京陷落。黄巢在含元殿即位称帝，国号"大齐"。黄巢入主长安不久后，难以约束部下士兵，起义军杀人满街，掠夺百姓，奸淫人家妻女，并放火烧屋，大肆屠杀唐朝宗室、门阀世家。韦庄于兵乱之中滞留于长安，看着满目疮痍，他写下了千古名篇《秦妇吟》，记录这段历史（下为节选）：

四面从兹多厄束，一斗黄金一斗粟。尚让厨中食木皮，黄巢机上刲人肉。

东南断绝无粮道，沟壑渐平人渐少。六军门外倚僵尸，七架营中填饿殍。

长安寂寂今何有？废市荒街麦苗秀。采樵斫尽杏园花，修寨诛残御沟柳。

华轩绣毂皆销散，甲第朱门无一半。含元殿上狐兔行，花萼楼前荆棘满。

昔时繁盛皆埋没，举目凄凉无故物。内库烧为锦绣灰，天街踏尽公卿骨！

《秦妇吟》全篇共二百三十八句，一千六百六十六字，乃是唐诗中最长的一首。这首纪实长诗诞生之初便在民间广为流传，风靡一时。因此，时人将韦庄称为"秦妇吟秀才"，与曾被称为"长恨歌主"的白居易并称，韦庄声名大盛。然而，韦庄晚年讳言《秦妇吟》。据《北梦琐言》记载，因诗中的"内库烧为锦绣灰，天街踏尽公卿骨"两句令公卿不满，韦庄自撰《家戒》时将此诗禁止，并且后来韦庄的弟弟韦蔼为他编撰《浣花集》时，也并未将《秦妇吟》收录其中，致使《秦妇吟》在此后的一千多年中消失了。直至近代，英国人斯坦因和法国人伯希和在从敦煌莫高窟拿走的古籍中发现了《秦妇吟》的完整手抄本，吾辈才得以见到这遗失千年的名作全貌。

后人将《秦妇吟》《木兰辞》《孔雀东南飞》并称为"乐府三绝"。《秦妇吟》的消失和复现仿佛在预言历史的重演，它消失于唐帝国灭亡之际，又复现于清帝国灭亡前夕。同样的山河破碎，百姓流离。

黄巢自公元 881 年（中和元年）[1] 入主长安，到公元 883 年撤出，历时两年有余。这两年对于长安及周边百姓近乎是毁灭性的。这期间，官军一度攻入长安，因城中百姓协助官军，愤怒的黄巢纵兵屠杀，血洗长安。这些至暗时刻也被韦庄刻画在《秦妇吟》中：

> 千间仓兮万丝箱，黄巢过后犹残半。自从洛下屯师旅，日夜巡兵入村坞。
>
> 匣中秋水拔青蛇，旗上高风吹白虎。入门下马若旋风，罄室倾囊如卷土。
>
> 家财既尽骨肉离，今日垂年一身苦。一身苦兮何足嗟，山中更有千万家。
>
> 朝饥山上寻蓬子，夜宿霜中卧荻花。

---

1. 中和：唐僖宗年号，881 年至 885 年。

韦庄在公元882年趁乱逃离长安，奔赴洛阳而去。在洛阳，韦庄与在战乱中失散的家人重逢了。烽火乱世中，大多数的离散都是天人之别，能够苟全性命于乱世殊为不易，重逢显得格外珍贵，韦庄写诗以记之：

> 九衢漂杵已成川，塞上黄云战马闲。
> 但有嬴兵填渭水，更无奇士出商山。
> 田园已没红尘里，弟妹相逢白刃间。
> 西望翠华殊未返，泪痕空湿剑文斑。
>
> ——《辛丑年》

家人团聚后，韦庄一家隐居于洛阳乡间。在隐居的两年时间里，长安城沦陷时的惨烈场面时常在韦庄梦中出现。韦庄开始真正关注社会现实，也写下了许多纪实诗，比如《睹军回戈》：

> 关中群盗已心离，关外犹闻羽檄飞。
> 御苑绿莎嘶战马，禁城寒月捣征衣。
> 漫教韩信兵涂地，不及刘琨啸解围。
> 昨日屯军还夜遁，满车空载洛神归。

唐帝国的乱象让韦庄不由得想起百年前的安史之乱，那场持续近八年的战乱也是两京陷落，皇帝逃入蜀地。他的先祖韦应物也正是在安史之乱中流离失所，一度陷入穷困之中。然而，此次黄巢起义与安史之乱不同的是，安史之乱中百姓、士族依旧心向李唐皇室，到了黄巢起义时百姓已与李唐皇室离心。对唐王朝来说最致命的是，黄巢军采取流窜作战的战术，转战全国多地。这将原有藩镇间的平衡打破，最终在起义平复后，出现了超级藩镇，比如宣武军节度使朱温和河东节度使李克用所辖藩镇。韦庄此时并不知道黄巢起义的后续发展，他深知洛阳并非安全之所。于是，在公元 883 年，韦庄举家南迁至润州（今江苏镇江），投奔镇海节度使周宝。

韦庄在镇海节度使幕府发现东南诸镇节度使对黄巢起义作壁上观，无心勤王，甚至有兼并割据之心。这一时期，韦庄写下了不少讽刺军阀割据的诗，如《陪金陵府相中堂夜宴》：

> 满耳笙歌满眼花，满楼珠翠胜吴娃。
> 因知海上神仙窟，只似人间富贵家。
> 绣户夜攒红烛市，舞衣晴曳碧天霞。
> 却愁宴罢青娥散，扬子江头月半斜。

公元 883 年 4 月，蜀地的唐僖宗开始反攻，黄巢麾下大将朱温在同州战败后降唐。黄巢军撤出长安，退入商山。后来，僖宗还朝长安。韦应物对唐帝国的前景十分乐观，他以为中兴可期，在《江南送李明府入关》一诗中表达了自己的期望：

> 我为孟馆三千客，君继宁王五代孙。
> 正是中兴磐石重，莫将憔悴入都门。

黄巢起义自 875 年至 884 年，转战一万五千余里，将唐帝国打得千疮百孔。

史书上对黄巢的评价几乎都是负面的。《旧唐书》评价：

> 我唐之受命也，置器于安，千年惟永，百蛮响化，万国来王。但否泰之无恒，故夷险之不一。三百算祀，二十帝王。虽时有窃邑叛君之臣。乘危徼幸之辈，莫不才兴兵革，即就诛夷。其

间沸腾，大盗三发，安禄山、朱泚、黄巢是也。

史书上将黄巢与安禄山、朱泚并列为"窃国三大盗"，但后世学者也多有赞叹黄巢的军事指挥艺术，以及其坚韧、不肯屈服妥协的意志。凡事皆有两面性，谁也不曾想到一个落第秀才几乎将王朝颠覆，并留下气势滔天的诗作：

待到秋来九月八，我花开后百花杀。
冲天香阵透长安，满城尽带黄金甲。

——黄巢《不第后赋菊》

飒飒西风满院栽，蕊寒香冷蝶难来。
他年我若为青帝，报与桃花一处开。

——黄巢《题菊花》

黄巢在各镇节度使的围攻下兵败后，唐王朝的气运已经散去大半。各镇节度使割据自立，并且开始互相吞噬兼并，其中李克用据太原、上党；朱温据汴州、滑州；朱瑄据郓、齐、曹、濮；高骈据淮南八州。帝国的大半疆土被各镇节度使瓜分，朝廷实际能控制的地区不过河西、山南、剑南等道的数十州之地。

公元 885 年，还朝长安的唐僖宗改元"光启"[1]。

公元 885 年，历经数年动荡的唐僖宗还没在长安稳住心神，河中地区便再起战乱。权宦田令孜为抢夺安邑、解州的盐池税赋，下令将河中节度使王重荣调离。王重荣不服调令，于是田令孜试图驱狼吞虎，调邠宁节度使朱玫、凤翔节度使李昌符、夏州节度使李思恭等发

---

1. 光启：唐僖宗年号，885 年至 888 年。

兵讨伐王重荣。王重荣不敌，遂用反间计挑拨李克用，李克用出兵大败朱玫、李昌符。乘胜之下，李克用西进，兵锋直指长安城。岁末，唐僖宗在权宦田令孜的带领下逃亡至凤翔。

邠宁节度使朱玫意图劫持僖宗以令天下的行动失败，转而将襄王李煴挟持到长安，立为傀儡皇帝。李唐皇室与藩镇节度使间的关系彻底发生改变，挟天子以令诸侯成为藩镇节度使的新政治手段。

公元 887 年，唐僖宗以皇室正统号召诸镇节度使诛杀朱玫和伪皇。最终，朱玫和伪皇李煴被杀死。僖宗准备二次还朝，却在凤翔遭到了节度使李昌符的拦截。李昌符进攻僖宗行宫，兵败后，李昌符被斩。几番折腾之下，惊魂未定的唐僖宗病重，返回长安。

同年，韦庄供职的镇海发生兵乱，幕主周宝逃亡。韦庄失去依靠，唯有举家迁往婺州隐居避祸。韦庄这一时期寄情于诗酒，与诗僧贯休来往密切。相较于北方的战乱，江南地区有着难得的安定，江南的风光也给韦庄留下了难以磨灭的印象。多年后，他曾无数次回忆江南：

> 人人尽说江南好，游人只合江南老。春水碧于天，画船听雨眠。
> 垆边人似月，皓腕凝霜雪。未老莫还乡，还乡须断肠。
>
> ——《菩萨蛮》（其二）

在婺州晴耕雨读的生活中，韦庄时时思念故乡长安，他期待着能有归家的一天。

> 杖策无言独倚关，如痴如醉又如闲。
> 孤吟尽日何人会，依约前山似故山。
>
> ——《倚柴关》

公元 888 年 2 月，病重的唐僖宗返回长安后，大赦天下，改元"文德"[1]。次月，二十六岁的僖宗暴毙。其弟寿王李晔在观军容使杨复的恭拥立下，灵前即位，是为唐昭宗。后晋刘昫在《旧唐书》中评价昭宗：

> 帝攻书好文，尤重儒术，神气雄俊，有会昌之遗风。以先朝威武不振，国命浸微而尊礼大臣，详延道术，意在恢张旧业，号令天下。即位之始，中外称之。

史书上对昭宗的评价颇高，韦庄也期望着新皇能恢复旧业，中兴大唐。于是，韦庄携家人离开婺州，游历巴蜀、楚地。这期间，他将大唐山河记录在诗中，如《西塞山下作》：

> 西塞山前水似蓝，乱云如絮满澄潭。
> 孤峰渐映湓城北，片月斜生梦泽南。
> 爨动晓烟烹紫蕨，露和香蒂摘黄柑。
> 他年却棹扁舟去，终傍芦花结一庵。

韦庄离开长安近十年，他已逾天命之年。这些年经历过战乱的流离、隐居的闲适，岁月沧桑悄然爬上了鬓角。他功业未成，前途未知。在公元 892 年（景福元年）[2]，韦庄终于决定北归长安，在五十六岁的年纪参加人生中第三次科举考试。"三十老明经，五十少进士"这句话放在韦庄身上很适用。在次年的春闱中，韦庄再一次落第。直到公元 894 年（乾宁元年）[3]，年近花甲的韦庄终于完成夙愿，金榜题名。

---

1. 文德：唐僖宗 888 年的年号。
2. 景福：唐昭宗年号，892 年至 893 年。
3. 乾宁：唐昭宗年号，894 年至 898 年。

后又通过吏部铨选考试，被授官校书郎，开始自己的仕途。韦庄在欣喜之下作词一首《喜迁莺》：

> 街鼓动，禁城开，天上探人回。
> 凤衔金榜出云来，平地一声雷。
> 莺已迁，龙已化，一夜满城车马。
> 家家楼上簇神仙，争看鹤冲天。

韦庄跟温庭筠一样，诗词俱佳。韦庄的词清艳流丽，诗却显得通俗直白。唐末诗人置身于动乱时代，前有黄巢起义，后有藩镇军阀混战，诗人们普遍开始关注社会灾难、民生疾苦，诗歌对时局的反映更重思想，而轻辞藻。比如，与韦庄同时代的诗人郑谷，也是在战乱之后，奔亡巴蜀，流寓荆楚吴越，"十年五年歧路中，千里万里西复东"。郑谷现存的三百首诗中，有近百首记录了他流离的岁月。那些至暗时刻难以用华丽的辞藻修饰，斑驳岁月中的苦难，往往用最通俗直白的表达，便足以打动人心。

踏上仕途的韦庄生在大唐最坏的时代，注定难有作为。韦庄内心苦闷消极，在《长安旧里》一诗中写道：

> 满目墙匡春草深，伤时伤事更伤心。
> 车轮马迹今何在，十二玉楼无处寻。

公元 896 年，凤翔节度使李茂贞逆乱，率军进犯长安。唐昭宗在禁军的护卫下准备前往太原，寻求河东节度使李克用的庇护。御驾行至渭水北岸，被华州节度使韩建拦截，挟持至华州，韦庄也随驾前往。次年，西川节度使王建攻打东川节度使顾彦晖，意图掌控两川。昭宗令谏议大夫李洵出使蜀地，劝和两川节度使，韦庄作为判官随行。一行人奉诏出使蜀地后，王建拒绝应诏，击败顾彦晖，一口吞下东川。大抵是在此次出使蜀地期间，韦庄的才华得到王建赏识，才有后来韦庄入蜀为王建效力的故事。

公元 899 年（光化二年）[1]，朱温占据东都洛阳，势力日盛。为对抗朱温，李茂贞、韩建和李克用三人组成临时同盟，将昭宗送还长安。8 月，还朝的昭宗改元"光化"，以示庆贺。韦庄也于同年升任左补阙。次年，韦庄上书奏请朝廷追赐李贺、贾岛、温庭筠、罗邺、方干、陆龟蒙等终身未第的诗人进士及第，以弥补这些前辈的遗憾。韦庄的奏表被一场巨大的政治风波所淹没，藩将与宦官之间的矛盾日益尖锐，以刘季述为首的宦官软禁昭宗，拥立太子李裕为帝。这些年来，韦庄经历过僖宗被宦官和藩将拿捏，如今昭宗也被宦官随意软禁，李唐皇室早已失去往日的威严，成为宦官和强藩随意支配的玩物。韦庄为李唐担忧的心彻底死去。在《赠云阳裴明府》一诗中，韦庄表达了他的绝望：

南北三年一解携，海为深谷岸为蹊。
已闻陈胜心降汉，谁为田横国号齐。
暴客至今犹战鹤，故人何处尚驱鸡。
归来能作烟波伴，我有鱼舟在五溪。

韦庄并非愚忠之人，李唐的大船即将倾覆，他也该为自己另谋出路。901 年（天复元年）[2]，韦庄入蜀成为王建幕府掌书记，一心为王建出谋划策，招揽人才。就在韦庄出走蜀地两年后，李茂贞将昭宗交到朱温手中。朱温将数百名宦官诛杀，彻底解决了中晚唐时期把持朝政

---

1. 光化：唐昭宗年号，898 年至 901 年。
2. 天复：唐昭宗年号，901 年至 904 年。

的宦官集团。昭宗的命运彻底掌握在朱温的手上。

公元 904 年，朱温挟持昭宗迁都洛阳，改元"天祐"。同年，为了避免昭宗落入敌对势力之手，朱温干脆在 8 月 11 日夜，派人将昭宗杀死，改立辉王李祝为帝，是为唐哀帝。哀帝也是唐王朝最后一任皇帝。公元 905 年，朱温大肆杀戮朝臣，在滑州白马驿将以裴枢为首的三十余位大臣诛杀，投尸于滚滚黄河之中，史称"白马驿之祸"，唐王朝此时已名存实亡。朱温开始日夜谋划改朝换代，登基称帝一事。

公元 907 年 4 月，朱温接受唐哀帝禅位，即皇帝位，改国号为"大梁"，以汴州为东都，洛阳为西都。至此，唐帝国彻底化为历史的尘埃。韦庄在蜀地听闻朱温称帝后，劝进王建。王建率官员、民众痛苦三日后，即皇帝位，国号"大蜀"。王建任用韦庄为宰相，制定前蜀的刑、政、礼、乐等一系列开国制度。韦庄在唐王朝时数十年未建立的功业，最终在前蜀完成。他见证着李唐的衰弱，也亲手为埋葬唐王朝撬了一抔土。中国历史开启了为期七十二年的大乱世——五代十国。

余烬
掩藏于历史之下的女诗人们

　　唐代诗国中最不能，也不该被忽视的是那些才华横溢的女诗人。她们在文学史上甚至没有属于自己的章节，在男性文豪如焰火般照耀夜空之时，少有人关注到余烬深处的点点火星。她们生活在那个时代，有属于自己的温度。女诗人的史料、故事，都是散落于各种古籍之中，甚至难以拼凑出一个完整的"她"，但最后的章节还是要留给"她们"。

> 看朱成碧思纷纷，憔悴支离为忆君。
> 不信比来长下泪，开箱验取石榴裙。

——《如意娘》

　　这首七绝，据说是武则天写于感业寺出家为尼之时，是写给当时继承大统的唐高宗李治的。那是她最失意的时候。作为唐太宗的才人，李世民于公元 649 年驾崩后，二十六岁的武则天依例出家守寡。她正处在人生的花季，却被迫成为山寺中的孤芳，这让她如何甘心？此诗怨而不怪，愁而不责，层层铺开，不胜旖旎，浓烈相思如同从云端洒下的万仞清光，无孔不入，刺人心扉。武则天要拨动的是唐高宗李治的心弦，而武才人最后成功了。后来方有二圣临朝，女子称帝。历史上，登上舞台掌权摄政的女子不少，前有西汉的吕雉，后有北宋的刘娥，但真正登上皇位、日月临空的，唯武则天一人。

《全唐诗》共收录武则天四十七首诗，她有着极具个人特色的创作风格。例如，武则天以诗为诏：

> 明朝游上苑，火急报春知。
> 花须连夜发，莫待晓风吹。

——《腊日宣诏幸上苑》

这首诗极其有意思，武则天以此诗为诏书，命令掌管春季的神灵，百花必须连夜绽放，莫要等到晓风吹来时再开。这首诗背后还有其政治意义，据说诗成后，武则天命人到神都苑诏告春神。谁曾料，腊日凌晨，百花开遍神都苑。武则天邀群臣赏花，意在向百官展示，自己登基称帝乃是天命所归。这首诗写于武则天称帝的第二年，朝堂中忠于李唐皇室的政治势力暗流涌动之时，似乎在昭告天下，她有让这百花盛开的能力，就有让它们败落的手段，何其霸道。苏者聪在《古代妇女诗一百首》中评价此诗：

> 诗中洋溢着作者主宰一切的豪迈气概。其磅礴气势、凛凛威风给人一种鼓舞力量，从中透露出盛唐气象。当然，从另一方面看，也反映出皇帝专制的淫威。

初唐无七律，五言诗亦在探索之中，从武则天的诗中也能寻到痕迹。

> 九春开上节，千门敞夜扉。

兰灯吐新焰，桂魄朗圆辉。

送酒惟须满，流杯不用稀。

务使霞浆兴，方乘泛洛归。

——《早春夜宴》

自二圣临朝后，进士科勃兴，考试以文词为主，一大批士人中的文才翘楚得以走上历史舞台，比如杜审言、李峤、宋之问、沈佺期等，都是由进士及第而受到朝廷重用。正是在武则天的倡导之下，初唐诗坛呈现出勃勃生机，五律诗的定型就是在这一时期完成的。元稹在《唐故工部员外郎杜君墓系铭序》中说道：

唐兴，官学大振。历世之文，能者互出。而又沈、宋之流，研练精切，稳顺声势，谓之为律诗。

武则天的诗还有着贞观遗风。太宗李世民也好写诗，多为吟咏风月之诗，为投其所好，贞观诗坛的上官仪等人追求绮错婉媚，追求声辞之美，过于雕琢，缺乏情思意味。这个特点在武则天《石淙》诗中尤其明显：

三山十洞光玄箓，玉峤金銮镇紫微。

均露均霜标胜壤，交风交雨列皇畿。

万仞高岩藏日色，千寻幽涧浴云衣。

且驻欢筵赏仁智，雕鞍薄晚杂尘飞。

从唐高宗到唐玄宗的三十年间，武则天、太平公主、上官婉儿，是当时最有权势的三个女人。她们精彩的人生故事足以写成三部长篇小说。上官婉儿是其中拥有最多身份之人，她的家族是延绵数百年的门阀世家上官氏，祖父上官仪本就是贞观诗坛的领袖，却因参与起草废后诏书，被武则天诛杀。上官婉儿连同其母被配没掖庭为奴。然而，将她从深渊中拉上来的，与将她推入深渊的，是同一个人——武则天。她成为武则天的贴身女官，后来号称"大唐内相"。神龙政变后，唐中宗复位，她摇身一变又成了皇帝的妃子，最后在追逐权力的泥潭中被吞噬。

《全唐诗》共收录上官婉儿三十三首诗，其中《驾幸新丰温泉宫献诗三首》足以展现上官婉儿之才华：

其一

三冬季月景龙年，万乘观风出灞川。

遥看电跃龙为马，回瞩霜原玉作田。

其二

鸾旂掣曳拂空回，羽骑骖驔蹑景来。

隐隐骊山云外耸，迢迢御帐日边开。

其三

翠幕珠帏敞月营，金罍玉斝泛兰英。

岁岁年年常扈跸，长长久久乐升平。

上官婉儿在武周一朝不仅专秉内政，还有着代朝廷品评天下诗文的责任，称量天下士。中唐诗人吕温评价上官婉儿："汉家婕妤唐昭容，工诗能赋千载同。自言才艺是天真，不服丈夫胜妇人。"

后世素来有"唐代四大女诗人"的说法，将李冶、薛涛、鱼玄机和刘采春并称。其中李、薛、鱼三人都有着同一个身份——女道士，而薛、鱼、刘三人又有着另一个同样的身份——歌伎。她们在当时社会地位并不高，生活的世界也是狭窄的，不是道观便是青楼。身处于弱势地位的四人，观察大唐的视角与武则天、上官婉儿截然不同。

李冶是活跃于中唐时期的女诗人，元代辛文房在《唐才子传》中说她：

美姿容，神情萧散。专心翰墨，善弹琴，尤工格律。当时才子颇夸纤丽，殊少荒艳之态。

李冶十一岁时便被家人送去玉真观出家，唐代女道士中不乏才情出众，又不受礼法约束之人。李冶时常往返于剡县一带，与茶圣陆羽、诗僧皎然、大历才子刘长卿等人交际频繁，诗歌酬唱。刘长卿将李冶称为"女中诗豪"。一介女流能在江南文坛与众名士谈笑风生、如鱼得水，李冶不仅靠出众的姿色，还靠能与之平分秋色的文才。李冶的诗存世不多，仅存十八首，其中有着一个女子突破世俗束缚的豪放之作：

心远浮云知不还，心云并在有无间。
狂风何事相摇荡，吹向南山复北山。

——《偶居》

此诗没有女子的脂粉气，灵动洒脱，龙飞凤舞，其中还蕴含禅意。李冶的存诗中亦不乏悠适闲和的诗。受盛唐王维、孟浩然的山水诗熏陶，她也有上乘之作，比如《从萧叔子听弹琴，赋得三峡流泉歌》：

妾家本住巫山云，巫山流泉常自闻。
玉琴弹出转寥敻，直是当时梦里听。
三峡迢迢几千里，一时流入幽闺里。
巨石崩崖指下生，飞泉走浪弦中起。
初疑愤怒含雷风，又似呜咽流不通。
回湍曲濑势将尽，时复滴沥平沙中。
忆昔阮公为此曲，能令仲容听不足。

一弹既罢复一弹，愿作流泉镇相续。

穿梭交游于官僚与士大夫圈子中，才貌双绝的李冶并非断绝俗念的出家人。她也时常会有动心动情之时，甚至陷入情网难以自拔。她渴望结束如浮萍般无根的生活，对心仪之人的诗文倾诉也大胆热烈，绝不忸怩作态。她在《感兴》一诗中大胆写自己的寂寞孤寒：

朝云暮雨镇相随，去雁来人有返期。
玉枕只知长下泪，银灯空照不眠时。
仰看明月翻含意，俯眺流波欲寄词。
却忆初闻凤楼曲，教人寂寞复相思。

玉枕上的泪痕，银灯空照的不眠之夜，李冶将独居的孤寒写得淋漓尽致。她是风中飞花，人们都只留恋她的刹那芳华。有些令她动心的人不过是图一时之欢的过客，终将一去不回头。

相看指杨柳，别恨转依依。
万里江西水，孤舟何处归。
湓城潮不到，夏口信应稀。
唯有衡阳雁，年年来去飞。

——《送韩揆之江西》

李冶生命中的过客不少，比如朱放，他对李冶投去的情感是有回应的。朱放是诗僧皎然的好友，曾任职于江西节度使幕府。辛文房的《唐才子传》形容朱放："风度清越，神情萧散，非寻常之比。"在气质上，朱放与李冶有着相似之处。两人难免互相吸引，而这终究是一段没有结果的恋情。飞花之所以美是因为它的飘荡，一旦静止，便会败落。朱放离别时写给李冶的诗颇为深情：

> 古岸新花开一枝，岸傍花下有分离。
> 莫将罗袖拂花落，便是行人肠断时。

——《别李季兰》

李冶也将自己的一片相思化为诗信寄去：

> 望水试登山，山高湖又阔。
> 相思无晓夕，相望经年月。
> 郁郁山木荣，绵绵野花发。
> 别后无限情，相逢一时说。

李冶与诗僧皎然之间有着一段落花有意、流水无情的故事。皎然曾作诗《答李季兰》，庄敬地拒绝李冶的试探。他虽然是不拘泥于常规的佛门弟子，但也坚守着禅心。

> 天女来相试，将花欲染衣。
> 禅心竟不起，还捧旧花归。

皎然的一颗禅心虽然早已沾染了泥絮，但依旧不会逐飞花而痴狂。李冶是何等玲珑之人，她洞悉人情世故，更清楚情人和友人之间该保持的距离，从她那首《八至》诗中便能体会到她的人情练达：

> 至近至远东西，至深至浅清溪。
> 至高至明日月，至亲至疏夫妻。

此诗富含哲理，共出现八次"至"字，全诗仅仅二十四字，却道尽生命盛衰。尤其是最后一句"至亲至疏夫妻"，夫妻本该是男女之间最牢靠稳固的关系，然而在任何时代都不乏同床异梦、反目成仇的例子，往往决裂的夫妻有着比仇人间更深重的恨。清代学者黄周星在《唐诗快》中形容此诗：

> 六字出自男子之口，则为薄幸无情；出自妇人之口，则为防微虑患。大抵从老成历练中来，可为惕然戒惧。

李冶在江南才名日盛，年过半百后，诗名竟传至帝都庙堂之上。唐德宗诏命李冶入京，她虽年老体衰，却皇命难违，于是告别江南故旧，奔赴长安。这一去是福兮祸所伏。她在《恩命追入，留别广陵故人》一诗中表达了自己的忐忑与无奈：

> 无才多病分龙钟，不料虚名达九重。
> 仰愧弹冠上华发，多惭拂镜理衰容。
> 驰心北阙随芳草，极目南山望旧峰。
> 桂树不能留野客，沙鸥出浦谩相逢。

李冶抵达长安后不久，便遭遇了泾原兵变。长安被叛军攻陷，唐德宗出逃，前凤翔节度使朱泚被叛军拥立称帝，建立伪政权。次年，朱泚之乱被平定，唐德宗还朝长安，将李冶下狱问罪，因李冶曾献诗给朱泚。李冶最终被唐德宗下令杖毙，一代才女因诗成名，也因诗而死，飘荡于中唐的飞花终于败落，归于泥土之中。

薛涛与李冶有着相似之处，飞花命。薛涛的出身颇好，父亲薛郧曾是京官，后来外任成都，因此薛涛成长于蜀地。只是薛涛的命运随着父亲薛郧出使南诏，感染瘴毒身亡而急转直下。十四岁的薛涛与母亲生活陷入困境，薛涛只能加入乐籍，成为歌伎谋生。在欢场上，她凭借着声色才情名动一时。在剑南西川节度使韦皋的宴席上，薛涛即兴赋诗《谒巫山庙》，声名鹊起：

乱猿啼处访高唐，路入烟霞草木香。
山色未能忘宋玉，水声犹是哭襄王。
朝朝夜夜阳台下，为雨为云楚国亡。
惆怅庙前多少柳，春来空斗画眉长。

全诗大量引用典故，可见薛涛之底蕴，"山色未能忘宋玉，水声犹是哭襄王"引用了宋玉和楚襄王的典故。宋玉在《高唐赋》中描写：神女在离开楚襄王的时候告辞说"妾在巫山之阳，高丘之阻，旦为朝云，暮为行雨。朝朝暮暮，阳台之下"。这一典故暗含的另一层意思是君臣遇合之难，神女居于巫山之阳，中间有高丘阻隔，因此要想遇见伯乐，当真千难万险。薛涛在诗中不断惋叹，自己空有文学诗才，而未遇到知音，是何其不幸。

这是薛涛对地方长官韦皋的试探，她不甘心流落风尘，以色侍人。正是此诗过后，薛涛以歌伎兼清倌人的身份出入幕府，为韦皋处理公文，并撰写奏表。韦皋还奏请唐德宗授薛涛校书郎一职，在那个时代此举过于出格，被朝廷驳回，但这并不妨碍薛涛以"女校书"的身份成为韦皋身边的红人。韦皋的权势让无数攀附之人将主意打到薛涛身上，他们赠给薛涛钱帛，尽管后来薛涛将财物尽数上交，但知道此事的韦皋大怒之下还是将薛涛打发到松州。

薛涛在奔赴松州的路上写下《十离诗》倾诉委屈，令韦皋回心转意，重新召她回成都。《十离诗》中尽现薛涛之卑微，而重回成都的她又倔强了一回，她向韦皋请求脱离乐籍，得个自由身。韦皋亦成全了她，从此薛涛隐居于浣花溪畔，偶尔以清客身份出席幕府诗会。

公元 809 年，监察御史元稹出使蜀地，在梓州邂逅了薛涛，才子佳人一见钟情。薛涛写下《池上双鸟》向元稹交付深情：

> 双栖绿池上，朝暮共飞还。
> 更忆将雏日，同心莲叶间。

同李冶的命运一样，她歌伎的出身注定了凑上来的都是逐花之过客。元稹也不例外，他十五岁中明经，二十五岁中制科，以秘书省校书郎为仕途起点，他踏在直上青云的登天梯上。他朝蜀地的飞花望了一眼，飞花就以为获得青睐有了依靠。实际上，元稹再走两步，飞花便被抛在了身后。我们无法以后世的道德准则来评价古人，正如明朝的剑斩不了清朝的官。

薛涛与元稹分别后，仅靠着元稹的口头承诺便日复一日地为他写下诗笺。薛涛费尽心思将信纸裁剪成更适合写诗信的尺寸，再将纸染成桃红色。这种诗笺后来被称为"薛涛笺"，一时间流行起来。一张张诗笺寄托着情思，飞越千山而去。

> 诗篇调态人皆有，细腻风光我独知。
> 月下咏花怜暗澹，雨朝题柳为欹垂。
> 长教碧玉藏深处，总向红笺写自随。
> 老大不能收拾得，与君开似教男儿。
>
> ——《寄旧诗与元微之》

薛涛的诗笺并未获得元稹多少回应，反而是薛涛笺成为同时代及后世文人千金以求的贵物。韦庄曾为求薛涛笺写下《乞彩笺歌》（下为节选）：

也知价重连城璧，一纸万金犹不惜。
薛涛昨夜梦中来，殷勤劝向君边觅。

诗人们对薛涛笺的评价都极高：

浣花笺纸桃花色，好好题诗咏玉钩。

——李商隐《送崔珏往西川》

三展蜀笺皆郢曲，我心珍重甚琼瑶。

——施肩吾《酬周秀才》

公元 814 年，薛涛与元稹在江陵重逢。此时，元稹丧妻丧妾，两人旧情重拾。分别时，元稹大抵是给过薛涛某种承诺，可是他最终续娶的还是世家之女裴氏。至此，薛涛终于从自我编织的故事中醒悟过来。她脱下红装，穿上道袍，远离喧闹，在成都郊外筑起吟诗楼，斩断情爱执念。

花开不同赏，花落不同悲。欲问相思处，花开花落时。
揽草结同心，将以遗知音。春愁正断绝，春鸟复哀吟。
风花日将老，佳期犹渺渺。不结同心人，空结同心草。
那堪花满枝，翻作两相思。玉箸垂朝镜，春风知不知。

——《春望词四首》

《全唐诗》收录六百余首女诗人的作品，这些作品分属于一百二十余位女子，她们大多没有武则天、上官婉儿、李冶、薛涛这样交口传诵的诗名，她们的身份各异，或是人妻，或是宫人，或是女冠，或是歌伎。她们在男性主导话语权的世界发出微弱的声音，是值得被听见的。比如薛媛，当她年老色衰之时，丈夫南楚材远游他乡，被当地长官看中，想将女儿嫁与他。于是，南楚材打算抛弃发妻，另结新欢。他派人回家取琴书时，薛媛敏锐地觉察到南楚材的想法，于是将一幅自画像及诗信托人交给南楚材。她在诗中写道：

> 欲下丹青笔，先拈宝镜寒。
> 已经颜索寞，渐觉鬓凋残。
> 泪眼描将易，愁肠写出难。
> 恐君浑忘却，时展画图看。

——《写真寄夫》

收到画像和诗信的南楚材心中愧疚，返乡与薛媛重归于好。薛媛无疑是幸运的，而更多的如薛媛般容貌老去的女子终究被弃如敝屣，在悔恨和困苦中销声匿迹。

文人士子笔下不乏对歌伎和女冠的赞美，比如白居易、杜牧、温庭筠，但他们始终是站在恩客的立场上落笔的。他们一边同情流落风尘的女性，一边消费着她们的声色，这并非真正的怜悯。他们也不可能将她们置于平等的地位去书写，而江淮名妓徐月英则在诗中表达了风尘女子真正的苦痛：

> 为失三从泣泪频，此身何用处人伦。
> 虽然日逐笙歌乐，长羡荆钗与布裙。

——《叙怀》

唐诗近三百年的风吹到这里也该散去了，诗歌是一个时代的印记。它承载的是初唐"前不见古人，后不见来者"的呼唤，亦是盛唐"九天阊阖开宫殿，万国衣冠拜冕旒"的荣耀，还是中唐"病树前头万木春"的新变，最后大概是晚唐"夕阳无限好"的遗憾。

参考文献

[1] 哲夫 . 辋川烟云：王维传：平装 [M]. 北京：作家出版社，2019。

[2] 聂还贵 . 秋水长天：王勃传：平装 [M]. 北京：作家出版社，2019。

[3] 李金山 . 花间词祖：温庭筠传：平装 [M]. 北京：作家出版社，2016。

[4] 任林举 . 寒江独钓：柳宗元传 [M]. 北京：作家出版社，2023。

[5] 董乃斌 . 锦瑟哀弦：李商隐传 [M]. 北京：作家出版社，2015。

[6] 赵瑜 . 人间要好诗：白居易传：平装 [M]. 北京：作家出版社，2021。

[7] 张锐强 . 诗剑风流：杜牧传 [M]. 北京：作家出版社，2015。

[8] 佘正松 . 高适研究 [M]. 北京：中华书局，2009。

[9] 程韬光 . 碧霄一鹤：刘禹锡传 [M]. 北京：作家出版社，2015。

[10] 刑军纪 . 一代文宗：韩愈传 [M]. 北京：作家出版社，2015。

[11] 冯至 . 杜甫传 [M]. 北京：人民文学出版社，2017。

[12] 安旗 . 李白传 [M]. 北京：人民文学出版社，2019。

[13] 孙琴安 . 刘禹锡传 [M]. 上海：上海社会科学院出版社，2017。

[14] 彭漪涟 . 古诗词中的逻辑 [M]. 北京：北京大学出版社，2005。

[15] 辛文房 . 唐才子传 [M]. 北京：中国书店出版社，2018。

[16] 徐鹏 . 陈子昂集：修订本 [M]. 上海：上海古籍出版社，2014。

[17] 孟红梅 . 大唐鬼才：李贺传 [M]. 北京：作家出版社，2015。